Catherine Fhima

Chronologie
de la France
au XXe siècle

ÉDITIONS LA DÉCOUVERTE
9 *bis*, rue Abel-Hovelacque
75013 PARIS

Qu'il me soit permis d'adresser mes remerciements chaleureux à toutes les personnes qui m'ont soutenue dans cette entreprise et, plus particulièrement, Christophe Prochasson qui en a eu l'initiative et m'a prodigué ses vifs encouragements. Je remercie également les personnes qui ont relu tout, ou partie, du manuscrit et notamment Jacqueline Cahen pour la qualité de ses conseils. Naturellement, je porte l'entière responsabilité des choix effectués et des erreurs qui demeureraient malgré tout.

Catalogage Électre-Bibliographie

FHIMA, Catherine
Chronologie de la France au XXᵉ siècle – Paris : La Découverte, 2000. – (Repères ; 286)
ISBN 2-7071-3153-9

Rameau :	France : histoire : 20ᵉ siècle : chronologie
	France : politique et gouvernement : 20ᵉ siècle : chronologie
Dewey :	944.7 : France. De 1870 à nos jours
Public concerné :	Tout public

Si vous désirez être tenu régulièrement au courant de nos parutions, il vous suffit d'envoyer vos nom et adresse aux Éditions La Découverte, 9 *bis*, rue Abel-Hovelacque, 75013 Paris. Vous recevrez gratuitement notre bulletin trimestriel **A La Découverte**.

Introduction

L E SIÈCLE S'ACHÈVE. Le millénaire aussi. Du moins, ce sont là les constructions temporelles produites par la culture chrétienne (comme l'a bien montré Daniel Milo) en vertu desquelles un autre temps s'apprête à commencer, dont notre monde occidental pense avoir clairement conscience. Ainsi assiste-t-on, ici ou là, dans la presse, les magazines, à la télévision, à la radio, dans les conversations, à la naissance de représentations, de pronostics bâtissant une ère nouvelle censée s'ouvrir.

Quant à la clôture, elle appelle traditionnellement les tentatives de bilans. Dès lors, il apparaît que les historiens ne peuvent être absents de cette comptabilité de la finitude, même s'ils ne sont pas dupes de l'arbitraire de sa construction. Car ils sont partie prenante de cette évolution, à la fois de l'extérieur, comme acteurs sociaux de leur temps à l'égal des autres, et de l'intérieur, en raison de leur profession même. En effet, leur tâche ne consiste-t-elle pas essentiellement à œuvrer avec le temps, et sur lui, qu'ils le découpent en tranches en le périodisant ou qu'ils le saisissent comme objet historique ?

La chronologie constitue un des aspects de ce travail *avec* et *sur* le temps. Mais vue comme un simple outil de (re)mémorisation d'événements, de repérage de ces événements dans le temps, elle reste un exercice couramment méprisé, et paradoxalement méconnu, par les historiens eux-mêmes. Pourtant, il conviendrait de s'interroger sur l'écriture de l'histoire à travers ce type particulier de « mise en intrigue » (Paul Ricœur) en ce que, précisément, on ne le conçoit jamais comme un récit mais comme une simple recension de faits sans habillage rhétorique non plus que conceptuel, et surtout sans interprétation aucune, sans analyse.

La chronologie demeure ce genre sec, sans aspérité, sans volume, sans écriture, sans style et pour ainsi dire sans signature, que l'on relègue, au mieux, à côté des dictionnaires historiques, au pire, à côté des livres d'histoire illustrés où le texte n'est plus lui-même qu'une illustration. Le contraire en somme d'un récit historique. Et l'on peut presque ajouter : le contraire du travail d'historien – tel qu'on l'entend communément, et ce de façon erronée. D'où l'absence quasi générale, dans les ouvrages de chronologies, de présentations expliquant les choix des auteurs, comme si cette parente pauvre et un peu fruste de l'histoire ne nécessitait aucune réflexion préalable, ne laissait rien apparaître de ces portions de temps qu'elle contribue à figer, ne révélait rien d'une époque donnée, hormis le nom de l'événement étiqueté.

L 'OBJECTIF DE CET OUVRAGE consiste précisément à essayer de rompre avec la fixité de cet usage traditionnel. Il s'agit de contribuer modestement (on ne prétend nullement à l'exhaustivité) à l'amorce d'une autre conception de la chronologie, de façon quasi expérimentale, pour la période qui s'étend de 1900 à 2000, à l'image de l'expérience menée voici une dizaine d'années par Anne Simonin dans son « Aventure des idées, 1953-1987 ». Nous changeons de siècle, de millénaire, soit ! Tentons alors l'aventure d'une lecture chronologique expressive de ce siècle, porteuse de sens, moins accrochée au découpage temporel qui, à force d'encadrer de façon elliptique l'événement, comme l'exige la loi du genre, en assèche l'histoire. Essayons de faire en sorte que les événements ne restent pas uniquement des séries isolées, sans aucun lien entre eux. Œuvrons pour que la chronologie puisse certes continuer à remplir son rôle d'instrument de précision, de (re)mémorisation des événements, mais aussi puisse se lire *en continu*, pour donner à *sentir* et à *voir* les époques parcourues. En un mot, contribuons à élaborer une chronologie véritablement historique.

Premier parti pris : le point de départ fixé en 1900. Sans doute m'objectera-t-on avec perspicacité que le siècle commence véritablement en 1901. Mais, face à la force symbolique du chiffre rond, l'argument comptable paraît nettement insuffisant. En outre, on le constate aisément, 1900 incarne davantage que 1901 les représentations collectives que nous avons du début du siècle. Davantage même que la césure habituelle du XXᵉ siècle située au moment de la Première Guerre mondiale. Aussi l'Exposition universelle, avec l'inauguration du métro parisien, les Grand et Petit Palais, les débuts du cinéma contribuent-ils largement à légitimer ce choix de l'année 1900. Quant au point d'arrivée, il demeurait encore une aventure au moment où ce livre a commencé à prendre forme, puisque les dernières semaines de l'année 1999 appartenaient encore à l'avenir. Il est d'ailleurs curieux d'établir la chronologie d'événements en cours, quand on se trouve soi-même pris dans la spirale de ce temps dont il semble qu'il s'accélère et avec lequel on doit précisément garder une distance pour mieux *le voir*.

Ne pas hiérarchiser, ne pas donner le primat à la seule lecture politique des événements comme c'est le cas de la majorité des chronologies existantes, tel a été le *second parti pris*. Le politique comme l'économique, le social, le culturel sont considérés ici comme autant de domaines et de niveaux qui s'entremêlent étroitement et se répondent souvent, même si les espaces temporels ne sont pas identiques selon que l'on évoque des faits militaires ou des faits sportifs.

Le choix de la présentation matérielle a donc été guidé par ce souci de l'harmonie entre les genres. De ce fait, le critère méthodologique de base a consisté à regrouper ceux-ci sous une bannière unique : l'événement, et ce d'après un découpage annuel et mensuel. Par ailleurs, l'on a adopté *deux niveaux* de présentation annuelle : un purement *chronologique* et l'autre plus *thématique*, en fonction de la précision de la datation de chaque événement. Ainsi, parce que les œuvres picturales sont rarement datées mensuellement, elles figurent la plupart du temps dans la rubrique thématique. De même y trouvera-t-on tout fait qui s'avère difficile à dater autrement que sur le temps long mais qui mérite une place, tel que les faillites d'usines ou la consommation des ménages.

T OUT CHOIX EST ARBITRAIRE. C'est la règle du jeu. Alors sans doute, au terme de cette expérience, certains manques se feront sentir, certains choix sembleront discutables. Mais au moins aurai-je tenté de lire et de donner à lire et à *voir* ce riche XXᵉ siècle occidental en France, et d'en rendre compte dans ses aspects les plus divers, tragiques ou anodins, que ceux-ci aient marqué ou non leurs contemporains et qu'une postérité les aient ou non immortalisés.

1900

JANVIER ◆ Charles Péguy lance les *Cahiers de la quinzaine*.

FÉVRIER ◆ Parution des premiers volumes de l'*Histoire socialiste de la Révolution française* de Jean Jaurès (jusqu'en 1909).

FÉVRIER ◆ Les grèves des ouvriers de Chalon et les manifestations en Martinique sont durement réprimées.

15 MARS ◆ Première représentation de *L'Aiglon* d'Edmond Rostand, au Théâtre Sarah-Bernhardt avec Sarah Bernhardt et Lucien Guitry : triomphe.

30 MARS ◆ Loi Millerand qui abaisse à dix heures, dans un délai de quatre ans, la durée du travail quotidien dans les usines (promulguée le 30 septembre).

14 AVRIL ◆ Le président de la République, Émile Loubet, inaugure l'Exposition universelle de Paris : le pavillon d'entrée en fer forgé est une création de René Binet ; les Grand et Petit Palais et le pont Alexandre-III sont terminés pour l'occasion. Après avoir accueilli son 50 860 801ᵉ visiteur, l'Exposition ferme ses portes, le 12 novembre.

6 MAI ◆ Élections municipales : défaite des nationalistes partout en France sauf à Paris.

14 MAI ◆ Deuxièmes jeux Olympiques, à Paris.

16 JUILLET ◆ Mise en service de la première ligne du métropolitain parisien, Vincennes-Porte Maillot (construit par Fulgence Bienvenüe, décoré par Hector Guimard). Trois autres lignes sont en travaux (circulaire Étoile-Nation-Étoile, nord-sud reliant les portes de Clignancourt et d'Orléans, est-ouest entre la porte Maillot et l'avenue Gambetta).

22 SEPTEMBRE ◆ 20 777 maires assistent au banquet offert par le président de la République dans le jardin des Tuileries.

23-27 SEPTEMBRE ◆ Vᵉ congrès de l'Internationale socialiste à Paris.

28-30 SEPTEMBRE ◆ Congrès socialiste de Wagram où l'unification s'avère impossible. Le Congrès socialiste national et le Congrès socialiste international discutent le « cas Millerand » (participation socialiste au gouvernement).

16 OCTOBRE ◆ Henri Desgranges lance le quotidien *L'Auto-Vélo*.

28 OCTOBRE ◆ À Toulouse, Waldeck-Rousseau prononce un discours dans lequel il parle du « milliard des congrégations » et de l'opposition entre « les deux jeunesses ».

29 NOVEMBRE ◆ Loi obligeant les patrons de magasins à mettre des sièges à la disposition des vendeuses.

1ᵉʳ DÉCEMBRE ◆ Le barreau est ouvert aux femmes.

9 DÉCEMBRE ◆ Création des *Nocturnes* de Claude Debussy.

⇨ Guerre des Boxers : intervention française en Chine ; inauguration de la ligne de téléphone Paris-Berlin ; Marguerite Durand organise le Congrès international de la condition et des droits de la femme.

Littérature et essais □ Colette, début des *Claudine* (1900-1903) ; Octave Mirbeau, *Journal d'une femme de chambre* ; Henri Bergson, *Le Rire* ; Arsène Darmesteter, *Dictionnaire général de la langue française*.

Presse et revues □ Création de la *Revue de synthèse historique* par Henri Berr ; Charles Maurras, *Enquête sur la monarchie* (1900-1909), qui paraît d'abord dans *La Gazette de France*.

Théâtre □ Jules Renard, *Poil de Carotte* (mise en scène d'Antoine) au Théâtre Antoine, avec Suzanne Després.

Danse □ À la Foire internationale de Paris, aménagement d'un théâtre pour la danseuse Loïe Fuller (sculptures de Raoul Larche, affiches de Jules Chéret et Henri Marie de Toulouse-Lautrec) ; premier spectacle d'Isadora Duncan à Paris.

Musique □ Gustave Charpentier, *Louise* (« roman musical ») représenté à l'Opéra-Comique : triomphe ; la Schola cantorum devient l'École supérieure de musique nationale.

Chanson □ Dernier spectacle d'Anna Judic aux Folies-Bergère avec ses succès : *Ne m'chatouillez pas*, *Piouit*, etc.

Arts plastiques et photographie
□ Pierre Bonnard, *L'Homme et la Femme* ; Claude Monet, série des *Ponts de Londres* ; Camille Pissarro, série de *Baigneuses* (1900-1903) ; Paul Signac, *Le Château des papes à Avignon*. Sculpture : Antoine Bourdelle, *Tête d'Apollon* ; Camille Claudel, *Rêve au coin du feu, La Fortune* ; Aristide Maillol, *La Femme assise, Portrait de Renoir*. Photo : Nadar, *Quand j'étais photographe* (1900 à 1906).

1901

21 JANVIER ♦ Mort de la reine Victoria, avènement d'Édouard VII.

FÉVRIER ♦ Protocoles d'accords militaires franco-russes concernant le rôle de l'Angleterre. Ils sont ratifiés en décembre.

27 AVRIL ♦ Insurrection de Margueritte en Algérie.

6 MAI ♦ Fin de la grève de Montceau-les-Mines.

26-28 MAI ♦ Congrès socialiste à Lyon, nouvelle scission.

JUIN ♦ Création à Lyon du *Quotidien* (socialiste) de Sébastien Faure (jusqu'en mars 1902).

21-23 JUIN ♦ Congrès de fondation du Parti radical et radical-socialiste.

JUILLET ♦ Les congrès anarchistes régionaux de Béziers, Lyon, Saint-Étienne se prononcent en faveur de la création d'une fédération anarchiste indépendante.

JUILLET ♦ Fondation de l'Action libérale populaire.

1ᵉʳ JUILLET ♦ Loi accordant la liberté aux associations (excepté aux congrégations religieuses).

18 JUILLET ♦ Traduction en France d'un rapport sur l'existence de camps de concentration anglais pour prisonniers boers en Afrique du Sud.

OCTOBRE ♦ Le progressiste Adolphe Carnot fonde l'Alliance républicaine et démocratique (Raymond Poincaré, Jules Siegfried, Raynal, Maurice Rouvier) soutenue par *Le Petit Journal, Le Matin, Le Temps, Le Petit Parisien*.

15 OCTOBRE ♦ *La Revue blanche*, nº 201 : Henri Dagan, « Le prolétariat juif mondial ».

3 NOVEMBRE ♦ À Ivry, formation de l'embryon du Parti socialiste de France (antimillerandiste) autour de Jules Guesde et Édouard Vaillant (création en 1902).

30 NOVEMBRE ♦ Les Parisiens découvrent le cirque américain Barnum and Bailey.

DÉCEMBRE ♦ Création de la Banque française pour le commerce et l'industrie (Rouvier).

⇨ Premier prix Nobel de littérature : Sully Prudhomme ; premier concours Lépine.

Littérature et essais □ Anatole France, *M. Bergeret à Paris* ; Pierre Louÿs, *Les Aventures du roi Pausole* (mis en musique par Jacques Ibert et Arthur Honegger) ; Charles-Louis Philippe, *Bubu de Montparnasse* ; traductions de Rudyard Kipling, *Kim*, et de Herbert George Wells, *L'Homme invisible* (1897) ; Léon Blum, *Nouvelles conversations de Goethe avec Eckermann* ; Émile Durkheim, *Sur le totémisme* ; Gabriel de Tarde, *L'Opinion et la Foule* ; Émile Zola, *La Vérité en marche* (articles sur l'affaire Dreyfus).

Presse □ *L'Assiette au beurre*, hebdomadaire basé sur la caricature (jusqu'en 1914).

Théâtre □ Firmin Gémier prend la direction du Théâtre de la Renaissance.

Musique □ Paul Dukas, *Sonate en mi bémol mineur pour piano* ; Vincent d'Indy, *L'Étranger* (drame symbolique d'après Ibsen) ; Jules Massenet, *Grisélidis* ; Maurice Ravel, *Jeux d'eau* (piano).

Arts plastiques et photographie □ Ambroise Vollard organise la première exposition de Pablo Picasso (1901-1904, « période bleue ») ; Camille Pissarro, *Le Grand Noyer* ; le Douanier Rousseau, *La Mauvaise Surprise* ; Henri de Toulouse-Lautrec, *Un examen à la faculté de médecine de Paris*. Sculpture : Antoine Bourdelle, *Masque tragique de Beethoven* ; Aristide Maillol, *La Pensée*. Photo : J. Doucet, *Les Petits Métiers de Paris*, Ollendorff, 1901.

Cinéma □ Georges Méliès : *Le Petit Chaperon rouge, Le Chimiste repopulateur, Échappés de Charenton, Barbe-Bleue, L'Homme à la tête de caoutchouc, Le Miracle de la Madone.*

Radiodiffusion □ La Société française de télégraphie et de téléphonie sans fil est fondée, sous la présidence technique du physicien Édouard Branly.

1902

24 MARS ♦ Congrès de Tours : fondation du Parti socialiste français (PSF) autour de Jean Jaurès.

30 AVRIL ♦ Première de *Pelléas et Mélisande* de Claude Debussy (d'après le drame de Maurice Maeterlinck) à l'Opéra-Comique : premier opéra à prendre ses distances avec les influences wagnériennes. Scandale lors des représentations.

8 MAI ♦ En Martinique, l'éruption soudaine de la montagne Pelée détruit entièrement la ville de Saint-Pierre : 30 000 morts.

11 MAI ♦ Le « Bloc des gauches », dominé par les radicaux, remporte les élections législatives : 350 sièges (110 radicaux, 100 radicaux-socialistes et 45 socialistes…).

12 MAI ♦ À Paris, le ballon *Le Pax* s'écrase avenue du Maine, causant la mort de son constructeur A. Severo et de son mécanicien.

6 JUIN ♦ Ministère Émile Combes (il succède à Pierre Waldeck-Rousseau, malade) qui entreprend une politique anticléricale déterminée en appliquant avec rigueur la loi de 1901 : fermant des écoles religieuses, refusant des autorisations pour des associations, expulsant de nombreuses congrégations.

6 AOÛT ♦ Rencontre entre Jules Cambon, ambassadeur de France à Londres, et Lord Lansdowne, secrétaire d'État britannique aux Affaires étrangères : politique d'accord et « troc Égypte-Maroc » entre la France et la Grande-Bretagne.

SEPTEMBRE ♦ Le président Émile Loubet, abolitionniste, gracie Bidault, condamné à mort.

26-28 SEPTEMBRE ♦ Création du Parti socialiste de France à Commentry : fusion entre le PSR (Édouard Vaillant) et le POF (Jules Guesde).

23 NOVEMBRE ♦ Le gouvernement fait fermer toutes les écoles non autorisées, sauf dans les localités dépourvues d'école laïque.

⇨ Fait divers dans la région parisienne : rivalités entre bandes d'apaches pour Amélie Hélie, « Casque d'Or » (Jacques Becker en tire un film en 1951).

Littérature et essais □ Paul Bourget, *L'Étape* ; André Gide, *L'Immoraliste* ; Alfred Jarry, *Le Surmâle* ; Saint-Pol-Roux, *Les Chants de la vie absente* ; Maurice Barrès, *Scènes et doctrines du nationalisme* ; Rémy de Gourmont, *Le Problème du style* ; Alfred Loisy, *L'Évangile et l'Église* ; Henri Poincaré, *La Science et l'Hypothèse.*

Mort d'Émile Zola ; fondation de l'Académie des Goncourt.

Revues □ Naissance de *Arts* (revue mensuelle jusqu'en 1920) ; premier numéro de *L'Œuvre.*

Théâtre □ Renaissance du théâtre de Lugné-Poe (jusqu'en 1929) ; Antoine met en scène *La Terre* d'après Zola, au Théâtre Antoine.

Musique □ Gabriel Fauré, *Huit pièces brèves* ; Jules Massenet, *Le Jongleur de Notre-Dame* ; Gustave Charpentier fonde le Conservatoire populaire de Mimi Pinson (convaincu de la « mission sociale » de la musique).

Chanson □ Tour du monde des chanteurs Lucien Boyer et Numa Blès, patronné par *Le Figaro* (comptes rendus du voyage dans la revue *Paris qui chante*) ; Félix Mayol, *Viens Poupoule* (créée à L'Eldorado, H. Christiné, Trebitsch, musique : A. Spahn).

Arts plastiques □ Pierre Bonnard illustre *Daphnis et Chloé* ; le Douanier Rousseau, *L'Heureux Quatuor* ; Pablo Picasso, *L'Étreinte* ; Paul Signac, *Sortie du port de Saint-Tropez* ; Maurice Utrillo, *Paysages de Montmagny et de la Butte-Pinson* ; Félix Vallotton, *La Partie de poker* ; exposition Auguste Rodin à Prague.

Cinéma □ Apogée de Georges Méliès avec *Le Voyage dans la Lune* ; Alice Guy,

La Fée aux choux ; Ferdinand Zecca et Lucien Nonguet, *La Passion* (premières scènes) ; Ferdinand Zecca, *La Poule merveilleuse, Catastrophe de la Martinique, L'Amour à tous les étages*, etc.

1903

JANVIER ♦ Jean Jaurès est vice-président de la Chambre des députés.

6 JANVIER ♦ *L'Almanach* Hachette fête ses dix ans.

10 FÉVRIER ♦ Débat à la Chambre sur les « bouilleurs de cru ».

1er JUIN ♦ Premier congrès du « Sillon » de Marc Sangnier à Belfort.

1er JUILLET ♦ Le premier Tour de France organisé par le quotidien *L'Auto* : Maurice Garin vainqueur, le 28 juillet.

3 JUILLET ♦ Régie directe du gaz à Paris.

11 JUILLET ♦ Loi sur l'hygiène des ateliers.

20 JUILLET ♦ Mort du pape Léon XIII ; élection de Pie X en août.

23 AOÛT ♦ L'expédition Charcot quitte Le Havre pour le pôle Sud à bord du *Français* et explore l'Antarctique jusqu'en 1905.

13 SEPTEMBRE ♦ Le président du Conseil Émile Combes inaugure la statue de Renan à Tréguier, en Bretagne : symbole fort pour revendiquer la laïcité.

OCTOBRE ♦ *La Fronde* de Marguerite Durand, quotidien entièrement rédigé par des femmes, devient un mensuel jusqu'en mars 1905.

13 OCTOBRE ♦ 40 000 ouvriers du textile en grève dans le Nord.

13 OCTOBRE ♦ À Paris, première à l'Opéra-Comique de la *Tosca* de Puccini avec A. Messager à la direction d'orchestre.

14 OCTOBRE ♦ Voyage de Victor-Emmanuel III à Paris.

DÉCEMBRE ♦ Émile Combes dépose un projet de loi retirant le droit d'enseigner à toutes les congrégations.

21 DÉCEMBRE ♦ Création du prix Goncourt. Le premier est décerné à John-Antoine Nau pour *Force ennemie*.

Littérature et essais □ Joris-Karl Huysmans, *L'Oblat* ; Jules Laforgue, *Mélanges posthumes* ; Paul Léautaud, *Le Petit Ami* ; traduction de Maxime Gorki, *Les Bas-Fonds* ; Romain Rolland, *Le Théâtre du peuple* ; Lucien Lévy-Bruhl, *Morale et science des mœurs* ; I. Pavlov, *Les Réflexes conditionnés* ; Frédéric Rauh, *L'Expérience morale* ; Ernest Lavisse, *Histoire de France*, tome 1 : Paul Vidal de La Blache, *Tableau de la géographie de la France*.

Presse et revues □ Après 1903, l'illustration (portraits ou monuments surtout) se généralise dans la grande presse, comme dans *Le Matin* ; premier numéro du *Festin d'Esope*, revue littéraire fondée par Guillaume Apollinaire (jusqu'en 1904) ; 1903-1908 : parution de *La Revue de photographie* ; disparition de *La Revue blanche*.

Théâtre □ Au Théâtre de la Renaissance, Firmin Gémier monte *Danton* de Romain Rolland ; Hennique, *Le Songe d'une nuit d'hiver, La Rédemption de Pierrot* (pantomimes) ; Georges Courteline, *La Paix chez soi*.

Musique □ Ernest Chausson, *Le Roi Arthus* (posth.) ; Claude Debussy, *Estampes* ; Paul Dukas, *Variations* ; Erik Satie, *Morceaux en forme de poire*.

Chanson □ Eugénie Buffet ouvre le caf'conc' des Folies-Pigalle avec Émile Defrance, créateur de la chanson improvisée ; N. Blès et D. Bonnaud fondent le cabaret La Lune rousse (jusqu'en 1964), boulevard de Clichy : s'y produiront Jacques Ferny, Vincent Hyspa, Xavier Privas, Jehan Rictus et Léon Michel.

Arts plastiques et photographie □ Débuts du « fauvisme » ; Paul Cézanne, *Le Château noir* ; Edgar Degas, *Danseuse en jaune* (pastel) ; Henri Matisse, *Carmelina* ; Pablo Picasso, *Buveuse d'absinthe, La Célestine*, etc. ; Odilon Redon, *Orphée* ; V. Kandinsky, *Le Cavalier bleu*. Architecture : Auguste Perret, immeuble 25 *bis*, rue Franklin, premier à être construit en béton armé à Paris. Photo : série de cartes postales éditées d'après les photographies d'Atget vers 1903 sous l'intitulé *Les P'tits Métiers de Paris*.

Radiodiffusion □ Sous l'impulsion du capitaine Ferrié, création du poste de la tour Eiffel avec le concours de l'Observatoire de Paris.

1904

JANVIER ♦ Grève des ouvriers agricoles du Languedoc.

5 JANVIER ♦ Alexandre Millerand est exclu du Parti socialiste pour ses prises de position contre le désarmement.

5 MARS ♦ La demande en révision du procès du capitaine Alfred Dreyfus est déclarée recevable par la Cour de cassation.

17 MARS ♦ Inauguration de la première Foire de Paris.

24-29 MARS ♦ La visite officielle du président Émile Loubet à Rome indigne le Vatican : le roi est salué avant le pape.

8 AVRIL ♦ « Entente cordiale » avec la Grande-Bretagne : en échange d'une renonciation française à l'Égypte, l'Angleterre reconnaît à la France le « droit de veiller sur la tranquillité du Maroc ».

18 AVRIL ♦ *L'Humanité*, n° 1, « journal socialiste » créé par Jean Jaurès (1859-1914). Rédaction : Rouanet, René Viviani, Aristide Briand, Francis de Pressensé, Jean Longuet, Jean Allemane, Albert Thomas. Collaboration de Lucien Herr (bibliothécaire de l'École normale supérieure de la rue d'Ulm), Charles Andler (germaniste), Daniel Halévy, Léon Blum, Octave Mirbeau, Tristan Bernard, Jean Ajalbert, Gustave Lanson, Georges Lecomte, Abel Hermant, Jules Renard, Henry de Jouvenel et Anatole France.

5 JUILLET ♦ Loi interdisant l'enseignement à tous les congréganistes.

30 JUILLET ♦ L'Assemblée vote la rupture des relations diplomatiques avec le Vatican.

14-20 AOÛT ♦ Au congrès de l'Internationale ouvrière à Amsterdam, la « résolution d'Amsterdam »

condamne toute politique d'appui à un gouvernement bourgeois et impose l'unité du socialisme français.

28 OCTOBRE ♦ « Affaire des fiches » sur les officiers (réseaux républicains et francs-maçons favorisés pour l'avancement) : le 15 novembre, le général André, ministre de la Guerre, démissionne.

20 DÉCEMBRE ♦ Premier congrès du syndicalisme chrétien.

Littérature et essais □ Création du prix Femina par vingt-deux collaboratrices de la revue *Vie heureuse* : le premier est décerné à Myriam Harry, *La Conquête de Jérusalem* ; Émile Guillaumin, *La Vie d'un simple* ; Camille Mauclair, *La Ville lumière* ; Léon Frapié, *La Maternelle* (prix Goncourt) ; Romain Rolland, *Jean-Christophe* (jusqu'en 1912) ; F. Brunetière, *Sur les chemins de la croyance*.

Presse et édition □ La maison Fayard publie *Les Belles Images* (pour les très jeunes, jusqu'en 1936) ; naissance du *Petit Illustré*, révolution dans le domaine de la presse enfantine, lancé par les éditions Offenstadt (jusqu'en 1937) ; multiplication des collections populaires (ex. de Fayard avec sa collection « Le Livre populaire »).

Musique □ Gabriel Fauré, *Impromptu pour harpe* ; Maurice Ravel, *Mélodies de Schéhérazade* d'après T. Klingsor ; Albert Roussel, *Première symphonie* ; Florent Schmitt, *Psaume XLVII*.

Arts plastiques □ Première exposition d'Henri Matisse (organisée par Ambroise Vollard) ; exposition de Cézanne, Van Gogh et Gauguin à Munich ; Picasso s'installe au « Bateau-Lavoir », appellation trouvée par le poète et peintre Max Jacob ; J. Ensor, *Les Sept Péchés capitaux* (album préfacé par E. Demolder, eaux-fortes de 1888 à 1904). Sculpture : Brancusi, *Têtes d'enfants*. Architecture : Baudot, théâtre de Tulle (en béton armé, 1904-1909). Paul Souriau, *La Beauté rationnelle*, essai défendant l'idée de « beauté » de la machine.

Cinéma □ Georges Méliès, *Miracle sous l'Inquisition, Faust, Le Barbier de Séville, Le Juif errant* ; société Pathé, *Peau d'Âne, Christophe Colomb* ; Gaston Velle, *Métamorphoses du roi de pique, Valise de Barnum*.

1905

18 JANVIER ♦ Suite au scandale des « fiches » de l'armée, Combes démissionne.

FÉVRIER ♦ L'éditeur Maurice Languereau lance *La Semaine de Suzette* (jusqu'en 1960) où paraît *Bécassine* de Pinchon et Caumery.

11 FÉVRIER ♦ À Monte-Carlo, première représentation de *Chérubin*, opéra de Jules Massenet.

4 MARS ♦ Loi ramenant le service militaire à deux ans.

31 MARS ♦ Crise diplomatique avec l'Allemagne : en visite au Maroc (Tanger), l'empereur Guillaume II prétend ignorer la prééminence française sur le Maroc. Crise réglée par la démission (6 juin) de Théophile Delcassé, ministre des Affaires étrangères depuis juin 1898 ; proposition d'une conférence sur le Maroc.

31 MARS ♦ Création de la Ligue d'action française de Charles Maurras.

31 MARS ♦ Marc Sangnier commence à transformer *Le Sillon* (revue fondée en 1894) en mouvement social et politique organisé.

AVRIL ♦ Les *Cahiers de la quinzaine*, 6e série : Raoul Allier (professeur protestant à la faculté de théologie de Paris), « La séparation des Églises et de l'État ».

13 AVRIL ♦ Création de l'hebdomadaire *L'Anarchie* par Libertad (pseudonyme d'Albert) (jusqu'en 1914) ; après 1910, siège à Romainville où se rencontreront ceux de la future bande à Bonnot ; y écrivent Kilbaltchiche *alias* Victor Serge, et André Roulot dit Lorulot.

23-26 AVRIL ♦ À Paris, salle du Globe, congrès d'unification des partis socialistes (Parti socialiste français et Parti socialiste de France) : création du Parti socialiste, section française de l'Internationale ouvrière (SFIO). La rédaction de *L'Humanité* s'ouvre désormais aux leaders socialistes, Jules Guesde, Paul Lafargue, puis Édouard Vaillant.

13 MAI ♦ Triomphe à Paris de la danseuse Mata Hari.

15 JUIN ♦ La Société de chemins de fer PLM inaugure le rapide Paris-Nice (18 h 45 mn).

16 JUIN ♦ Réception du Dr Charcot à la Sorbonne.

29 JUIN ♦ Journée de travail de huit heures dans les mines.

13 JUILLET ♦ Première Fédération des syndicats d'instituteurs.

15 JUILLET ♦ Dans *Je sais tout*, Maurice Leblanc lance les *Arsène Lupin*.

30 JUILLET ♦ Dorignacq gagne la dernière étape du Tour de France, Trousselier est vainqueur du Tour.

OCTOBRE ♦ Création de *Demain* à Lyon (jusqu'en juillet 1907, Pierre Jay), démocrate chrétien, un des organes les plus avancés du « modernisme », proche des thèses d'Alfred Loisy.

OCTOBRE ♦ Marc Sangnier lance *L'Éveil démocratique*, bimensuel (hebdomadaire en octobre 1906).

NOVEMBRE ♦ Le *War Office* de Londres assure l'attaché militaire français d'une aide immédiate de 115 000 hommes en cas d'attaque allemande.

9 DÉCEMBRE ♦ Loi sur la séparation des Églises et de l'État adoptée par les députés. Le projet de loi, préparé initialement par l'ancien président du Conseil Émile Combes, a été défendu par Aristide Briand. Article 2 : « La République ne reconnaît, ne salarie ni ne subventionne aucun culte. »

Littérature et essais □ Claude Farrère, *Les Civilisés* (prix Goncourt) ; André Salmon, *Poèmes* ; André Spire, *Poèmes juifs* (première tentative du genre) ; André Suarès, *Voici l'homme* ; Romain Rolland, *Jean-Christophe* (1904-1912, prix Femina) ; Charles Péguy, *Notre patrie* ; Alphonse Aulard, *Histoire politique de la Révolution française* ; Paul Louis, *Le Colonialisme* ; Henri Poincaré, *La Valeur de la science* ; Élisée Reclus, *L'Homme de la terre* (1905-1908) ; Savigny de Montcorps, *Petits métiers et cris de Paris* ; Sertillanges, *Socialisme et christianisme* ; Albert Einstein publie deux articles où il expose sa théorie de la relativité restreinte : « Sur l'électrodynamique des corps en mouvement » et « L'inertie d'un corps dépend-elle de son contenu en énergie ? » » ; S. Freud, *Trois Essais sur la théorie de la sexualité* (les travaux de Freud ne sont traduits en français que dans les années vingt).

Presse, revues et édition □ Pierre Lafitte lance *Je sais tout*, magazine illustré, et *La Jeunesse* (1905-1906) ; Jules Huret, chroniques dans *Le Figaro* ; Paul Fort lance *Vers et prose*, revue pour la « Défense et illustration de la haute littérature et du lyrisme en prose et en poésie » ; première publication du *Petit Larousse*.

Théâtre □ *Les Bas-Fonds* de Gorki au Théâtre de l'Œuvre (Lugné-Poe) ; Henri Bataille, *La Marche nuptiale*.

Musique □ Claude Debussy, *La Mer* (création à Paris) ; Gabriel Pierné, *La Croisade des enfants* (oratorio) ; Florent Schmitt, *Reflets d'Allemagne* ; Gabriel Fauré est nommé directeur du Conservatoire ; 1905-1914 : *Bulletin français de la Société internationale de musique*.

Chanson □ Au Ba-Ta-Clan, Gaston Habrekorn crée la « revue à grand spectacle ».

Arts plastiques □ Première exposition des fauves au Salon d'automne : Henri Matisse « roi des fauves » avec *Luxe, calme et volupté* (1904-1905), Derain, Vlaminck, Rouault, Georges Braque, Dufy ; Cézanne achève *Les Grandes Baigneuses* ; Henri Matisse, *La Joie de vivre* ; Claude Monet, *Nymphéas à Giverny* ; Picasso, *La Famille de saltimbanques*, début de la période rose : *Les Bateleurs*. Sculpture : A. Maillol, *L'Action enchaînée* ; Rodin expose pour la première fois au Salon d'automne. L'architecte Jourdain construit la Samaritaine à Paris.

Cinéma □ Alice Guy, *La Esmeralda* ; André Heuzé, *Le Voleur de bicyclettes* ; Max Linder, *Première Sortie* ; Georges Méliès, *L'Ange de Noël*, *La Tour de Londres*, etc. ; société Pathé, *Les Apaches de Paris*, *Au bagne*.

1906

1er JANVIER ♦ Les Parisiens découvrent le rugby au Parc des Princes : victoire de la Nouvelle-Zélande sur la France.

6 JANVIER ♦ Création à Paris des *Miroirs* de Maurice Ravel.

16 JANVIER-7 AVRIL ♦ Conférence d'Algésiras sur le Maroc : la prépondérance française est reconnue et l'indépendance du sultan et l'intégrité de son État sont garanties.

1er-2 FÉVRIER ♦ Incidents à Paris dans l'affaire des inventaires des biens de l'Église : « troubles des inventaires » à l'église Sainte-Clotilde, les fidèles se barricadent dans l'église pour en interdire l'accès ; les incidents gagnent la province.

11 FÉVRIER ♦ L'encyclique *Vehementer nos* de Pie X condamne la loi de séparation. S'y ajoute en août l'encyclique *Gravissimi*.

6 MARS ♦ À Boeschèpe (Nord), émeute populaire lors de l'inventaire de l'église : un jeune manifestant est tué ; sa mort entraîne la chute du cabinet Rouvier, auteur de la loi de séparation des Églises et de l'État.

10 MARS ♦ Coup de grisou à Courrières, 1 200 morts. La catastrophe provoque la grève de 70 000 mineurs.

14 MARS ♦ Ministère Sarrien, radical modéré. Clemenceau, ministre de l'Intérieur, suspend les inventaires ; Aristide Briand à l'Instruction publique et aux Cultes.

1er MAI ♦ Violentes manifestations pour la journée de huit heures, la troupe intervient.

20 MAI ♦ 2e tour des élections législatives : les gauches remportent les élections : 414 sièges (dont 130 radicaux-socialistes), contre 175 sièges pour l'opposition.

11 JUIN ♦ Apparition des premiers « autobus » sur la ligne Saint-Germain-des-Prés - Montmartre, à Paris : ils concurrencent les tramways.

26 JUIN ♦ Premier grand prix automobile du Mans, organisé par l'Automobile-Club de France.

12-13 JUILLET ♦ La Cour de cassation annule le verdict du conseil de guerre de 1899 qui avait condamné le capitaine Alfred Dreyfus, une nouvelle fois, pour trahison. Il est acquitté, réhabilité, réintégré dans l'armée au grade de commandant.

13 JUILLET ♦ La loi rend obligatoire le repos hebdomadaire.

24 AOÛT ♦ La Chambre vote le projet de loi sur les retraites ouvrières.

8-14 OCTOBRE ♦ IXᵉ congrès de la CGT : « charte d'Amiens » qui définit un syndicalisme révolutionnaire avec séparation entre le politique et le syndical.

12 OCTOBRE ♦ Première femme admise à l'École normale supérieure, section sciences : Mlle Robert.

23 OCTOBRE ♦ Le « fou volant », Alberto Santos-Dumont, parvient à élever son aéroplane à 3 m du sol.

25 OCTOBRE ♦ Ministère Clemenceau, qui garde l'Intérieur. Picquart à la Guerre, et création du ministère du Travail, occupé par le socialiste indépendant René Viviani.

5 NOVEMBRE ♦ Marie Curie donne son premier cours à la Sorbonne : elle est la première femme professeur de la Sorbonne.

22 NOVEMBRE ♦ La Chambre et le Sénat adoptent le nouveau montant de l'indemnité parlementaire fixé à 15 000 F par an.

7 DÉCEMBRE ♦ La Chambre vote le rachat par l'État de la Compagnie des chemins de fer de l'Ouest.

19 DÉCEMBRE ♦ Création de l'hebdomadaire antimilitariste *La Guerre sociale* de Gustave Hervé, qui est secondé par Victor Méric, Almereyda (pseudonyme d'Eugène Vigo) et Eugène Merle.

⇨ 20 millions d'actifs, dont 43 % dans l'agriculture, 530 000 fonctionnaires ; création des Jardins ouvriers ; débuts de l'Institut océanographique ; à Paris, 671 conduites électriques pour l'éclairage, contre 250 000 pour le gaz d'éclairage.

Henri Moissan reçoit le prix Nobel de chimie.

Littérature et essais □ Le groupe de l'Abbaye se constitue à Créteil (1906-1908) : Charles Vildrac, Georges Duhamel, Jules Romains, etc. ; André Corthis (Mlle Husson), *Gemmes et moires* (prix Femina) ; Jérôme et Jean Tharaud, *Dingley, l'illustre écrivain* (prix Goncourt mais paru en 1902 dans les *Cahiers de la quinzaine*) ; Joris-Karl Huysmans, *Les Foules de Lourdes* ; Jules Romains, *Le Bourg régénéré* ; Paul Valéry, *La Soirée avec Monsieur Teste* ; traductions de Dostoïevski, *Les Frères Karamazov*, et de Oscar Wilde, *Le Portrait de Monsieur W.H.* (1889) ; Paul Duhem, *La Théorie physique, son objet, sa structure* ; F. de Saussure, *Cours de linguistique générale* (1906-1911).

La théorie des espaces abstraits par le mathématicien Maurice Fréchet (1878-1973).

Presse et revues □ *Le Matin* organise un Paris-Londres en dirigeable ; P. Vivien lance *La Presse coloniale* (quotidien, hebdomadaire en 1915) ; la Maison de la Bonne Presse (P. Claude Alley) : *Noël* est désormais réservé aux filles, création de *L'Écho de Noël* pour les garçons (en 1937 : *Bayard*).

Théâtre □ Antoine dirige l'Odéon (jusqu'en 1914) ; Alfred Jarry, *Par la taille* (« théâtre mirlitonesque ») ; Georges Feydeau, *Feu la mère de Madame*.

Danse □ Ruth Saint-Denis, *Rhada* (ballet hindou sur des pages de *Lakmé* de Léo Delibes de 1883).

Musique □ Gabriel Fauré, *Premier quintette*, *4ᵉ Impromptu* ; Paul Le Flem, *Première symphonie* ; Jules Massenet, *Ariane* ; Maurice Ravel, *Introduction et Allegro pour harpe*.

Chanson □ Polin, *La Petite Tonkinoise* (H. Christiné, musique : Vincent Scotto).

Arts plastiques □ Paul Cézanne, *La Montagne Sainte-Victoire* (commencé en 1900) ; André Derain, *La Danseuse* ; Henri Matisse, *Nature morte au tapis rouge* ; Pablo Picasso, *Autoportrait*, *Portrait de Gertrude Stein*.

Cinéma □ Albert Capellani, *La Peine du talion* ; André Heuzé, *Le Déserteur* ; Max Linder, *Le Pendu* ; Georges Méliès, *Les 400 farces du diable* ; Gaston Velle, *Voyage autour d'une étoile*. Cinéma étranger : Stuart Blackton crée le premier dessin animé de l'ère cinématographique : *Humorous Phases of Funny Faces*.

1907

7 FÉVRIER ◆ Projet Caillaux d'impôt sur le revenu.

2 MARS ◆ Première de *La Puce à l'oreille* de Georges Feydeau.

8-9 MARS ◆ Première grève des ouvriers électriciens de Paris.

20 MARS ◆ Après l'assassinat d'un médecin français, les troupes du général Lyautey occupent Oujda, au Maroc.

26 MARS ◆ Loi sur la liberté de culte.

AVRIL-MAI ◆ Conflit entre le gouvernement et les fonctionnaires syndicalistes. Nombreuses révocations.

9-21 JUIN ◆ Manifestations importantes de viticulteurs du Midi en révolte : 700 000 personnes manifestent à Montpellier. Les 19 et 20 juin, la troupe a tiré à Narbonne sur la foule qui attaquait la sous-préfecture, faisant plusieurs morts. À Béziers, le 17ᵉ régiment refuse de réprimer la révolte des viticulteurs du Languedoc. (Montéhus en fait une chanson : *L'Hymne au 17ᵉ*.)

29 JUIN ◆ Loi réprimant la fraude sur les vins.

3 JUILLET ◆ Loi qui protège le salaire féminin. La même année, Bracke et Jaurès font campagne pour le vote des femmes.

15 JUILLET ◆ Georges Clemenceau, président du Conseil, décide de créer le service central de répression des fraudes pour lutter contre la chaptalisation du vin et apaiser la révolte. Le 3 septembre, un décret définit le vin comme une boisson obtenue « exclusivement de la fermentation alcoolique du raisin frais ou du jus de raisin frais ».

29 JUILLET ◆ En Grande-Bretagne, le colonel R. Baden-Powell crée le mouvement scout.

11-14 AOÛT ◆ Congrès SFIO de Nancy : la double nécessité de l'action politique et de l'action syndicale. Au congrès socialiste international de Stuttgart, Jaurès s'attache à faire voter une motion recommandant la lutte contre la guerre par tous les moyens.

31 AOÛT ◆ Triple-Entente signée entre la France, la Grande-Bretagne et la Russie.

1ᵉʳ SEPTEMBRE ◆ Livre de Léon Blum, *Du mariage*, traitant de la libération des mœurs : scandale.

7 SEPTEMBRE ◆ Discours antimilitariste de Jaurès au Tivoli-Vaux-Hall à Paris.

8 SEPTEMBRE ◆ L'encyclique *Pascendi* condamne les thèses que l'Église qualifie de « modernistes ». Quelques mois plus tard, l'abbé Alfred Loisy, professeur à l'EPHE, est excommunié (auteur de *L'Évangile et l'Église* en 1902 et de *Autour d'un petit livre* en 1903) pour ses tentatives d'exégèse scientifique des textes sacrés.

17 SEPTEMBRE ◆ Louis Blériot s'écrase au sol, à bord de sa *Libellule*, après avoir tenu sur une distance de 184 m.

OCTOBRE ◆ Fondation du quotidien culturel *Comœdia* par Henri Desgranges.

1ᵉʳ OCTOBRE ◆ Création des éditions Bernard Grasset.

10 OCTOBRE ◆ Le congrès du Parti radical et radical-socialiste à Nancy condamne l'antipatriotisme et l'antimilitarisme, mais n'accepte pas de rompre avec le Parti socialiste unifié.

18 OCTOBRE ◆ Échec de la seconde conférence de la Paix à La Haye.

30 OCTOBRE ◆ Loi tentant de moraliser les rapports entre presse et intérêts financiers.

NOVEMBRE ◆ Référendum du *Petit Parisien* : 1 083 000 voix en faveur du maintien de la peine de mort, 327 000 voix contre.

NOVEMBRE ◆ Campagne du *Matin* contre l'absinthe : résistance et boycott du journal par le Syndicat des marchands de vins. *Le Matin* capitule.

21 DÉCEMBRE ◆ Pathé transforme le Cirque d'hiver (Paris) en salle de cinéma.

⇨ Maria Vérone (1874-1938), huitième femme inscrite au barreau de Paris et première à plaider aux assises. En 1919, elle devient présidente de la Ligue pour le droit des femmes (LDF) ; le prix

Nobel de médecine est attribué à Charles Laveran pour ses recherches sur le paludisme.

Littérature et essais □ Émile Moselly, *Terres lorraines* (prix Goncourt) ; Gaston Leroux, *Le Mystère de la chambre jaune* (paraît d'abord dans *L'Illustration*) ; Michel Zévaco, *Pardaillan* (premier de la série) ; René Bazin, *Le blé qui lève* ; Victor Segalen, *Les Immémoriaux* (roman traitant des problèmes liés à l'acculturation à Tahiti : aucun succès à sa parution) ; Anna de Noailles, *Les Éblouissements* ; Paul Claudel, *Art poétique* ; Henri Bergson, *L'Évolution créatrice* ; Camille Jullian, *Histoire de la Gaule* (1907-1928).

Danse □ À l'Opéra de Paris, Léo Staats, premier danseur, est nommé maître de ballet jusqu'en 1936.

Musique □ Claude Debussy, *Images* ; Paul Dukas, *Ariane et Barbe-Bleue* (opéra-conte en trois actes, poème de Maeterlinck) ; Vincent d'Indy, *Sonate en mi pour piano* ; J. Messager, *Fortunio* (opéra-comique) ; Maurice Ravel, *Rhapsodie espagnole* ; Albert Roussel, *Première sonate* ; Florent Schmitt, *Le Palais hanté*.

Arts plastiques et photographie □ D. Kahnweiler ouvre sa galerie rue Vignon à Paris ; Pablo Picasso, *Les Demoiselles d'Avignon* : première œuvre cubiste (désignation postérieure). En réponse, Georges Braque, *Grand Nu*. Photo : les frères Lumière : l'autochrome (découvert en 1904) devient le premier procédé industriel de reproduction des couleurs.

Cinéma □ Louis Feuillade, *L'Homme aimanté, Course des belles-mères* ; Max Linder, *Débuts d'un patineur* ; Ferdinand Zecca, *Métempsycose, Légende de Polichinelle* ; Georges Méliès (19 films).

1908

24 JANVIER ♦ À la Chambre, Jaurès réclame le retrait des troupes françaises du Maroc.

21 FÉVRIER ♦ Pathé inaugure, à Paris, le Métropole, « le plus grand écran du monde », avenue de La Motte-Picquet.

21 MARS ♦ Farman et Delagrange réussissent le premier vol en avion avec passager.

21 MARS ♦ *L'Action française*, « organe du nationalisme intégral », nᵒ 1, revue de Charles Maurras (créée en 1899), devient un quotidien et défend un nationalisme monarchiste violemment xénophobe et antisémite. Henri Vaugeois et Léon Daudet sont codirecteurs et Charles Maurras en est l'éditorialiste principal et le rédacteur d'une revue de presse (sous le pseudonyme de Criton). En novembre, fondation de la Ligue des Camelots du Roy.

AVRIL ♦ Création de *La Revue critique* par de jeunes intellectuels nationalistes qui s'éloignent petit à petit de la ligne maurrassienne.

5 AVRIL ♦ En réponse aux revendications de leurs ouvriers, lock-out des entrepreneurs de maçonnerie de Paris.

27 AVRIL ♦ Ouverture du Iᵉʳ congrès de psychanalyse à Salzbourg en présence de Sigmund Freud et C. G. Jung.

25 MAI ♦ Le président Fallières inaugure à Londres l'Exposition franco-anglaise, fruit de l'Entente cordiale.

1ᵉʳ JUIN ♦ Incidents dans la grève des mineurs de Draveil : trois ouvriers sont tués par des gendarmes.

4 JUIN ♦ Transfert des cendres de Zola au Panthéon. Manifestations d'extrême droite.

27-30 JUILLET ♦ Grèves violentes des cheminots de Villeneuve-Saint-Georges. Clemenceau envoie la troupe pour mettre fin à la grève : 4 morts et 100 blessés.

AOÛT ♦ Création d'un gouvernement général de l'Afrique équatoriale française (AEF : Gabon, Congo, Tchad, organisation purement administrative) ; révolte des Dogons du Niger.

AOÛT ♦ Première projection publique d'un film de dessins animés : *Fantasmagorie*, d'Émile Cohl (pseudonyme d'Émile Courtet, 1857-1938). Émile Cohl réalise plus de 200 films d'animation.

1ᵉʳ AOÛT ♦ Clemenceau fait arrêter les chefs de la CGT : Griffuelhes, Pouget, Yvetot, Bousquet. Il devient le « premier flic de France ».

29 SEPTEMBRE ♦ Conférence internationale de Lucerne sur la protection du travail : proscrit le travail nocturne des enfants de moins de 14 ans.

OCTOBRE ♦ Congrès de la CGT à Toulouse : grève générale proclamée en cas de guerre.

10 OCTOBRE ♦ Au congrès de Dijon, les radicaux s'opposent à la rupture avec les socialistes.

15-18 OCTOBRE ♦ Unanimité au Vᵉ congrès SFIO de Toulouse.

29 OCTOBRE ♦ Inauguration du dirigeable *Clément-Bayard* à Paris.

NOVEMBRE ♦ Kahnweiler organise l'exposition des premières œuvres cubistes de Georges Braque (refusées au Salon d'automne).

14 NOVEMBRE ♦ « Cubes », employé pour la première fois par Louis Vauxcelles, critique d'art au *Gil Blas*, dans son compte rendu de l'exposition Braque. En 1909, ce sera « cubique », « cubiste », puis « cubisme ».

8 DÉCEMBRE ♦ La Chambre vote le maintien de la peine de mort.

24 DÉCEMBRE ♦ Ouverture à Paris du premier Salon de l'aéronautique par le président Armand Fallières.

⇨ Prix Nobel de physique à Gabriel Lippmann pour ses travaux sur l'électricité, la photographie.

Littérature et essais □ Francis de Miomandre (François Durand), *Écrit sur de l'eau* (prix Goncourt) ; Anatole France, *L'Île des pingouins* ; Pierre Hamp, *La Peine des hommes* (jusqu'en 1937) ; Valéry Larbaud, *Poèmes pour un riche amateur* ; Jules Romains, *La Vie unanime* ; Henri Barbusse, *L'Enfer* ; Alain, premier « Propos » dans le *Journal de Rouen* ; H. Bonnet, *Paris qui souffre, la misère à Paris, les agents de l'assistance à domicile* ; Célestin Bouglé, *Essai sur le régime des castes en Inde* ; Georges Sorel, *Réflexions sur la violence* ; Émile Boutroux, *Science et religion dans la philosophie contemporaine*.

Presse, revues et édition □ Henri Fabre lance l'hebdomadaire *Les Hommes du jour* (jusqu'en 1940), publiant des portraits et notices biographiques de célébrités ; parution de la bande dessinée des *Pieds nickelés*, par Forton, dans *L'Épatant* (revue des éditions Offenstadt, jusqu'en 1939).

Théâtre □ R. de Flers et G. Arman de Caillavet, *Le Roi* (vaudeville).

Musique □ À l'Opéra, première représentation à Paris de *Boris Godounov* (Moussorgski, d'après l'œuvre de Pouchkine, 1874) dans une version revue par Rimski-Korsakov avec le chanteur Chaliapine : accueil triomphal ; Claude Debussy compose *Le Petit Nègre*, puis *Golliwog's cakewalk* (recueil de piano *Children's Corner*) ; Édouard Lalo, *Esthétique musicale scientifique*.

Chanson □ Maurice Chevalier se produit aux Folies-Bergère avec Jane Marnac.

Arts plastiques □ Premier emploi du terme « expressionnisme » par le critique Louis Vauxcelles ; Pierre Bonnard, *Les Trois Grâces, Nu à contre-jour* ; Georges Braque, *Le Grand Nu* ; R. Dufy, *Le Café à L'Estaque* ; Amedeo Modigliani, *Maud Abrantès* ; C. Brancusi, *Le Baiser* ; exposition Matisse aux États-Unis ; Picasso organise un banquet pour le Douanier Rousseau au Bateau-Lavoir.

Cinéma □ Albert Capellani, *L'Homme aux gants blancs* ; Émile Cohl, *Le Cauchemar du Fantoche* ; Le Bargy et Calmettes, *L'Assassinat du duc de Guise* (musique de Camille Saint-Saëns) ; Victorin Jasset (ancien directeur des Pantomimes de l'Hippodrome), *Nick Carter* (premier film policier à épisodes) ; Georges Méliès : 45 films.

1909

22 JANVIER ♦ Un emprunt de 525 millions d'obligations russes à 4,5 % a été lancé à Paris. Fort succès.

FÉVRIER ♦ *La Nouvelle Revue française* (*NRF*), n° 1, revue littéraire lancée par André Gide et Jean Schlumberger.

9 FÉVRIER ♦ Accord franco-allemand sur le Maroc.

20 FÉVRIER ♦ *Le Figaro* publie le premier manifeste du futurisme écrit par F.T. Marinetti (première grande exposition qui lancera le mouvement sur la scène internationale : 1912, galerie Bernheim-Jeune, Paris).

15 MARS ♦ Grève des postiers. La troupe assure le service de remplacement. Jusqu'en mai, grève des postiers révoqués par centaines. Le 22 mars : Clemenceau reçoit une délégation de grévistes.

26 MARS ♦ Résolue à donner aux fonctionnaires un statut légal, la Chambre en exclut formellement le droit de grève, par 470 voix contre 63.

9 MAI ♦ Première des « Ballets russes » de Diaghilev à Paris, au Théâtre du Châtelet avec les *Danses polovtsiennes* (extraites des *Danses du prince Igor* d'après l'opéra de Borodine, avec Fedorova, Smirnova, Bolm).

23 MAI ♦ Suite à la grève des Postes, la procédure d'avancement dans la fonction publique est modernisée. Mais, le 28, la Chambre refuse l'amnistie pour les postiers révoqués.

5 JUIN ♦ Hubert Latham réussit sur monoplan un vol historique de plus d'une heure.

12 JUILLET ♦ Léon Jouhaux, secrétaire de la CGT.

20 JUILLET ♦ Chute de Clemenceau. Ministère Briand. Alexandre Millerand aux Travaux publics, Postes et Télégraphes.

25 JUILLET ♦ Louis Blériot traverse la Manche en avion en une heure et demie.

30 JUILLET ♦ Le tsar Nicolas II en visite officielle en France.

1ᵉʳ AOÛT ♦ François Faber remporte le Tour de France.

21 AOÛT ♦ Première triomphale, à l'Apollo de Paris, de l'opérette de F. Lehar *La Veuve joyeuse* (1905).

OCTOBRE ♦ *Le Petit Journal* fait paraître un magazine de sport : *Le Plein Air*.

5 OCTOBRE ♦ Fondation de *La Vie ouvrière* de Pierre Monatte.

13 OCTOBRE ♦ L'exécution à Barcelone de l'anarchiste Francesco Ferrer Guardia provoque une émeute à Paris.

15 NOVEMBRE ♦ *L'Or du Rhin*, de Richard Wagner, est donné pour la première fois en France sur scène à l'Opéra de Paris.

28 NOVEMBRE ♦ Loi accordant huit semaines de congé maternité.

⇨ Création de l'Union française pour le suffrage des femmes (UFSF) : Cécile Brunschvicg en prend la présidence en 1924 ; Lénine séjourne à Paris (jusqu'en 1912) ; Ligue pour la restauration du Vietnam ; béatification de Jeanne d'Arc ; fondation à Paris d'une « école socialiste » reconnue par le parti, trois soirs par semaine (A. Thomas, Ch. Andler).

Littérature et essais □ Marius et Ary Leblond, *En France* (prix Goncourt) ; Edmond Jaloux, *Le reste est silence* (prix Femina) ; Maurice Barrès, *Colette Baudoche* ; Colette, *L'Ingénue libertine* ; André Gide, *La Porte étroite* ; Léon Bloy, *Le Sang du pauvre* et Félicien Challaye, *Le Congo français. La question internationale du Congo* : des condamnations du colonialisme ; Élie Faure, *Histoire de l'Art* (jusqu'en 1927) ; Emmanuel de Martonne, *Traité de géographie physique* (1909-1925) ; Arnold Van Gennep, *Les Rites de passage*.

Presse et revues □ Arthur Huc et Maurice Sarrault sont directeurs de *La Dépêche* (Sud-Ouest), un des rares journaux de province dont les éditoriaux (surtout ceux de « Pierre et Paul », pseudonyme de A. Huc) étaient cités par la presse parisienne.

Chanson □ Au Moulin-Rouge, *La Valse chaloupée* de Mistinguett et Max Dearly.

Arts plastiques □ Georges Braque, *La Guitare au compotier* ; André Derain illustre *L'Enchanteur pourrissant* de

Guillaume Apollinaire (publié par Kahnweiler) ; Amedeo Modigliani, *Madame
Hastings* ; Francis Picabia, *Caoutchouc*
(aquarelle) ; Pablo Picasso, *Nu assis*.

Cinéma □ Armand Bour, *Le Baiser de
Judas* ; Calmettes, *La Tosca* (avec Sarah
Bernhardt) ; Albert Capellani, *L'Assom-
moir* (d'après Émile Zola) ; Émile Cohl,
*Les Joyeux Microbes, Les Lunettes féé-
riques* ; Victorin Jasset, *Morgan le pirate* ;
Max Linder, série des *Max* ; débuts de
Pathé Journal.

1910

28-29 JANVIER ♦ Pluies abondantes et
inondations dans toute la France.
Crue de la Seine, Paris est inondé.

13 FÉVRIER ♦ Inauguration du Vélodrome d'hiver à Paris.

29 MARS ♦ Majoration des droits de
douane.

5 AVRIL ♦ Loi sur les retraites ouvrières
et paysannes (adoptée par la Chambre
le 31 mars).

17 AVRIL ♦ Au Théâtre du Châtelet,
Gustav Mahler dirige sa *Symphonie
nº 2*.

8 MAI ♦ Élections législatives, succès
des socialistes (76 élus). Les radicaux
se maintiennent.

11 MAI ♦ La comète de Halley, atten-
due dans toute l'Europe, est surtout
visible à Nouméa.

22 JUIN ♦ À Paris, mise au point à
l'hôpital du Val-de-Grâce du vaccin
contre la typhoïde par le Pr Vincent.

30 JUIN ♦ Aristide Briand dépose un
projet de loi sur la réforme électorale :
scrutin de liste, avec représentation
des minorités (représentation
proportionnelle).

17 JUILLET ♦ Charles Péguy, *Notre
Jeunesse, Cahiers de la quinzaine*,
XIe série, *Cahier* nº 12 : souvenirs sur
le dreyfusisme et sa décomposition.

20 JUILLET ♦ Lancement du quotidien *La Démocratie* de Marc Sangnier, H. du Roure, Fr. Gay, G. Hoog
et E. Pezet (jusqu'en 1914). Le
25 août, Pie X condamne les doctrines

du Sillon (dénonce la primauté des
théories de la démocratie sur l'Église).

5 SEPTEMBRE ♦ Marie Curie et André
Debierne ont isolé le radium à l'état
métallique.

29 SEPTEMBRE ♦ Conférence internationale sur le chômage, qui aborde la
question de l'assurance chômage.

1er OCTOBRE ♦ À Paris, Conférence
internationale sur le cancer.

10-17 OCTOBRE ♦ Grève générale
dans les chemins de fer ; Briand fait
arrêter des cheminots et décide la
réquisition de 15 000 grévistes par la
militarisation.

29-30 OCTOBRE ♦ Devant la Chambre, Briand défend les mesures prises
pour briser la grève des chemins de fer
et obtient la confiance à une majorité
de 146 voix.

5 NOVEMBRE ♦ Nouvelle ligne de
métro parisien, Opéra-Porte de la
Villette.

14 NOVEMBRE ♦ Jaurès dépose à la
Chambre son projet d'« Armée
nouvelle ».

16 NOVEMBRE ♦ Création du quotidien *Excelsior* par Pierre Lafitte :
12 pages, avec 25 à 30 clichés par
numéro et deux pages de jaquette
entièrement illustrées, souvent de
photos en pleine page.

⇨ Machines à écrire Japy ; Conférence
internationale des femmes à Copenhague ; premier moteur Diesel ;
146 366 km de lignes de téléphone
(23 681 km en 1893).

Littérature et essais □ Louis Pergaud,
De Goupil à Margot (prix Goncourt) ;
Marguerite Audoux, *Marie-Claire* (prix
Femina) ; Guillaume Apollinaire,
L'Hérésiarque et Cie ; F. Jammes, *Les
Géorgiques chrétiennes* ; Gaston Leroux,
Le Fantôme de l'Opéra ; Charles Péguy,
Le Mystère de la charité de Jeanne d'Arc ;
André Suarès, *Le Voyage du condottiere* ;
Jean Brunhes, *La Géographie humaine* ;
Raymond Roussel, *Impressions d'Afri-
que* ; Jean Jaurès, *L'Armée nouvelle*.

Théâtre □ Henri Bataille, *La Vierge
folle* ; Edmond Rostand, *Chantecler*
(joué par Lucien Guitry, échec) ; *Sumu-
rün*, pantomime de Fr. Freska et V. Kol-
laender, sur une mise en scène de

M. Reinhardt qui emprunte au kabuki japonais le *hannamichi* (chemin de fleurs), de 1910 à 1912 à Berlin, à Londres, à New York et au Théâtre du Vaudeville à Paris ; Henri Bordeaux, *La Vie au théâtre* (5 volumes, 1910-1921) ; Théâtre d'idées, *Féministe*, de Lydie Pisargenski et Léon Combes ; Théâtre de l'Œuvre, *L'Annonce faite à Marie*, de Claudel.

Danse □ Ballets russes (Diaghilev) à Paris : Fokine, *Schéhérazade* de Rimski-Korsakov, *L'Oiseau de feu* de Stravinsky.

Musique □ Claude Debussy, premier livre des *Préludes* ; Henri Duparc, publication de *Aux étoiles* ; Gabriel Fauré, *La Chanson d'Ève* (1907-1910), *5ᵉ impromptu* ; Reynaldo Hahn, *La Fête chez Thérèse* ; Jules Massenet, *Don Quichotte* ; Florent Schmitt, *La Tragédie de Salomé*.

Chanson □ Introduction en France de la revue de music-hall par Gaby Deslys, revenant des États-Unis.

Arts plastiques □ Seconde exposition de la Nouvelle Association artistique (Munich, Kandinsky) avec Vlaminck, Van Dongen, Rouault, Derain, Picasso, Georges Braque et Le Fauconnier ; V. Kandinsky, *Composition nᵒ 2*, une des œuvres marquant l'apparition de la peinture abstraite ; R. Delaunay, *La Tour Eiffel*. Architecture : A. Perret, Théâtre des Champs-Élysées (1910-1913), premier monument en béton armé ; A. Loos, maison Steiner (première manifestation de l'architecture cubique, sans aucune décoration, à Vienne) ; mort du photographe Nadar.

Cinéma □ Henri Andreani, *Messaline* ; M. Carré, *Le Four à chaux* ; Chautard, *Le Médecin malgré lui* ; Émile Cohl, *Le Retapeur de cervelles, le Tout Petit Faust* (poupées) ; Max Linder, *Max fait du ski*, etc. ; Monca, premiers *Rigadin* ; Numès, *Eugénie Grandet*.

1911

17 JANVIER ♦ À la Chambre, un dément tire deux coups de revolver sur Aristide Briand.

19 JANVIER ♦ La danseuse Isadora Duncan au Châtelet.

19 FÉVRIER ♦ La jupe-culotte fait son apparition, très controversée. Deux ans plus tôt, suppression de la notion de délit concernant le port du pantalon par les femmes (à condition qu'il soit porté pour faire de la bicyclette).

20 FÉVRIER ♦ Gaumont fait franchir un pas décisif à l'enregistrement phonographique : « cinéma parlant ».

21 FÉVRIER ♦ À la Comédie-Française, Henry Bernstein est victime de manifestations antisémites pour sa pièce *Après moi*. Le 4 mars, il se bat en duel avec Léon Daudet. Finalement il retire sa pièce.

2 MARS ♦ Première à Paris de *L'Oiseau bleu*, de Maurice Maeterlinck.

11 MARS ♦ Paris s'aligne sur l'heure de Greenwich.

AVRIL ♦ Première exposition nommée « expressionniste » à la XXIIᵉ sécession de Berlin avec Manguin, Derain, Marquet, Friesz, Van Dongen, Vlaminck, le « premier » Georges Braque (fauviste), Doucet et le Picasso d'avant le cubisme (jusqu'en 1912, l'expressionnisme désignait seulement des artistes français ; en 1914, avec l'ouvrage *Der Expressionnismus* de Paul Fechter, application aux artistes allemands de « Die Brucke » et du « Blaue Reiter »).

11 AVRIL ♦ Émeutes viticoles en Champagne. Le gouvernement fait occuper militairement tout le département de la Marne.

21 MAI ♦ Au départ de la course Paris-Madrid, à Issy-les-Moulineaux, l'aéroplane de Train blesse grièvement le président du Conseil et tue Berteaux, ministre de la Guerre.

31 MAI ♦ Nouvelle Constitution accroissant l'indépendance de l'Alsace-Lorraine.

13 JUIN ♦ *Petrouchka* d'Igor Stravinski sur une chorégraphie de Michel

Fokine au Théâtre du Châtelet, avec les Ballets russes de Diaghilev et Nijinski.

15 JUIN ♦ Projet de loi mettant fin aux délimitations (vins). Accord entre les viticulteurs de l'Aube et de la Marne.

1ᵉʳ JUILLET ♦ Canonnière allemande *Panther* à Agadir, ou le « coup d'Agadir » : nouvelle crise franco-allemande au sujet du Maroc.

7 JUILLET ♦ Guillaume Apollinaire, *La Fiancée posthume*, conte publié dans *Le Matin*.

22 JUILLET ♦ Loi sur les tribunaux pour enfants et adolescents interdisant la publication des débats de ces tribunaux et la reproduction de tout portrait des mineurs poursuivis.

OCTOBRE ♦ Proclamation de la République de Chine du Sud.

25 OCTOBRE ♦ À 17 ans, Georges Carpentier met KO Joseph Young.

27 OCTOBRE ♦ Naissance de *La Bataille syndicaliste*, organe quotidien de la CGT, sous le patronage de Léon Jouhaux.

4 NOVEMBRE ♦ Accord franco-allemand sur le Maroc en échange d'une partie du Congo pour la France.

24 NOVEMBRE ♦ Théâtre de boulevard : première de Georges Feydeau, *Mais n'te promène donc pas toute nue*.

30 NOVEMBRE ♦ Par 312 voix contre 140, la Chambre refuse la réintégration des agents grévistes des chemins de fer.

⇨ Grande grève du bâtiment ; apparition des locomotives électriques ; prix Nobel de chimie à Marie Curie.

Littérature et essais □ Alphonse de Châteaubriant, *Monsieur des Lourdines* (prix Goncourt) ; Louis de Robert, *Le Roman du malade* (prix Femina) ; Allain et Souvestre, *Fantômas* (premier d'une longue série) ; Paul Claudel, *Cinq Grandes Odes* ; Valéry Larbaud, *Fermina Marquez* ; Rosny aîné, *La Guerre du feu* ; Saint-John Perse, *Éloges* ; P. Vigné d'Octon, *La Sueur du burnous* (sur les crimes du colonialisme) ; Julien Benda, *Dialogue d'Éleuthère* ; Henri Bergson, *L'Intuition philosophique* ; Henri Berr, *La Synthèse en histoire* ; Jules Guesde, *En garde*.

Presse, revues et édition □ Lancement des *Petits Bonshommes* (jusqu'en 1914) par la Ligue ouvrière de protection de l'enfance, revue patronnée par le Parti socialiste et la Ligue de l'enseignement ; à Vienne, S. Freud fonde la revue *Imago* ; Gaston Gallimard, André Gide et Jean Schlumberger fondent les éditions de la Nouvelle Revue française (NRF) ; traduction par André Gide d'une partie des *Cahiers de Malte Laurids Brigge* de R.M. Rilke dans la *NRF*.

Théâtre □ Firmin Gémier conçoit dans les années 1911-1912 un théâtre national ambulant à la manière des cirques ; Sacha Guitry, *Le Veilleur de nuit*.

Musique □ Claude Debussy, *Le Martyre de saint Sébastien* ; Paul Le Flem, *Les Chants du large* (poème symphonique) ; Maurice Ravel : la comédie musicale *L'Heure espagnole* (1907) est représentée à l'Opéra-Comique ; Anton Webern, *Cinq pièces pour orchestre* (1911-1913) ; Ch. Widor, *Te Deum* ; A. Schönberg, *Traité d'harmonie* (remanié et complété en 1921, puis en 1948).

Chanson □ Débuts de la chanteuse réaliste Damia à La Pépinière ; Montéhus, *Le Chant de la jeune garde*.

Arts plastiques □ Salon des indépendants : première rétrospective H. Rousseau (réactions insultantes). La salle cubiste provoque un scandale. Marcel Duchamp, *Les Joueurs d'échecs*, première version de son *Nu descendant un escalier* ; Fernand Léger, *Fumeurs* ; Georges Braque, *Le Portugais* (apparition d'éléments typographiques). Arrivée de Piet Mondrian à Paris. Marc Chagall s'installe à l'atelier de La Ruche.

Cinéma □ Albert Capellani, *Les Mystères de Paris* (d'après Eugène Sue) ; Georges Méliès, *Les Hallucinations du baron de Münchhausen*.

1912

9 JANVIER ♦ Incident Caillaux-Clemenceau à propos de tractations secrètes pour le traité franco-allemand. Caillaux démissionne le 11.

13-14 JANVIER ♦ Raymond Poincaré président du Conseil et ministre des Affaires étrangères. Alexandre Millerand à la Guerre.

30 MARS ♦ Moulay Hafid accepte le protectorat français sur le Maroc : traité de Fès.

29 MAI ♦ Nijinski créé *L'Après-midi d'un faune* (poème de Mallarmé, musique de Claude Debussy) au Théâtre du Châtelet.

9 JUIN ♦ Nouvelle grève des équipages de la marine marchande (jusqu'au 23 août).

10 JUILLET ♦ La Chambre adopte par 339 voix contre 217 le projet gouvernemental de réforme électorale assurant la représentation proportionnelle.

11 JUILLET ♦ Adversaires de la réforme électorale, Clemenceau et Combes fondent le Comité de défense du suffrage universel.

15 AOÛT ♦ À Chambéry, le congrès des syndicats d'instituteurs se déclare solidaire de la CGT et approuve le « sou du soldat » créé par les bourses du travail.

27 OCTOBRE ♦ Dans son discours de Nantes, Raymond Poincaré se montre préoccupé par l'état de la péninsule des Balkans.

22 NOVEMBRE ♦ Accord franco-britannique sur le resserrement de l'Entente.

3 DÉCEMBRE ♦ Armistice entre la Turquie et les belligérants balkaniques.

⇨ Grèves chez Renault 1912-1913 : elles ont pour origine le chronométrage du travail, technique inspirée par les méthodes américaines de Taylor que Louis Renault, de retour des États-Unis, voulut généraliser. Le taylorisme est connu en France depuis la traduction de l'ouvrage de Taylor *Direction des ateliers*, en 1907.

Alexis Carrel : prix Nobel de médecine (greffes de tissus et d'organes).

Littérature et essais □ André Savignon, *Les Filles de la pluie* (prix Goncourt) ; Jacques Morel (Mme Edmond Pottier), *Feuilles mortes* (prix Femina) ; Jean-Richard Bloch, *Lévy, premier livre de contes* ; Léon-Paul Fargue, *Poèmes* ; Anatole France, *Les dieux ont soif* ; Henri Franck, *La Danse devant l'arche* (poèmes) ; Charles Péguy, *Les Tapisseries* (poèmes) ; Louis Pergaud, *La Guerre des boutons* ; Pierre Loti, *Le Pèlerin d'Angkor* ; Victor Segalen, *Stèles* ; Émile Durkheim, *Les Formes élémentaires de la vie religieuse.*

Revues et édition □ Premier numéro des *Soirées de Paris*, revue fondée par Apollinaire ; création de la revue *Les Hommes nouveaux* par Blaise Cendrars ; l'écrivain Jacques Rivière devient secrétaire de la *NRF.*

Théâtre □ Paul Claudel, *L'Annonce faite à Marie*, mise en scène de Lugné-Poe ; Flers et Caillavet, *L'Habit vert.*

Musique □ Gabriel Pierné, *Saint François d'Assise* ; Maurice Ravel, *Daphnis et Chloé* ; A. Schönberg, *Pierrot lunaire* (œuvre fondamentale pour la musique contemporaine).

Arts plastiques □ Delaunay, *Fenêtres* et premières *Formes circulaires* ; Marcel Duchamp, *Nu descendant l'escalier* ; Modigliani, *Tête de femme.*

1913

15 JANVIER ♦ Les groupes radicaux-socialistes de la Chambre et du Sénat, conduits par Clemenceau et Combes, s'opposent à la candidature de Raymond Poincaré à la présidence de la République. Il est pourtant élu le 17, par 483 voix sur 870, et entre en fonctions le 18 février.

FÉVRIER ♦ Les hostilités reprennent entre la Turquie et les belligérants balkaniques.

6 MARS ♦ Projet de loi rétablissant le service militaire de trois ans. Le 20 juin, la Chambre rejette le contre-projet de Jaurès qui proposait un système de milices.

15 MAI ♦ La Chambre approuve le maintien sous les drapeaux de la classe libérable par 322 voix contre 155. Émeutes de soldats à Toul et Rodez.

19 MAI ♦ Première du *Sacre du printemps* d'Igor Stravinski, au Théâtre des Champs-Élysées, avec les Ballets russes de Diaghilev (M. Piltz dans le rôle de l'Élue) dans une chorégraphie de V. Nijinski : le public est scandalisé.

MAI-JUIN ♦ Roger Martin du Gard achève *Jean Barois*, roman commencé en 1911 sur un « héros dreyfusiste » « plein d'illusions très belles » (*Correspondance générale*, 22 avril 1911, 1980, t. 1).

14 JUILLET ♦ Loi sur l'assistance aux familles nombreuses.

30 JUILLET ♦ Loi sur le secret et la liberté du vote (création des isoloirs).

9 AOÛT ♦ Loi finale sur le service militaire, le ramenant à trois ans.

SEPTEMBRE ♦ À Saverne (Alsace), de graves incidents entre un officier allemand et la population et les soldats alsaciens accroissent la tension franco-allemande.

9 SEPTEMBRE ♦ État de siège en Tunisie.

16-18 OCTOBRE ♦ Au congrès de Paris, le Parti radical-socialiste s'unifie.

9 DÉCEMBRE ♦ Ministère Doumergue, de tendance radicale-socialiste, avec Caillaux aux finances.

⇨ Congrès extraordinaire de la CGT, préconise le refus de servir en cas de guerre ; création de la Fédération anarchiste révolutionnaire, fondée au congrès de Paris par le FAC (Lecoin), le Libertaire, les Temps nouveaux, le Réveil anarchiste ouvrier, et 60 groupes anarchistes autonomes ; grande grève des métallos de la Seine, et des mineurs du Pas-de-Calais. Pégoud exécute le premier saut en parachute à partir d'un avion.

Littérature et essais □ Marc Elder, *Le Peuple de la mer* (prix Goncourt) ; Camille Marbo (Mme Émile Borel), *La Statue voilée* (prix Femina) ; Alain-Fournier, *Le Grand Meaulnes* ; Guillaume Apollinaire, *Alcools* ; Maurice Barrès, *La Colline inspirée* ; Blaise Cendrars et Sophie Delaunay, *Prose du transsibérien*, premier livre simultané ; Valéry Larbaud, *A. O. Barnabooth. Ses œuvres complètes* ; Gaston Leroux, *Chéri-Bibi*

(jusqu'en 1925) ; Marcel Proust, *Du côté de chez Swann* (jusqu'en 1927) ; Jules Romains, *Les Copains* ; Agathon (Henri Massis et Alfred de Tarde, disciples de Maurras), « Les jeunes gens d'aujourd'hui » (enquête parue dans *L'Opinion* qui met au jour une « génération » de l'après-dreyfusisme, caractérisée par le vitalisme) ; P. Duhem, *Le Système du monde, histoire des doctrines cosmologiques de Platon à Copernic* (publication achevée en 1959) ; Jacques Maritain, *La Philosophie bergsonienne* ; Ernest Psichari, *L'Appel des armes*.

Presse et revues □ Création des *Cahiers du Sud* (jusqu'en 1966) ; début de la collaboration de Georges Bernanos au quotidien *L'Action française* ; premiers numéros de *La Science et la Vie*, de *La Revue des livres anciens*, dirigée par P. Louÿs.

Théâtre □ Jacques Copeau fonde le Théâtre du Vieux-Colombier ; Henry Bernstein, *Le Secret*.

Musique □ Manuel de Falla, *La Vida breve* (créée en 1905) représentée à Paris ; Claude Debussy, *Jeux* ; Maurice Ravel, *Ma Mère l'Oye*.

Arts plastiques □ Picasso et Braque : premiers papiers collés ; Marc Chagall, *Autoportrait aux sept doigts* ; Marcel Duchamp remplace la technique picturale par la composition d'objets manufacturés, les *ready-made*.

Cinéma □ Albert Capellani, *Germinal* (d'après Émile Zola).

1914

13 JANVIER ♦ Création de la Fédération des gauches d'Aristide Briand et Louis Barthou pour les élections (défendent la loi des « trois ans »).

3 FÉVRIER ♦ Au milieu de cent mille personnes, Aristide Briand, L. Barthou et J. Reinach assistent aux obsèques de Paul Déroulède (chef de la Ligue des patriotes et auteur d'un coup d'État manqué en 1899).

25 FÉVRIER ♦ Le Sénat vote contre le projet de Joseph Caillaux d'impôt sur le revenu.

16 MARS ♦ Mme Henriette Caillaux, femme du ministre des Finances et ancien président du Conseil Joseph Caillaux, assassine Gaston Calmette, directeur du *Figaro*, pour sa violente campagne de presse contre le projet d'impôt général progressif sur le revenu. Le 17 mars, Caillaux démissionne. Sa femme est acquittée le 28 juillet.

2 AVRIL ♦ La Chambre réprouve les interventions abusives de la finance dans la politique et de la politique dans la justice (à propos du scandale financier Rochette déclenché en juillet 1910).

10 MAI ♦ Élections législatives, victoire du Bloc des gauches (radicaux et SFIO), pacifiste.

18 MAI ♦ Au Théâtre du Vieux-Colombier, triomphe de *La Nuit des rois* (drame de Shakespeare), mise en scène de Jacques Copeau (avec Louis Jouvet, Ch. Dullin, B. Albane, etc.)

13 JUIN ♦ Ministère Viviani, radical-socialiste.

16 JUIN ♦ Interpellation de Jaurès à la Chambre sur la loi du service militaire de trois ans.

19 JUIN ♦ Vote d'un emprunt de 800 millions pour l'armement.

28 JUIN ♦ François-Ferdinand, héritier de l'Empire austro-hongrois, est assassiné à Sarajevo.

14-16 JUILLET ♦ Congrès extraordinaire de la SFIO. Jaurès fait adopter la grève générale comme moyen de refus de la guerre.

15 JUILLET ♦ Vote de l'impôt sur le revenu.

27 JUILLET ♦ Manifestations des syndicats contre la guerre, à l'appel de l'Union des syndicats de la Seine.

28 JUILLET ♦ L'Autriche-Hongrie déclare la guerre à la Serbie. Le 31 juillet, l'Allemagne lance un ultimatum à la Russie et à la France.

29 JUILLET ♦ Réunion du Bureau socialiste international à Bruxelles. Dernier discours de Jaurès.

31 JUILLET ♦ Jean Jaurès est assassiné au Café du Croissant, à Paris, par R. Villain.

1ᵉʳ AOÛT ♦ Mobilisation générale.

3 AOÛT ♦ Déclaration de guerre de l'Allemagne à la France.

4 AOÛT ♦ L'« Union sacrée » est proclamée et les pleins pouvoirs au gouvernement sont votés. Le groupe parlementaire SFIO vote à l'unanimité les crédits de guerre. Jules Guesde et Marcel Sembat (leaders SFIO) entrent au gouvernement. Léon Jouhaux (secrétaire de la CGT) devient commissaire à la Nation. Édouard Vaillant, Hervé, etc. font serment d'allégeance à l'Union sacrée. On pense que la guerre sera courte. Éloge funèbre de Jaurès à la Chambre.

5 AOÛT ♦ Loi sur la censure. Établissement du moratoire des loyers et d'allocations pour les familles des soldats.

6 AOÛT ♦ L'Autriche-Hongrie déclare la guerre à la Russie. Le 12, la France et l'Angleterre déclarent la guerre à l'Autriche.

19-23 AOÛT ♦ Échec de l'offensive française en Lorraine.

26 AOÛT ♦ Formation d'un gouvernement d'« Union sacrée » Viviani. Remaniement ministériel avec des ministres socialistes (Jules Guesde, ministre d'État, Marcel Sembat aux Travaux publics) et centre ou centre droit (Aristide Briand vice-président du Conseil, Alexandre Millerand à la Guerre, Théophile Delcassé aux Affaires étrangères, Ribot aux Finances). Gallieni gouverneur de Paris.

28 AOÛT ♦ Le groupe parlementaire SFIO approuve officiellement le reniement de l'Internationale et le ralliement à l'Union sacrée.

26-30 AOÛT ♦ Les Allemands battent les Russes à la bataille de Tannenberg.

SEPTEMBRE ♦ Mort au front des écrivains Alain-Fournier et Charles Péguy.

6-12 SEPTEMBRE ♦ Les cours martiales sont rétablies. Bataille de la Marne avec Joffre et Gallieni, victorieuse pour la France avec le recul allemand jusqu'à l'Aisne.

17 SEPTEMBRE-14 NOVEMBRE ♦ « Course à la mer », chaque armée cherche à déborder l'autre. 14 novembre : combats sanglants de la « mêlée des Flandres », front stabilisé sur

700 km de la mer à la Suisse, début de la guerre des tranchées.

22-23 SEPTEMBRE ♦ Dans le *Journal de Genève*, *Au-dessus de la mêlée* de Romain Rolland.

3 NOVEMBRE ♦ Une flotte alliée bombarde les Dardanelles.

Littérature et essais □ Le prix de l'Académie et le Femina sont suspendus ; Adrien Bertrand, *L'Appel du sol* (Goncourt décerné en 1916) ; Léon Bloy, *Le Pèlerin de l'absolu* ; Anatole France, *La Révolte des anges* ; André Gide, *Les Caves du Vatican* ; R. de Jouvenel, *La République des camarades*.

Henri Bergson est élu à l'Académie française.

Revues □ Les *Cahiers de la quinzaine* et *Vers et Prose* cessent de paraître ; extraits de Marcel Proust, *À l'ombre des jeunes filles en fleurs* dans la *NRF*.

Arts plastiques □ R. Delaunay, *Hommage à Blériot* ; S. Delaunay, *Prismes électriques* ; De Chirico, *Portrait prémonitoire de Guillaume Apollinaire* ; R. Duchamp-Villon, *Le Cheval* ; Kokoschka, *La Tempête ou la Fiancée du vent* ; Claude Monet, *Les Nymphéas* ; Utrillo, *Rue du Mont-Cenis*.

Cinéma □ Albert Capellani avec A. Antoine, *Quatre-vingt-treize* (d'après V. Hugo, le film est interdit par la censure. Édité en 1920) ; Louis Feuillade, *Fantômas*.

1915

12 JANVIER ♦ Rentrée parlementaire.

13 FÉVRIER ♦ Émission des obligations de la Défense nationale (10 ans, 5 % net d'impôt).

15 FÉVRIER-18 MARS ♦ Offensive franco-britannique en Champagne, sanglante « percée de Vouziers » pour 800 m de terrain. Le 19 mars, échec franco-britannique aux Dardanelles.

26 MARS ♦ Le Sénat adopte la proposition de la loi instituant la Croix de guerre (votée à la Chambre le 4 février).

22 AVRIL ♦ Utilisation pour la première fois des gaz asphyxiants par les Allemands en Flandres (près d'Ypres).

26 AVRIL ♦ Traité secret de Londres : les Alliés (l'Entente) promettent à l'Italie le Trentin et l'Istrie. Le 23 mai, l'Italie entre en guerre aux côtés des Alliés.

7 MAI ♦ Torpillage du paquebot *Lusitania* par un sous-marin allemand : 1 447 morts.

15 MAI ♦ Début de la formation d'une « minorité » pacifiste au Parti socialiste.

18 MAI ♦ Albert Thomas (socialiste), sous-secrétaire d'État à l'Armement.

14 JUILLET ♦ Transfert des cendres de Rouget de Lisle aux Invalides.

14-15 JUILLET ♦ Le conseil national du Parti socialiste unifié se prononce pour la continuation de la guerre jusqu'à la victoire des Alliés.

5 AOÛT ♦ Le général Sarrail est nommé chef de l'armée d'Orient.

5-8 SEPTEMBRE ♦ Congrès socialiste international de Zimmerwald en Suisse en faveur du pacifisme.

25 SEPTEMBRE-1ᵉʳ NOVEMBRE ♦ Nouvelles offensives en Champagne et en Artois, échec de la stratégie de Joffre.

5-6 OCTOBRE ♦ Début du débarquement d'un corps expéditionnaire allié à Salonique. Entrée en guerre de la Bulgarie aux côtés des Puissances centrales.

16 OCTOBRE ♦ Loi de réquisition du blé, de la farine et du charbon pour les populations civiles.

29 OCTOBRE ♦ Gouvernement Briand : Viviani à la Justice, le général Gallieni à la Guerre.

2 DÉCEMBRE ♦ Décret nommant Joffre commandant en chef des armées françaises (Nord-Est et Orient).

⇨ Génocide des Arméniens par le gouvernement turc.

L'usine Citroën du quai de Javel fabrique 20 000 obus par jour ; l'entreprise Boussac accroît la fabrication de toile d'avion ; interdiction de l'absinthe ; révoltes en Haute-Volta en raison des levées forcées de contingents « indigènes ».

Littérature et essais □ Daniel Halévy, *La Vie de Friedrich Nietzsche* ; Romain Rolland, *Au-dessus de la mêlée* ; Henri Massis, *Romain Rolland contre la France*.
Romain Rolland reçoit le prix Nobel de littérature.

Théâtre □ *Le Bœuf sur le toit*.

Arts plastiques □ Jean Arp, *Composition statique* ; Juan Gris, *L'Échiquier* ; en Russie, Malevitch, *Carré noir sur fond blanc* (début du courant du suprématisme).

Cinéma □ Albert Capellani, *Les Épaves de l'amour* ; Germaine Dulac (1882-1942), *Sœurs ennemies* (scénario Irène Hillel-Erlanger, avec S. Desprès) ; Louis Feuillade, *Les Vampires* (jusqu'en 1916 : 10 épisodes).

Radiodiffusion □ Première transmission radiotéléphonique reçue des États-Unis par le général Ferrié.

1916

JANVIER ♦ Création du Comité pour la reprise des relations internationales par des socialistes et des syndicalistes pacifistes, et du Comité de défense syndicaliste, qui forme une minorité pacifiste à l'intérieur de la CGT.

8-9 JANVIER ♦ Les dernières troupes alliées quittent les Dardanelles.

29 JANVIER ♦ Raid d'un Zeppelin sur Paris.

8 FÉVRIER ♦ Naissance du mouvement artistique dada à Zurich conduit par Tristan Tzara avec Ball, Janco, Huelsenbeck, Jean Arp, Hennings et Richter.

21 FÉVRIER ♦ Début de la bataille de Verdun.

9 MARS ♦ Accords Sykes-Picot sur le partage des colonies arabes de la Turquie entre la France et l'Angleterre.

MARS-NOVEMBRE ♦ Offensive alliée (préconisée par Joffre) sur la Somme.

20-24 AVRIL ♦ Conférence socialiste internationale de Kienthal. Poussée du mouvement pacifiste en Europe. Jean Longuet, petit-fils de Marx, prend la tête des minoritaires « social-pacifistes » et fonde *Le Populaire* favorable à une paix rapide, avec Pierre Laval, maire de Saint-Denis.

22 AVRIL ♦ La Chambre vote la loi sur les loyers, par 308 voix contre 5 et 141 abstentions.

31 MAI-1er JUIN ♦ Bataille navale du Jutland.

5 JUILLET ♦ Lancement du *Canard enchaîné*.

3 AOÛT ♦ *Le Feu* d'Henri Barbusse commence à être publié en feuilleton dans *L'Œuvre*. Il est publié intégralement en décembre et obtient le prix Goncourt.

20 AOÛT ♦ Entrée en guerre de la Roumanie aux côtés des Alliés.

15 SEPTEMBRE ♦ Pour la première fois, utilisation des chars d'assaut par les Anglais.

18 NOVEMBRE ♦ Fin de la bataille de la Somme.

12-13 DÉCEMBRE ♦ Remaniement ministériel (6e gouvernement Briand), Lyautey au ministère de la Guerre, Guesde et Sembat écartés. Denys Cochin (droite catholique) entre au gouvernement.

18 DÉCEMBRE ♦ Fin de la bataille de Verdun.

25 DÉCEMBRE ♦ Le général Nivelle remplace le général Joffre, nommé maréchal de France, à la tête des armées françaises.

⇨ Taxation du sucre, du lait et des œufs, création d'offices organisant les branches de la production et de 191 « consortiums » regroupant commerçants et industriels.

Littérature et essais □ Guillaume Apollinaire, *Lueurs des tirs* et *Le Poète assassiné* ; Maurice Barrès, *L'Âme française et la Guerre : l'amitié des tranchées* ; Anatole France, *Ce que disent les morts* ; Jules Romains, *Europe* ; Charles Maurras, *Quand les Français ne s'aimaient pas*.

Revues □ Création par Pierre Albert-Birot, à Paris, de la revue d'art *Sic* (jusqu'en 1919).

Théâtre □ Sacha Guitry, *Faisons un rêve*, aux Bouffes-Parisiens.

Arts plastiques □ Henri Matisse, *Les Marocains*.

Cinéma □ Antoine, *Les Frères corses* ; Germaine Dulac, *Geo le mystérieux*.

1917

8 JANVIER ET 11 MAI ♦ Vagues de grèves dans l'industrie, notamment dans la haute couture parisienne.

17 JANVIER ♦ Face aux grèves des usines de guerre, Albert Thomas institue un salaire minimal et prévoit un arbitrage en cas de conflit. La CGT y voit une limitation du droit de grève.

31 JANVIER ♦ La guerre sous-marine totale est annoncée par les Allemands.

24 FÉVRIER ♦ Décret autorisant les postes émetteurs et récepteurs.

8-12 MARS (23-27 février) ♦ Première révolution russe. Nicolas II abdique.

2 AVRIL ♦ Entrée en guerre des États-Unis.

16 AVRIL ♦ Début de l'offensive du Chemin des Dames. Première utilisation de chars d'assaut français.

17 AVRIL ♦ Premier refus collectif d'obéissance dans l'armée française, précédant les grandes mutineries de mai et juin (en quinze jours, l'armée française avait perdu 147 000 hommes, le moral était au plus bas).

11 MAI ♦ Début d'une seconde vague de grèves massives dans l'industrie du vêtement et dans les usines de guerre (jusqu'en juin).

15 MAI ♦ Pétain remplace Nivelle à la tête de l'armée française ; mesures favorables aux soldats : allongement des permissions, rotation plus rapide au front, etc.

18 MAI ♦ Création, au Théâtre du Châtelet à Paris, du ballet *Parade* d'Erik Satie par L. Massine et les Ballets russes de Diaghilev (argument de Jean Cocteau, décors Pablo Picasso, programme Guillaume Apollinaire) : le cubisme sur scène. Réception houleuse du public.

5 JUIN ♦ Échec de l'offensive sur l'Aisne au Chemin des Dames et lourdes pertes humaines.

19 JUILLET ♦ Motion en faveur de la paix votée en Allemagne par la majorité du Reichstag.

31 JUILLET ♦ La loi portant création des impôts sur le revenu est définitivement adoptée (première loi, le 15 juillet 1914, promue par Joseph Caillaux alors ministre des Finances) : système plus « équitable » que l'ancien, car il couvre toutes les catégories de revenus.

1ᵉʳ AOÛT ♦ Appel du pape Benoît XV pour le rétablissement de la paix.

31 AOÛT ♦ Louis Malvy ministre de l'Intérieur, accusé de pacifisme par Clemenceau, démissionne (condamné à cinq ans de bannissement en août 1918).

7-13 SEPTEMBRE ♦ Fin de l'Union sacrée : le socialiste Albert Thomas doit démissionner ; cabinet Painlevé.

9 SEPTEMBRE ♦ Échec de la tentative de conférence socialiste internationale à Stockholm.

NOVEMBRE ♦ Lois instaurant une taxe spéciale sur les objets de luxe et un impôt sur les bénéfices de guerre.

2 NOVEMBRE ♦ Déclaration Balfour autorisant un « foyer national juif » en Palestine.

6-8 NOVEMBRE (24 octobre) ♦ Révolution d'Octobre en Russie par les bolcheviks. Lénine au pouvoir.

27 NOVEMBRE ♦ À la Chambre, discussion sur la politique à mener vis-à-vis de la Russie. Le gouvernement refuse d'entrer en relations officielles avec Petrograd.

11 DÉCEMBRE ♦ Première de la revue *Laissez-les tomber !* au Casino de Paris.

⇨ Montant des emprunts à court terme : 12 milliards ; inflation : 120 % ; création de l'agence de publicité Havas.

Littérature et essais □ Henri Malherbe, *La Flamme au poing* (prix Goncourt) ; Jean-Richard Bloch, *Et Cie…* ; Georges Duhamel, *Vie des martyrs* ; Max Jacob, *Le Cornet à dés* (poèmes en prose) ; Jean Paulhan, *Le Guerrier appliqué* ; Paul Valéry, *La Jeune Parque* ; Maurice

Barrès, *Les Diverses Familles spirituelles de la France* ; Anatole France, *Pour la liberté* ; Pierre Drieu La Rochelle, *Interrogation*.

Mort de Léon Bloy et d'Émile Durkheim.

Revues □ Pierre Reverdy lance la revue littéraire *Nord-Sud* à Paris (jusqu'en 1918) ; Picabia crée la revue *391* (jusqu'en 1924) ; naissance de la revue pacifiste *Les Cahiers idéalistes français* d'Édouard Dujardin.

Théâtre □ Guillaume Apollinaire, *Les Mamelles de Tirésias*, drame « surréaliste ».

Musique □ Constitution du « groupe des Six » : Georges Auric, Germaine Taillefer, Louis Durey, Arthur Honegger, Francis Poulenc, Darius Milhaud ; Erik Satie, *Rag-time du paquebot*.

Arts plastiques □ Marcel Duchamp expose à New York un de ses *ready-made*, un urinoir : provoque un scandale.

Cinéma □ Antoine, *Le Coupable* ; Germaine Dulac, *Âmes de fous* (plusieurs épisodes) ; Marcel L'Herbier, *Phantasmes* (film expérimental avec travail sur le flou).

1918

8 JANVIER ♦ Les « quatorze points » du président Wilson, parmi lesquels la prise en compte des droits des minorités nationales.

14 JANVIER ♦ Arrestation de Caillaux, accusé de pacifisme.

MARS-MAI ♦ Grèves à Paris et Saint-Étienne : 300 000 grévistes dans les industries d'armement, nombreuses arrestations.

8 MARS ♦ Bombardement de Paris par des canons allemands à grande portée. Le 23, la « Grosse Bertha » bombarde la capitale.

21 MARS-5 AVRIL ♦ La guerre de mouvement recommence, mais Ludendorff est incapable d'exploiter ses succès.

9 AVRIL ♦ Offensive allemande en Flandres.

15 MAI ♦ Le 3ᵉ Conseil de guerre de Paris condamne à mort Duval, rédacteur du journal défaitiste *Le Bonnet rouge*, subventionné par l'Allemagne. Le directeur, Almereyda, s'est suicidé en prison en 1917.

13-28 MAI ♦ Dans la région parisienne, dans les bassins de la Loire, grandes grèves dans les usines d'armement.

27 JUIN ♦ Offensive allemande sur le Chemin des Dames.

28 JUIN ♦ Premier emploi du mot « jazz » dans la nouvelle revue du Casino de Paris, accompagnée par l'orchestre The Great American Jazz Band.

15 JUILLET ♦ Offensive allemande en Champagne.

18 JUILLET ♦ Contre-offensive de Mangin dans l'Aisne, avec des chars : « deuxième victoire de la Marne ».

7 AOÛT ♦ Foch maréchal de France.

8 AOÛT ♦ La Haute Cour condamne Malvy à cinq ans de bannissement pour forfaiture.

OCTOBRE ♦ L'épidémie de grippe espagnole culmine (milliers de morts dont l'un des plus célèbres est Guillaume Apollinaire).

6-9 OCTOBRE ♦ Congrès du Parti socialiste. La direction est renversée par les pacifistes.

9 NOVEMBRE ♦ Abdication de l'empereur Guillaume II. Proclamation de la République à Berlin.

11 NOVEMBRE ♦ Armistice signé à Rethondes.

DÉCEMBRE ♦ Tristan Tzara publie son « Manifeste » dans *Dada 3*.

15 DÉCEMBRE ♦ Pétain, maréchal de France.

⇨ Premier avion de combat Dassault ; dette flottante de 30 millions de francs, hausse des prix de 100 % depuis 1914, des salaires de 75 %.

Littérature et essais □ Guillaume Apollinaire, *Calligrammes* ; Henri Bachelin, *Le Serviteur* (prix Femina) ; Paul Bourget, *Némésis* ; Georges Duhamel, *Civilisation* (prix Goncourt) ; Maurice Genevoix, *Au seuil des guitounes* ; Jean Giraudoux, *Simon le Pathétique* ; Pierre

Mac Orlan, *Le Chant de l'équipage* ; Picabia, *Poèmes de la fille née sans mère* ; Léon Daudet, *La Guerre totale*.

Presse et revues □ Louise Weiss, intellectuelle pacifiste, lance *L'Europe nouvelle*, hebdomadaire politique.

Théâtre □ Paul Claudel, *Le Pain dur*.

Musique □ Musiciens noirs sur les fronts de bataille en Europe ; Jean Cocteau, *Le Coq et l'Arlequin* (essai sur la musique où il revendique « une clarté et une simplicité à la française inspirées par la musique populaire » (B. Desgraupes) ; Francis Poulenc, *Rhapsodie nègre* ; Igor Stravinski, *L'Histoire du soldat* et *Ragtime pour onze instruments*.

Arts plastiques □ En Russie, Malevitch, *Carré blanc sur fond blanc* ; en Autriche, Schiele, *La Famille*.

Cinéma □ Antoine, *Les Travailleurs de la mer* ; de retour en France, Émile Cohl, *Les Pieds nickelés* (d'après la bande dessinée de Forton).

1919

18 JANVIER ♦ Ouverture de la conférence de la Paix, désaccord entre les Alliés sur les réparations dues par l'Allemagne.

MARS ♦ Fondation de la Confédération de la production française (21 fédérations patronales).

2-6 MARS ♦ Fondation à Moscou du Komintern, « parti mondial de la révolution socialiste » ; parallèlement, échec des mouvements communistes en Europe.

6 AVRIL ♦ Manifestations (environ 100 000 personnes) après l'acquittement le 29 mars de l'assassin de Jaurès, R. Villain.

17 AVRIL ♦ Loi sur la réparation des dommages de guerre.

19-21 AVRIL ♦ En mer Noire, mutineries sur les navires français.

23 AVRIL ♦ Loi sur les huit heures de travail par jour sans diminution de salaire.

28 AVRIL ♦ Pacte qui fonde la Société des nations (SDN).

1er MAI ♦ Grève générale. Incidents à Paris.

1er JUIN ♦ *La Nouvelle Revue française (NRF)* reparaît.

28 JUIN ♦ Signature du traité de Versailles avec l'Allemagne. Le 10 septembre : signature du traité de Saint-Germain-en-Laye avec l'Autriche.

14 JUILLET ♦ Défilé de la victoire à Paris.

SEPTEMBRE ♦ Prix Goncourt à Marcel Proust, *À l'ombre des jeunes filles en fleurs*.

12 OCTOBRE ♦ Levée de l'état de siège et de la censure.

NOVEMBRE ♦ Enquête « Pourquoi écrivez-vous ? », lancée par la revue *Littérature* (créée en mars) de Louis Aragon, André Breton et Philippe Soupault : réponses de Max Jacob, Henri Ghéon, Jean Royère, Jean Giraudoux, Paul Morand, Rachilde, etc.

2 NOVEMBRE ♦ Fondation de la Confédération des travailleurs chrétiens (CFTC).

7 NOVEMBRE ♦ À Paris, discours-programme de Millerand : union, travail, solidarité, libéralisme économique, pacification religieuse, augmentation des pouvoirs du chef de l'État.

16-30 NOVEMBRE ♦ Le Bloc national (devise : « l'Allemagne paiera ») remporte les élections législatives : c'est la « Chambre bleu horizon ».

Littérature et essais □ Henri Barbusse, *Clarté* ; Pierre Benoît, *l'Atlantide* ; Roland Dorgelès, *Les Croix de bois* (prix Femina) ; André Gide, *La Symphonie pastorale* ; Philippe Soupault, *Rose des vents* ; Henri Bergson, *L'Énergie spirituelle*.

Presse et revues □ *L'Humanité* publie une « déclaration d'indépendance de l'esprit » signée notamment par Henri Barbusse, Alphonse de Châteaubriant, Georges Duhamel, Pierre Jean Jouve, Romain Rolland, Jules Romains et Charles Vildrac ; création de la revue *Littérature* (jusqu'en 1924) par André Breton, Louis Aragon, Philippe Soupault et R. Hilsum ; lancement de la revue *Le Monde nouveau*, « trait d'union vivant et permanent entre les Alliés ».

Musique □ Darius Milhaud, *Les Machines agricoles* (magistrale démonstration de la polytonalité pour exprimer la fascination de l'auteur pour la machine) ; Ernest Ansermet, chef d'orchestre classique, est le premier à reconnaître, dans un article de *La Revue romande*, le « génie » du clarinettiste et saxophoniste de jazz Sidney Bechet.

Arts plastiques □ Marcel Duchamp ajoute des moustaches à *La Joconde* ; Fernand Léger, *La Ville* ; Joan Miró, *Nu au miroir*. Création à Weimar de l'école d'architecture et d'art le « Bauhaus » : autour de Gropius, Kandinsky, Klee, Meyer, Mies Van der Rohe.

Cinéma □ Antoine, *Mademoiselle de La Seiglière* ; Louis Delluc (1890-1934) écrit le scénario de *La Fête espagnole* (réalisatrice Germaine Dulac, avec Gaston Modot, Jean Toulout).

Sports □ La joueuse de tennis française Suzanne Lenglen remporte le championnat du monde. Elle sera championne du monde à sept reprises (de 1919 à 1923 et 1925-1926) et surnommée « la Divine ».

1920

17-18 JANVIER ♦ Paul Deschanel élu président de la République.

21 JANVIER ♦ Jules Breton nommé ministre de l'Hygiène, de l'Assistance et de la Prévoyance. Ce nouveau ministère, chargé des questions de santé, voit le jour à la suite de l'épidémie de grippe espagnole qui a décimé des milliers de personnes.

FÉVRIER-MARS ♦ Grèves importantes dans les chemins de fer et les mines du Nord.

23 AVRIL ♦ La Haute Cour condamne Joseph Caillaux pour « intelligence avec l'ennemi ».

1er MAI ♦ Violentes manifestations, mais échec de la grève générale. Le gouvernement interprète ces tentatives comme des atteintes à la sûreté de l'État et lance des mandats d'arrêt contre les dirigeants de la grève des chemins de fer : Monatte, Souvarine, Loriot, etc. sont emprisonnés.

21 MAI ♦ Répression sanglante, reprise du travail, chute des effectifs syndicaux.

JUIN-AOÛT ♦ Appui militaire français (Weygand) à la Pologne en guerre contre la Russie.

5-16 JUILLET ♦ Conférence de Spa sur les réparations allemandes.

31 JUILLET ♦ Loi contre la contraception ; article 3 : « Sera puni de un à six mois de prison et d'une amende [..] quiconque, dans un but de propagande anticonceptionnelle, aura [..] décrit, divulgué ou offert de révéler les procédés propres à prévenir la grossesse ou encore facilité l'usage de ces procédés. »

21-25 SEPTEMBRE ♦ Deschanel démissionne, Alexandre Millerand élu président de la République.

11 NOVEMBRE ♦ Célébration du cinquantenaire de la République. Installation de la tombe du « Soldat inconnu » sous l'Arc de Triomphe et transfert au Panthéon du cœur de Gambetta.

15 NOVEMBRE ♦ Première assemblée de la SDN à Genève en présence des délégués de 42 pays (excepté l'Allemagne et l'URSS).

16 NOVEMBRE ♦ À la Chambre, débat sur la reprise des relations diplomatiques avec le Vatican.

20-26 DÉCEMBRE ♦ XVIIIe congrès du Parti socialiste à Tours : éclatement de la SFIO. Une majorité, conduite par Marcel Cachin et Ludovic Frossard, adhère à la IIIe Internationale communiste (Komintern) et devient la SFIC. Léon Blum et Jean Longuet restent dans « la vieille maison » SFIO.

DÉCEMBRE ♦ Jeanne d'Arc canonisée.

⇨ Léon Bourgeois obtient le prix Nobel de la paix ; création de la Fédération catholique des scouts de France.

Littérature et essais □ André Breton et Philippe Soupault, *Les Champs magnétiques* ; Blaise Cendrars, *L'Anthologie nègre* ; Colette, *Chéri* ; Georges Duhamel, *Vie et aventures de Salavin* (jusqu'en 1932) ; Henry de Montherlant, *La Relève du matin* ; Paul Valéry, *Le*

Cimetière marin ; Charles Vildrac, *Chants du désespéré* ; Alain, *Propos*.

Presse et revues □ Marc Sangnier lance l'hebdomadaire catholique *La Jeune République* ; premier numéro de *La Revue universelle*, proche de l'Action française (rédacteur en chef : Henri Massis) ; Jean Cocteau et Raymond Radiguet fondent la revue *Le Coq*.

Théâtre □ Ouverture du Théâtre national populaire (TNP) pour lequel Aristide Briand fait voter une subvention de 100 000 F ; Paul Claudel, *Le Père humilié* ; mort de la comédienne Réjane.

Musique □ Sidney Bechet est à Paris ; Darius Milhaud, *Le Bœuf sur le toit* (ballet sur un livret de Jean Cocteau) ; le groupe des Six (moins un : Georges Auric, Darius Milhaud, Francis Poulenc, Germaine Taillefer, Arthur Honegger), *Les Mariés de la tour Eiffel* (texte de Jean Cocteau).

Cinéma □ Louis Delluc, *Le Silence* ; Abel Gance, *La Roue*.

Sports □ Georges Carpentier champion du monde de boxe.

1921

24-29 JANVIER ◆ Conférence de Paris. Briand admet de repenser les réparations à la capacité de paiement de l'Allemagne. Le 1ᵉʳ février, l'Allemagne refuse de discuter sur les bases établies à Paris.

27 FÉVRIER-3 MARS ◆ La conférence de Londres resserre l'entente franco-britannique. Semonce de Lloyd George à la délégation allemande.

1ᵉʳ MARS ◆ Loi bloquant les loyers.

8 MARS ◆ Occupation de villes de la Ruhr pour obtenir le paiement des réparations.

30 AVRIL ◆ Le montant des dommages imputés à l'Allemagne par la Commission des réparations (CDR) est estimé à 132 milliards de marks-or ; la France consent à une baisse de sa créance. Le 5 mai : l'« état des paiements » établi par la CDR à la conférence de Londres réduit à 75 milliards les sommes dues par l'Allemagne.

13 MAI ◆ Salle des sociétés savantes à Paris, des membres du mouvement dada intentent un procès, parodie iconoclaste, à Maurice Barrès (académicien depuis 1906), un des maîtres à penser de la génération précédente avec son *Culte du moi* : André Breton est président du tribunal, Louis Aragon et Philippe Soupault, avocats de la défense, et G. Ribemont-Dessaignes accusateur public. Pendant ce temps, Barrès tenait une conférence à Aix-en-Provence sur « L'Âme française pendant la guerre ».

16 MAI ◆ Jonnart nommé ambassadeur auprès du Vatican et Mgr Cerretti nonce à Paris. Le 8 décembre, Aristide Briand déclare au Sénat : « Le rétablissement de l'ambassade au Vatican est conforme à la tradition républicaine » (approuvé le 16 par 169 voix contre 123).

18 JUIN ◆ Au Théâtre des Champs-Élysées, *Les Mariés de la tour Eiffel* : texte de Jean Cocteau, musique du groupe des Six (1920-1923), avec les Ballets suédois de Rolf de Maré et sous la direction de Désiré-Émile Inghelbrecht.

10 NOVEMBRE ◆ Anatole France, prix Nobel de littérature

DÉCEMBRE ◆ Début des émissions radio régulières sur le poste de la tour Eiffel.

1ᵉʳ DÉCEMBRE ◆ Landru est condamné à mort (accusé d'avoir assassiné huit femmes).

6 DÉCEMBRE ◆ Premier concert de jazz, organisé par Jean Wiéner à la salle des Agriculteurs, à Paris.

27 DÉCEMBRE ◆ Scission de la CGT : naissance de la CGTU (communiste).

⇨ Coco Chanel invente la « robe-sac ».

Littérature et essais □ Louis Aragon, *Anicet ou le Panorama* ; Max Jacob, *Le Laboratoire central* ; Marcel Proust, *Sodome et Gomorrhe* (jusqu'en 1922) ; René Maran, *Batouala, véritable roman nègre* (prix Goncourt décerné pour la première fois à un écrivain noir) ; Paul Morand, *Tendres Stocks* ; André Malraux, *Lunes en papier* ; Alain, *Mars ou la Guerre jugée*.

Théâtre □ Au Vieux-Colombier, création : *Le Pauvre sous l'escalier*, d'Henri Ghéon.

Musique □ Billy Arnold's Jazz Band, Milhaud et Stravinski au programme du premier « concert-salade » de Jean Wiéner ; Darius Milhaud, *L'Homme et son Désir*, sur un livret de Paul Claudel.

Chanson □ Ouverture du cabaret Les Deux-Ânes.

Arts plastiques □ Henri Matisse, *Intérieur à Nice* ; Piet Mondrian, *Composition avec rouge, jaune et bleu*.

Cinéma □ Antoine, *La Terre* ; Louis Delluc, *Fièvre* (avec Ève Francis, G. Modot, L. Moussinac), film qui inscrit l'auteur dans le courant naturaliste ; Germaine Dulac, *La Mort du soleil* ; Jacques Feyder, *L'Atlantide*.

1922

JANVIER ♦ Ouverture du cabaret Le Bœuf sur le toit, à Paris.

5-12 JANVIER ♦ Conférence de Cannes entre Lloyd George et Aristide Briand, pour la réduction de la dette allemande. Mais Briand, critiqué pour ses concessions à l'Allemagne, démissionne. Deuxième ministère Poincaré.

21 MARS ♦ La Commission des réparations (CDR) accorde un moratoire à l'Allemagne.

10 AVRIL ♦ Conférence de Gênes. Avis favorable pour un emprunt international destiné à renflouer l'économie allemande.

3 MAI ♦ Décret Bérard réformant l'enseignement secondaire.

22 JUIN ♦ Le ministre des PTT autorise la Société française de radiophonie (SFR) à effectuer des émissions expérimentales de radiodiffusion.

25 JUIN-1ᵉʳ JUILLET ♦ À Saint-Étienne, premier congrès de la CGTU.

8 JUILLET ♦ Vote de la loi d'amnistie pour tous les délinquants militaires, sauf les déserteurs.

12 JUILLET ♦ L'Allemagne demande un moratoire pour le paiement des réparations et, le 3 août, elle se déclare

incapable de payer : des mesures de rétorsion sont prises contre les intérêts privés allemands en France.

OCTOBRE ♦ Fondation de la Ligue de la République.

OCTOBRE ♦ Les francs-maçons et les membres de la Ligue des droits de l'homme sont exclus du Parti communiste.

1ᵉʳ NOVEMBRE ♦ À Paris, débuts de la station de radio Radiola lancée par Émile Girardeau avec Marcel Laporte (surnommé le « Radiolo ») comme speaker.

9-11 DÉCEMBRE ♦ Conférence de Londres : la France refuse la demande allemande de moratoire (quatre ans) pour les réparations.

30 DÉCEMBRE ♦ Clemenceau au *Petit Parisien* : « Je suis contre l'occupation de la Ruhr. »

⇨ Chenillettes Citroën : traversée du Sahara ; l'entreprise Pollet de tissage à Roubaix se lance dans la vente directe au public pour écouler ses stocks : apparition des Filatures de la Redoute.

Littérature et essais □ Francis Carco, *L'Homme traqué* ; Max Jacob, *Le Cabinet noir* ; Victor Margueritte, *La Garçonne* ; Roger Martin du Gard, *Les Thibault* (jusqu'en 1940) ; François Mauriac, *Le Baiser au lépreux* ; Paul Morand, *Ouvert la nuit* ; Paul Valéry, *Charmes* ; James Joyce, *Ulysse* ; Henri Bergson, *Durée et Simultanéité*.

Mort de Marcel Proust et de l'historien Ernest Lavisse.

Presse et édition □ Création du journal littéraire *Les Nouvelles littéraires* par Maurice Martin du Gard ; fondation des Presses universitaires de France (PUF).

Musique □ Jean Wiéner, *Sonatine syncopée* ; le poème symphonique de Paul Le Flem *Pour les morts* (composé en 1912) est créé par Vincent d'Indy à New York.

Cinéma □ Louis Delluc, *La Femme de nulle part* (avec Ève Francis, Gine Avril, Roger Karl, André Daven) ; Marcel L'Herbier, *Eldorado* (avec Ève Francis, Philippe Hériat, etc.).

1923

1er JANVIER ♦ Démission de Frossard, secrétaire du PCF.

6 JANVIER ♦ Premier journal parlé de Radiola.

11 JANVIER ♦ Occupation de la Ruhr, gage des réparations. Le gouvernement allemand organise alors la « résistance passive », et, le 22, c'est la grève générale.

22 JANVIER ♦ L'anarchiste Germaine Berton assassine Marius Plateau, secrétaire général de la Ligue d'action française et des Camelots du Roy.

15 FÉVRIER ♦ Premier numéro de la revue *Europe* éditée par Rieder, sous le patronage de Romain Rolland. Parmi les premiers collaborateurs : Jean-Richard Bloch, Georges Duhamel, Luc Durtain, Élie Faure, Pierre Hamp, Charles Vildrac, etc.

1er AVRIL ♦ La durée du service militaire est ramenée à dix-huit mois (trois ans depuis la guerre).

2 MAI ♦ L'Allemagne exige l'évacuation de la Ruhr.

3 MAI ♦ Décret Léon Bérard sur la réforme de l'enseignement secondaire, renforçant les « humanités ».

6 MAI ♦ Reportage radio en quasi-direct du match de boxe Georges Carpentier-Nilles au stade Buffalo à Paris.

22 MAI ♦ Raymond Poincaré déclare : « Nous sommes entrés dans la Ruhr pour être payés. » Critiques d'Édouard Herriot. Vote des crédits par 481 voix contre 73.

24 MAI ♦ Le Sénat se déclare incompétent pour statuer sur le sort des chefs communistes français arrêtés à la veille de l'entrée dans la Ruhr pour s'opposer à l'occupation.

26 JUIN ♦ Pie XI condamne l'occupation de la Ruhr. Protestations d'Herriot et de Poincaré. Léon Blum voit dans le pape un « auguste complice » de la SFIO.

14 JUILLET ♦ Mesures d'amnistie : la libération de Marty (officier révolté de la mer Noire en 1919) est saluée

comme une victoire par la gauche (des communistes aux radicaux).

24-25 SEPTEMBRE ♦ Le chancelier Stresemann ordonne l'arrêt de la résistance passive dans la Ruhr.

30 SEPTEMBRE ♦ À Düsseldorf, les troupes françaises protègent un congrès des autonomistes rhénans. *L'Humanité* et *Le Populaire* appuient les nationalistes allemands.

12 OCTOBRE ♦ Le PCF déclenche une grève de protestation contre la guerre du Rif (Maroc) menée contre le mouvement de révolte paysanne commencé en 1921 et conduit par Abd el-Krim.

14 OCTOBRE ♦ La « bombe d'Évreux » : le socialiste Alexandre Millerand prend, dans son discours, la défense du Bloc national.

25 OCTOBRE ♦ Création au Théâtre des Champs-Élysées, par les Ballets suédois (Jean Börlin), de *La Création du monde* : musique Darius Milhaud, livret Blaise Cendrars, décors Fernand Léger.

NOVEMBRE ♦ Poincaré accepte le projet d'une réunion d'experts pour réétudier les réparations.

31 DÉCEMBRE ♦ En un an, le franc a perdu plus de 50 % de sa valeur.

↪ Premier Salon des arts ménagers ; constatant le sous-équipement de la France en réseau téléphonique (43 % de communes n'ont pas le téléphone), Paul Laffont, le sous-secrétaire d'État aux Postes et Télégraphes, lance une campagne auprès des élus locaux ; contre la tuberculose, les recherches d'Albert Calmette et Camille Guérin (depuis 1906) aboutissent à un vaccin : le bacille de Calmette et Guérin (BCG) ; mort de Gustave Eiffel.

Littérature □ André Breton, *Clair de terre* ; Alphonse de Châteaubriant, *La Brière* (prix du roman de l'Académie française) ; René Crevel, *Détours* ; Marcel Jouhandeau, *Monsieur Godeau intime* ; Joseph Kessel, *L'Équipage* ; Raymond Radiguet, *Le Diable au corps* ; Philippe Soupault, *Le Bon Apôtre* ; Tristan Tzara, *De nos oiseaux*.

Mort de Maurice Barrès ; rupture définitive entre Tristan Tzara, père du dadaïsme, et les surréalistes.

Presse □ Fondation du quotidien *Paris-Soir*.

Théâtre □ À l'Atelier : *Voulez-vous jouer avec moâ ?*, de M. Achard ; à la Comédie des Champs-Élysées, Jules Romains, *Knock*, mise en scène de Louis Jouvet. Mort de Sarah Bernhardt.

Musique □ Reynaldo Hahn, *Ciboulette*, opérette ; Arthur Honegger, *Pacific 231*.

Arts plastiques □ Chaïm Soutine, *Le Petit Pâtissier*.

Cinéma □ Claude Autant-Lara, *Fait divers* (film d'avant-garde édité en 1927) ; Germaine Dulac, *La Souriante Madame Beudet* (d'après la pièce d'André Obey, avec Grétillat, Germaine Dermoz).

Sports □ Première course des 24 heures du Mans ; Alain Gerbault, premier navigateur solitaire à faire le tour du monde.

1924

JANVIER ♦ Raymond Poincaré accorde à Maurice Privat le droit d'organiser les programmes du poste radio de la tour Eiffel.

3 JANVIER ♦ La publication du bilan de la Banque de France provoque une nouvelle baisse du franc.

15 JANVIER-9 AVRIL ♦ Commission Dawes-Young : réparations allemandes payées par annuités. Le plan Dawes entre en vigueur le 1er septembre.

25 JANVIER ♦ Premiers jeux Olympiques d'hiver à Chamonix.

8 FÉVRIER ♦ La Chambre accorde les pleins pouvoirs financiers à Raymond Poincaré.

23 FÉVRIER ♦ Vote de la loi du double décime : majoration de 20 % sur les impôts.

15 FÉVRIER ♦ Le magazine *Mon Ciné*, organe du public de cinéma, lance un supplément « Vous avez la parole ! » : les midinettes peuvent écrire pour demander des informations sur les vedettes de l'écran.

8 MARS ♦ Emprunt national auprès de la banque Morgan ; redressement du franc.

9 MARS ♦ Lasteyrie, ministre des Finances, convoque tous les dirigeants de la Banque de France à l'Élysée. Alexandre Millerand appuie toutes ses demandes.

15 MARS ♦ Premier numéro de la revue *Philosophies* (direction : Pierre Morhange).

29 MARS ♦ Radiola devient Radio Paris. En avril commencent les émissions de la station du Poste parisien, créée par Paul Dupuy, directeur du journal *Le Petit Parisien*.

11 MAI ♦ Victoire du « Cartel des gauches » aux élections législatives : 327 sièges (104 SFIO, 44 républicains socialistes [Briand], 139 radicaux-socialistes, 40 gauche radicale).

11-13 JUIN ♦ Le président Alexandre Millerand démissionne, Gaston Doumergue est élu président de la République le 13 juin. Le 15, formation du ministère Herriot radical-socialiste, soutenu par la SFIO.

SEPTEMBRE-NOVEMBRE ♦ Naissance des stations privées Radio Agen, Radio Lyon et Radio Sud-Ouest à Bordeaux.

25 OCTOBRE ♦ Le *Concerto franco-américain* de Jean Wiéner est créé aux Concerts Pasdeloup.

28 OCTOBRE ♦ Départ de la « Croisière noire » de Citroën en Afrique (8 véhicules), jusqu'à Madagascar. Elle rapporte des documents filmés et photographiés (27 000 m de films et 5 000 clichés), témoignages géographiques et ethnographiques.

29 OCTOBRE ♦ La France reconnaît l'URSS.

2 NOVEMBRE ♦ Conseil national du Parti socialiste : soutien conditionnel au gouvernement radical.

23 NOVEMBRE ♦ Transfert des cendres de Jaurès au Panthéon. Manifestation communiste.

1er DÉCEMBRE ♦ Premier numéro de la revue d'André Breton *La Révolution surréaliste*, qui paraît jusqu'en 1929.

4 DÉCEMBRE ♦ Création du ballet « dadaïste » *Relâche* de Francis Picabia au Théâtre des Champs-Élysées à Paris par les Ballets suédois (Jean Börlin), avec la projection du film de René Clair *Entr'acte* et une musique d'Erik

Satie. Ne sera repris qu'en 1979, salle Favart, en hommage à Satie, par l'Opéra de Paris.

⇨ Tensions entre le gouvernement français et le Vatican ; croissance économique annuelle de 5 % par an jusqu'en 1929.

Littérature et essais □ Louis Aragon, *Le Libertinage* ; Emmanuel Bove, *Mes amis* ; André Breton, *Manifeste du surréalisme* ; Robert Desnos, *Deuil pour deuil* (récit poétique) ; Paul Eluard, *Mourir de ne pas mourir* ; Panaït Istrati, *Kyra Kyralina* ; Henry de Montherlant, *Les Olympiques* et *Chant funèbre pour les morts de Verdun* ; Saint-John Perse, *Anabase* ; Paul Valéry, *Variété* (plusieurs volumes paraissant jusqu'en 1944) ; Marc Bloch, *Les Rois thaumaturges* ; Émile Durkheim, *Sociologie et Philosophie* (recueil d'articles posthume) ; Thomas Mann, *La Montagne magique*.

Mort d'Anatole France.

Presse et revues □ Les éditions Fayard lancent l'hebdomadaire *Candide* ; création de *Commerce*, revue de Paul Valéry, Léon-Paul Fargue et Valéry Larbaud.

Théâtre □ Jean Cocteau, *Les Mariés de la tour Eiffel* ; Charles Dullin crée la pièce de Pirandello *Chacun sa vérité* ; Louis Jouvet dirige la Comédie des Champs-Élysées.

Musique □ Ouverture du Bal colonial de la rue Blomet, temple de la biguine à Paris ; Arthur Honegger, *Pacific 231*, œuvre créée à Paris.

Arts plastiques □ Fernand Léger, *Composition murale* ; Joan Miró, *Carnaval d'Arlequin* (1924-1925).

Cinéma □ Louis Delluc, *L'Inondation* (d'après André Corthis) ; Julien Duvivier, *La Tragédie de Lourdes* ; René Clair et Picabia, *Entr'acte*, film pour le ballet *Relâche* de Satie.

Sports □ VIIIᵉ jeux Olympiques à Paris et Chamonix, sans la Hongrie ni l'Autriche.

1925

JANVIER ♦ Création du Conseil national économique.

15 JANVIER ♦ Premier numéro de *La Revue juive* éditée par Gallimard et dirigée par Albert Cohen. Premiers collaborateurs : Pierre Benoît, Albert Einstein, Pierre Hamp, Max Jacob, André Spire, Henri Hertz, etc.

28 JANVIER ♦ Édouard Herriot rassemble une majorité d'Union nationale sur la sécurité et lance un appel en faveur des États-Unis d'Europe.

FÉVRIER ♦ Les Ligues catholiques (1 800 000 adhérents) s'unissent en une Fédération nationale catholique.

2 FÉVRIER ♦ La Chambre vote la suppression de l'ambassade de France au Vatican.

11 MARS ♦ Le manifeste des cardinaux et archevêques de France remet en question le principe de la laïcité de l'État. Le 12 mars, Édouard Herriot oppose sa politique religieuse à l'ultramontanisme de la majorité du clergé catholique.

AVRIL ♦ La station des PTT de Toulouse-Pyrénées commence ses émissions. Le 16 mai, Édouard Herriot, maire de Lyon, inaugure la station des PTT de Lyon-la-Doua.

10-17 AVRIL ♦ Édouard Herriot est renversé par le Sénat « empêtré dans le "mur d'argent" » ; deuxième ministère Painlevé avec Aristide Briand aux Affaires étrangères, Joseph Caillaux aux Finances.

28 AVRIL ♦ Ouverture à Paris de l'Exposition des arts décoratifs et industriels modernes (dure 6 mois) : des Invalides jusqu'au Grand Palais, une quantité de pavillons dédiés à des pays étrangers ou à des provinces françaises (cuisines régionales, fabrications d'objets, ferronnerie, tapisserie, céramique, vitrail, etc.). Sont très remarqués les pavillons de Lyon et de Le Corbusier.

1ᵉʳ JUILLET ♦ Début de l'évacuation de la Ruhr.

19 JUILLET ♦ Premier discours officiel à la radio de Joseph Caillaux.

Août ◆ Le maréchal Pétain prend la direction des opérations de la guerre du Rif.

20 SEPTEMBRE ◆ Congrès du PCF à Strasbourg demandant un plébiscite en Alsace-Lorraine.

OCTOBRE-NOVEMBRE ◆ La *Revue nègre* à Paris, avec Joséphine Baker, Sidney Bechet (clarinette) est soliste dans l'orchestre.

16 OCTOBRE ◆ Signature du pacte de Locarno : l'Allemagne accepte de reconnaître les décisions du traité de Versailles concernant ses frontières occidentales et les clauses stipulant la démilitarisation des territoires allemands de la rive gauche du Rhin.

11 NOVEMBRE ◆ Georges Valois quitte l'Action française et fonde le Faisceau, premier parti fasciste français.

14 NOVEMBRE ◆ Première exposition de la peinture surréaliste, galerie Pierre à Paris.

22-28 NOVEMBRE ◆ La gauche radicale disloque le Cartel et provoque la chute du cabinet Painlevé. 8ᵉ cabinet Briand avec Louis Loucheur puis Paul Doumer aux Finances.

⇨ Thérèse de Lisieux est canonisée ; Deutsch de la Meurthe fonde la Cité universitaire.

Littérature et essais □ Blaise Cendrars, *L'Or* ; Pierre Drieu La Rochelle, *L'Homme couvert de femmes* ; Maurice Genevoix, *Raboliot* (prix Goncourt) ; Pierre Jean Jouve, *Paulina 1880* ; Alain, *Propos sur le bonheur* et *Éléments d'une doctrine radicale*.

Presse et revues □ Naissance d'une revue littéraire catholique, *La Ligne de cœur* (Julien Lanoe), avec Jean Cocteau, Max Jacob, André Salmon, etc.

Théâtre □ Mort de Lucien Guitry.

Musique □ Premiers enregistrements musicaux ; Maurice Ravel, *L'Enfant et les sortilèges*.

1926

9 JANVIER ◆ Décret établissant une taxe sur les récepteurs radio au bénéfice des postes d'État.

27 JANVIER-16 FÉVRIER ◆ À la Chambre, la discussion sur le projet d'« assainissement financier » consacre la rupture de la majorité cartelliste.

4 AVRIL ◆ Loi de finances, incluant la taxe sur le chiffre d'affaires.

25 MAI ◆ Congrès du Parti socialiste à Clermont-Ferrand : contre la participation ministérielle.

25 MAI ◆ L'ataman général Petlioura, responsable des pogroms ukrainiens sous le régime des tsars, est abattu à Paris par le jeune Juif Samuel Schwartzbard. Le procès en cour d'assises a un grand retentissement (défense assurée par Me Henry Torrès). À la suite de cette affaire, le journaliste Bernard Lecache crée la Ligue contre les pogroms qui se transforme, après l'acquittement de Schwartzbard en octobre 1927, en Ligue internationale contre l'antisémitisme (LICA).

26 MAI ◆ Fin de la guerre du Rif : Abd el-Krim se soumet (après cinq ans de lutte).

20 JUIN ◆ Fondation à Paris du mouvement nationaliste algérien, dirigé par Messali Hadj, l'Étoile nord-africaine (ENA), réclamant l'« indépendance de l'Afrique du Nord ». Dissolution par le gouvernement français en novembre 1929.

2 JUILLET ◆ L'orchestre symphonique de jazz de Paul Whiteman, au Théâtre des Champs-Élysées.

12 JUILLET ◆ Accord Caillaux-Churchill réduisant de 63 % les dettes françaises vis-à-vis de la Grande-Bretagne.

16-17 JUILLET ◆ La baisse du franc conduit Joseph Caillaux à réclamer les pleins pouvoirs.

27 JUILLET ◆ La crise de confiance financière aiguë ramène Raymond Poincaré au pouvoir. Il forme un gouvernement d'« Union nationale » et obtient la confiance de la Chambre pour ses projets financiers.

8 SEPTEMBRE ♦ L'Allemagne entre à la SDN.

17 SEPTEMBRE ♦ Entretiens Briand-Stresemann de Thoiry. Réticences de Poincaré.

DÉCEMBRE ♦ Création à Paris de Radio Vitus, rue Damrémont (devient Radio Île-de-France en 1930), et des stations publiques Radio Grenoble et Radio Alger.

10 DÉCEMBRE ♦ Prix Nobel de la paix décerné à Aristide Briand, Gustav Stresemann et Austen Chamberlain.

20 DÉCEMBRE ♦ Stabilisation du franc de fait : l'achat de devises empêche la hausse excessive et maintient la livre aux environs de 120 francs.

20-29 DÉCEMBRE ♦ Pie XI condamne l'Action française. Mise à l'*Index* d'ouvrages de Charles Maurras et interdiction de la lecture de *L'Action française*.

28 DÉCEMBRE ♦ Projet d'un Service de la radiodiffusion, rattaché au ministère des PTT. Marcel Pellenc est nommé à sa tête et le dirige jusqu'en 1936.

Littérature et essais □ Georges Bernanos, *Sous le soleil de Satan* ; Paul Eluard, *Capitale de la douleur* (poèmes) ; André Gide, *Les Faux-Monnayeurs* ; Jean Giraudoux, *Bella* ; Armand Lunel, *Nicolo-Peccavi* (prix Renaudot, qui vient d'être créé) ; François Mauriac, *Thérèse Desqueyroux* ; André Malraux, *La Tentation de l'Occident*.

Antonin Artaud et Philippe Soupault sont exclus du groupe surréaliste.

Musique □ André Schaeffner et André Cœuroy, *Le Jazz* (essai).

Cinéma □ Germaine Dulac, *La Coquille et le Clergyman* (scénario d'Antonin Artaud), un des premiers films surréalistes ; à Berlin, Fritz Lang, *Metropolis*.

1927

MARS ♦ Les dernières troupes françaises évacuent la Sarre.

22 AVRIL ♦ En voyage à Constantine Albert Sarraut, ministre de l'Intérieur, déclare devant l'agitation communiste dans l'armée et aux colonies : « Le communisme, voilà l'ennemi ! »

MAI ♦ Loi ramenant la durée du service militaire à un an.

21 MAI ♦ Charles Lindbergh à bord d'un monomoteur, le *Spirit of Saint Louis* venant de New York, atterrit au Bourget après un vol de 33 heures et 30 minutes. Son exploit est accueilli avec un enthousiasme délirant.

JUIN ♦ André Gide publie son *Voyage au Congo* : contre les méfaits du colonialisme. Un an plus tard paraît son *Retour du Tchad*.

22 JUIN ♦ Premier voyage d'un des plus beaux paquebots de l'époque, créé dans un style nouveau inspiré des « arts déco » : *L'Ile-de-France* (Le Havre-New York).

23 OCTOBRE ♦ Aux États-Unis, *Le Chanteur de jazz* (avec Al Jolson), premier film sonore.

24-29 OCTOBRE ♦ Vᵉ congrès de physique Solvay.

27-30 OCTOBRE ♦ Congrès radical de Wagram : rejet de l'Union nationale pour les élections. Édouard Daladier élu président du Parti radical.

NOVEMBRE ♦ Fondation de la ligue des Croix-de-Feu (anciens combattants décorés au feu) dirigée par le colonel François de La Rocque.

DÉCEMBRE ♦ Inauguration du café-dancing La Coupole, haut lieu des nuits parisiennes du quartier Montparnasse avec Le Dôme, La Rotonde où l'on peut voir se promener Joséphine Baker avec sa panthère en laisse.

10 DÉCEMBRE ♦ Henri Bergson, prix Nobel de littérature.

26 DÉCEMBRE ♦ Congrès socialiste : critique de la politique financière, hostilité aux principes communistes, désistement au second tour en faveur des radicaux.

27 DÉCEMBRE ♦ Gratuité de l'enseignement secondaire dans certains collèges.

⇨ Ferdinand Buisson, prix Nobel de la paix ; débuts de l'agence Publicis dirigée par Marcel Bleustein-Blanchet, qui emploie Aristide Perré (deuxième dessinateur des *Pieds nickelés*) pour illustrer ses premières réclames.

Littérature et essais □ André Chamson, *Les Hommes de la route* ; Marcel Proust, *Le Temps retrouvé* (posthume) ; Antonin Artaud, *À la grande nuit ou le bluff surréaliste* ; Julien Benda, *La Trahison des clercs*.

André Breton, Paul Eluard et Louis Aragon adhèrent au Parti communiste.

Presse et revues □ *Le Populaire*, organe de la SFIO, reparaît comme quotidien ; premier numéro du bimensuel politique et littéraire *Les Derniers Jours*, fondé par Pierre Drieu La Rochelle et Emmanuel Berl ; création de la *Revue française de psychanalyse*.

Musique □ Marcel Delannoy (1898-1962), *Le Poirier de misère*, opéra-comique.

Arts plastiques □ Charlotte Perriand, très remarquée au Salon d'automne pour son *Bar sous le toit* (tube d'acier chromé et aluminium), entre à l'atelier Le Corbusier-Pierre Jeanneret, rue de Sèvres, à Paris, où elle conçoit un mobilier d'avant-garde, en accord avec *L'Esprit nouveau* et les théories de l'auteur de *Vers une architecture*.

Cinéma □ Abel Gance, *Napoléon* ; Maurice Tourneur, *L'Équipage* (d'après l'œuvre de Joseph Kessel, avec Jean Dax, Camille Bert).

Sports □ Jean Borotra, Jacques Brugnon, Henri Cochet et René Lacoste gagnent la coupe Davis : ils sont surnommés les « Mousquetaires » (Paul Champs).

1928

9 JANVIER ♦ Le PCF adopte la ligne « classe contre classe » définie en 1927 par le Komintern.

12 JANVIER ♦ Arrestation de plusieurs députés communistes.

19 JANVIER ♦ La Chambre vote le service militaire de un an, par 410 voix contre 23 (communistes) ; abstention des socialistes.

MARS ♦ Ordonnance de l'épiscopat contre l'Action française.

16 MARS ♦ Vote de la loi sur les assurances sociales obligatoires pour les salariés et le congé de maternité.

28 MARS ♦ La ligne téléphonique Paris-New York est mise en service. Développement de l'automatisation.

29 AVRIL ♦ Élections législatives : victoire de l'Union nationale autour de Raymond Poincaré.

JUIN ♦ Henri Barbusse fonde l'hebdomadaire *Monde*, pour diffuser une « littérature prolétarienne ». Y figure une enquête sur cette littérature.

17 JUIN ♦ Création de la Fédération nationale de radiodiffusion (FNR) qui groupe les associations gérant les postes publics.

24-25 JUIN ♦ Le « franc Poincaré » (dévalué) succède au franc germinal : stabilisation du franc.

13 JUILLET ♦ Loi Louis Loucheur sur les habitations à bon marché (HBM).

27 AOÛT ♦ Ratification du pacte Briand-Kellog mettant « la guerre hors la loi », signé par 15 pays, auxquels se joint l'URSS le 6 septembre.

14 SEPTEMBRE ♦ Création du ministère de l'Air.

4 NOVEMBRE ♦ « Coup d'Angers » lors du congrès radical-socialiste : Joseph Caillaux critique la loi de finances de Raymond Poincaré (pour lui, les articles 70 et 71 menacent la laïcité en prévoyant la restitution de biens confisqués au début du siècle aux associations diocésaines et en autorisant des congrégations missionnaires). Les radicaux se retirent du gouvernement d'Union nationale.

8 NOVEMBRE ♦ La Chambre vote la déchéance de deux députés autonomistes du Haut-Rhin.

11 NOVEMBRE ♦ Cinquième ministère Poincaré (sans les radicaux).

DÉCEMBRE ♦ Le scandale de la *Gazette du franc* de Marthe Hanau (détournement de fonds de petits épargnants) conduit la Chambre à voter un texte restreignant l'activité extra-parlementaire des députés.

13 DÉCEMBRE ♦ Pierre Laval achète le poste privé Radio Lyon.

⇨ Naissance de l'entreprise Rhône-Poulenc dans la chimie et la pharmacie.

Littérature et essais □ André Breton, *Nadja* ; Louis Aragon, *Le Traité du style* ; Pierre Drieu La Rochelle, *Gilles* ; André Malraux, *Les Conquérants* ; François Mauriac, *Le Roman* et *Souffrances du chrétien* ; André Maurois, *Climats* ; André Obey, *Le Joueur de triangle* (prix Renaudot) ; P. Naville, *La Révolution et les Intellectuels* ; Alain, *Propos sur le bonheur* ; Isadora Duncan, *Ma Vie*.

Presse et revues □ Albert Londres fait scandale avec un grand reportage publié dans *Le Petit Parisien*, « Terre d'ébène », dénonçant la face cachée du colonialisme : travail forcé et racisme ; Georges Valois fonde *Les Cahiers bleus*, hebdomadaire, et se rapproche de la gauche radicale après la dissolution de son Faisceau fasciste ; lancement de l'hebdomadaire *Gringoire* (proche de l'Action française).

Théâtre □ An-ski, *Le Dibbouk* (théâtre yiddish) mis en scène par Gaston Baty au Studio ; Roger Vitrac, *Victor ou les Enfants au pouvoir*, mise en scène d'Antonin Artaud, à la Comédie des Champs-Élysées.

Musique □ Ravel, *Boléro* ; premiers enregistrements de l'orchestre de Ray Ventura and his Collegians ; parution en France des premiers disques de Louis Armstrong.

Cinéma □ Carl Dreyer, *La Passion de Jeanne d'Arc* ; Georges Lacombe, *La Zone* (film documentaire). Début de l'usage commercial du cinéma parlant.

Sports □ Retour de l'Allemagne aux jeux Olympiques (20 médailles) qui ouvrent leurs portes pour la première fois aux femmes. Le cérémonial des Jeux s'agrémente de la flamme qui brille en permanence dans une vasque, pendant toute la durée des Jeux.

1929

24 JANVIER ♦ À la Chambre, débat sur le problème alsacien.

19 MARS ♦ Fondation de la Jeunesse agricole chrétienne (JAC).

31 MAI ♦ Signature à Paris du plan Young sur les réparations, rééchelonnement de la dette allemande (37 milliards de marks-or).

JUILLET ♦ Premier Tour de France radiodiffusé par Jean Antoine, journaliste à *L'Intransigeant*.

JUILLET ♦ Fondation de *La Revue du jazz*.

26-29 JUILLET ♦ Raymond Poincaré démissionne pour raisons de santé, onzième ministère Briand

AOÛT ♦ Conférence de La Haye sur les réparations et l'évacuation de la Rhénanie.

5 SEPTEMBRE ♦ Aristide Briand propose les États-Unis d'Europe devant la SDN, prévoyant des liens économiques et des accords de sécurité collective.

22 OCTOBRE-2 NOVEMBRE ♦ Ministère Tardieu (modéré). Il obtient la confiance sur sa « politique de prospérité ».

24 OCTOBRE ♦ Jeudi noir à Wall Street : le krach boursier entraîne l'effondrement des valeurs américaines. Débuts de la « crise de 1929 ».

NOVEMBRE ♦ L'Étoile nord-africaine (ENA), mouvement nationaliste algérien (Messali Hadj) basé à Paris, appuyé par le PCF et comptant 3 600 militants, est dissous par le gouvernement français. Il se reconstitue en 1933.

DÉCEMBRE ♦ André Breton publie le *Second Manifeste du surréalisme*.

31 DÉCEMBRE ♦ À Paris, le cinéma Paramount (construit en 1927, 1 920 places) offre des attractions toute la nuit.

⇨ Louis de Broglie, prix Nobel de physique ; Marc Sangnier introduit en France les Auberges de la jeunesse ; Jean de Brunhoff, *Babar* ; à Paris, rue Fontaine, Sidney Bechet échange des coups de revolver avec le guitariste Mike McKendrick. Condamné à onze mois de prison, il est expulsé à l'expiration de sa peine.

Littérature et essais ☐ Marcel Arland, *L'Ordre* (prix Goncourt) ; Marcel Aymé, *La Table aux crevés* (prix Renaudot) ; Paul Claudel, *Le Soulier de satin* ; Jean Cocteau, *Les Enfants terribles* ; Joseph Kessel, *Belle de jour* ; Emmanuel Berl, *Mort de la pensée bourgeoise*.

Presse et revues ☐ Création de *La Revue marxiste* ; Marc Bloch et Lucien Febvre lancent *Les Annales d'histoire économique et sociale*.

Théâtre ☐ Marcel Achard, *Jean de la Lune*, mise en scène de Louis Jouvet à la Comédie des Champs-Élysées ; Marcel Pagnol, *Marius*, avec Raimu et Pierre Fresnay.

Arts plastiques ☐ Salvador Dali, *L'Accomodation des désirs*.

Cinéma ☐ Luis Buñuel, *Un chien andalou* (scénario de Salvador Dali, avec Pierre Batcheff, Simone Mareuil) ; Marcel Pagnol, *Fanny* ; Jacques Feyder, *Les Nouveaux Messieurs* (sur l'antiparlementarisme).

1930

3-20 JANVIER ♦ Seconde conférence de La Haye (mise en application du plan Young). Le plan Young est ratifié le 29 mars.

10 FÉVRIER ♦ Révolte à Yen Bay (Indochine) des tirailleurs annamites.

17 FÉVRIER ♦ Chute du ministère Tardieu.

17 FÉVRIER ♦ Création, à la Comédie-Française, de la pièce de Jean Cocteau, *La Voix humaine* (1929) où le téléphone joue un rôle de premier plan.

12 MARS ♦ Gratuité de l'enseignement secondaire en sixième. Dans le même temps, on assiste à un alignement des programmes de l'enseignement primaire et secondaire féminin sur celui des garçons.

16 AVRIL ♦ Instauration de la retraite du combattant.

30 JUIN ♦ Évacuation définitive des troupes françaises de la Rhénanie.

1er JUILLET ♦ Entrée en vigueur de la loi sur les assurances sociales.

30 JUILLET ♦ Première Coupe du monde de football en Uruguay, à l'initiative du Français Jules Rimet, président de la Fédération internationale de football (FIFA) (idée élaborée en 1905).

2 SEPTEMBRE ♦ Coste et Bellonte, première traversée est-ouest de l'Atlantique.

OCTOBRE ♦ Fondation de la revue *Jazz tango*.

4 NOVEMBRE ♦ Début de l'affaire Oustric (escroquerie).

29 NOVEMBRE ♦ Premier numéro de *Je suis partout*, dirigé par Pierre Gaxotte. D'abord maurrassien, l'hebdomadaire devient fasciste après le 6 février 1934.

DÉCEMBRE ♦ Création de l'Association syndicale professionnelle des journalistes de radiodiffusion, dont le premier président est Paul Dermée, suivi en 1932 par Georges Géville.

DÉCEMBRE ♦ L'encyclique *Casti connubii* du pape Pie XI dénonce tout mariage où la « puissance naturelle de procréer est empêchée artificiellement ». La même année, au Japon, était mise au point une méthode de contraception dite « naturelle » par Kiusaku Ogino (entre 14 % et 38 % d'échecs).

⇨ Niveau record de la production industrielle, sauf dans la sidérurgie ; Mme Bertrand Fontaine est la première femme médecin des Hôpitaux ; ligne aéropostale entre Toulouse et Buenos Aires (Mermoz).

Littérature et essais ☐ Pierre Drieu La Rochelle, *Une femme à sa fenêtre* ; Georges Duhamel, *Scènes de la vie future* ; Paul Eluard et André Breton, *L'Immaculée Conception* ; Jean Giono, *Regain* ; Emmanuel Berl, *Mort de la morale bourgeoise* ; Jean-Richard Bloch, *Destin du théâtre* ; André Malraux, *La*

Voie royale ; Marcel Déat, *Perspectives socialistes* ; Paul Valéry, *Variété II.*

Georges Bataille, Robert Desnos, Michel Leiris, Jacques Prévert et Raymond Queneau, exclus du groupe surréaliste, font paraître un pamphlet contre André Breton : *Un cadavre.*

Revues □ Création de la revue *Le Surréalisme au service de la révolution* par André Breton.

Théâtre □ Gaston Baty, au Théâtre du Montparnasse, monte *L'Opéra de quat'sous* de Bertolt Brecht.

Danse □ Serge Lifar est engagé à l'Opéra de Paris.

Arts plastiques □ Pavillon suisse de Le Corbusier à la Cité universitaire.

Cinéma □ Luis Buñuel, *L'Âge d'or* ; Marcel Carné, *Nogent, Eldorado du dimanche* (film documentaire) ; Jean Cocteau, *Le Sang d'un poète* ; Julien Duvivier, *David Golder* (d'après Irène Nemirowski, avec Harry Baur).

1931

22-26 JANVIER ♦ Gouvernement Pierre Laval.

14 AVRIL ♦ René Barthélemy réalise pour la Compagnie des compteurs une première démonstration publique de télévision à l'École supérieure d'électricité de Malakoff.

6 MAI ♦ Ouverture de l'Exposition coloniale au bois de Vincennes (jusqu'en 1932). La critique des surréalistes et des journaux *L'Humanité* et *Le Canard enchaîné* à son encontre demeure très marginale. Orchestrée par le maréchal Lyautey, résident général au Maroc et commissaire de l'exposition, elle reçoit près de trente-trois millions de visiteurs (avec le parc zoologique ouvert à cette occasion).

13 MAI ♦ Paul Doumer élu président de la République contre Aristide Briand.

20 JUIN ♦ Moratoire Hoover sur les réparations et les dettes.

JUILLET ♦ Encyclique *Quadragesimo anno*, pour la justice sociale, contre le totalitarisme.

4 JUILLET ♦ Loi codifiant les mesures contre la surproduction agricole : taxe sur les rendements, primes à l'arrachage des vignes, etc.

1er AOÛT ♦ Clôture du Congrès international de l'enfance tenu à Paris, organisé à l'occasion du cinquantenaire de l'école laïque par l'Association des institutrices et des écoles maternelles et des classes enfantines publiques de France et des colonies. Thèmes abordés : les relations avec les familles, les méthodes et les programmes, l'hygiène, etc. Depuis un décret de 1921 le nombre d'enfants par classe ne peut être supérieur à cinquante.

21 SEPTEMBRE ♦ Dévaluation de la livre sterling.

DÉCEMBRE ♦ Bilan de l'année : parmi les conséquences de la crise, les faillites d'entreprises ont augmenté de 60 % dans l'année et l'on compte 190 000 chômeurs. Chute des exportations, baisse de 17,5 % de la production industrielle ; faillite de 118 banques locales.

⇨ Premier autorail Renault ; « Croisière jaune » Citroën à travers l'Asie.

Littérature et essais □ Georges Bernanos, *La Grande Peur des bien-pensants* ; Jean-Richard Bloch, *Destin du siècle* ; Pierre Drieu La Rochelle, *Le Feu Follet* et *L'Europe contre les patries* ; André Maurois, *Le Peseur d'âmes* ; Paul Nizan, *Aden Arabie* ; L. Roubaud, *Vietnam, la tragédie indochinoise* (enquête) ; Saint-Exupéry, *Vol de nuit* ; Paul Valéry, *Regards sur le monde actuel* ; Ch.-A. Julien, *Histoire de l'Afrique du Nord* (rompt avec l'historiographie traditionnelle paternaliste).

Édition □ J. Schiffrin lance la « Bibliothèque de la Pléiade ».

Musique □ Maurice Ravel, *Concerto pour la main gauche* et *Concerto en sol majeur.*

Arts plastiques □ Jean Arp, *Torses* (série de plâtres 1930-1931).

Cinéma □ René Clair, *Le Million* ; Jean Renoir, *La Chienne* (avec Michel Simon).

Radiodiffusion ☐ Jacques Bureau anime une émission de jazz sur Radio L.L. ; Radio Normandie ouvre ses ondes à la publicité et aux programmes en anglais.

1932

16-20 FÉVRIER ♦ Le ministère Tardieu remplace le ministère Laval.

11 MARS ♦ Loi instaurant des allocations familiales pour tous les salariés (pour soutenir la consommation).

5 AVRIL ♦ Grève générale des directeurs de salles de cinéma pour protester contre la taxation élevée de l'exploitation (pouvant atteindre 35 % des recettes).

1er-8 MAI ♦ Élections législatives : faible victoire des gauches.

6 MAI ♦ Le président de la République, P. Doumer, est assassiné par un dément, Gorguloff. Le 10 mai, Albert Lebrun est président de la République.

3 JUIN ♦ Ministère Herriot.

JUIN-JUILLET ♦ Conférence de Lausanne, abandon des réparations.

3 JUILLET ♦ *La Table verte* : création au Théâtre des Champs-Élysées par le chorégraphe K. Jooss (argument traitant des malheurs de la guerre, inspiré des danses macabres du XVe siècle allemand) qui obtient le premier prix du concours des Archives internationales de la danse de Paris.

AOÛT ♦ Mesures d'économies budgétaires.

28-29 AOÛT ♦ Premier congrès du Comité Amsterdam-Pleyel, mouvement contre la guerre, de sympathie communiste, lancé par Romain Rolland et Henri Barbusse.

OCTOBRE ♦ Fondation du Hot Club de France par Hugues Panassié et ses amis (jazz).

OCTOBRE ♦ Création de la revue *Esprit* dirigée par Emmanuel Mounier, jeune philosophe catholique.

29 NOVEMBRE ♦ Pacte de non-agression franco-soviétique.

DÉCEMBRE ♦ Première du cinéma le Grand Rex à Paris, construit en un an : 3 300 places, ambiance « Mille et Une Nuits » (architecture, Bluysen), attractions (les Wayburn Rythm Dancers) et le grand film, *Les Trois Mousquetaires.*

9 DÉCEMBRE ♦ Conférence de Léon Blum à la 5e section socialiste de Paris évoquant la crise. La brochure est éditée en 1933 : *Le Socialisme devant la crise.*

⇨ Faillites dans l'industrie textile ; faillites paysannes ; paquebot *Normandie* ; devant la menace du nazisme, la LICA (née en 1927) décide de rajouter à sa lutte contre l'antisémitisme la lutte contre le racisme.

Littérature et essais ☐ Louis-Ferdinand Céline, *Voyage au bout de la nuit* (prix Renaudot) ; François Mauriac, *Le Nœud de vipères* ; Henri Michaux, *Un barbare en Asie* ; Jules Romains, *Les Hommes de bonne volonté* (t. I) ; Alain, *Propos sur l'éducation* ; Henri Bergson, *Les Deux Sources de la morale et de la religion* ; Robert Eisler, *La Monnaie, cause et remède de la crise économique* (pour relancer la consommation il préconise l'utilisation d'une monnaie périssable) ; Dimitri Navachine, *La Crise et l'Europe économique.*

Projet de fondation de l'Association des écrivains et artistes révolutionnaires (AEAR), proche des communistes, par Paul Vaillant-Couturier, qui se dote d'une revue, *Commune* (Aragon est le secrétaire de rédaction. Au comité directeur : Romain Rolland, André Gide…).

Presse ☐ Création du journal radiophonique *Mon programme* (tirage en 1937 : 500 000 exemplaires).

Musique ☐ Le pianiste américain Fats Waller à Paris ; parution du livre de Robert Goffin, *Aux frontières du jazz* ; Darius Milhaud compose la musique pour la pièce de Paul Claudel *L'Annonce faite à Marie.*

Arts plastiques ☐ Exposition des premiers mobiles d'Alexandre Calder, à Paris.

Cinéma ☐ René Clair, *À nous la liberté* ; Julien Duvivier, *Poil de carotte* (d'après Jules Renard, avec Harry Baur, Rob. Lynen) ; Jean Vigo, *Zéro de conduite.*

Radiodiffusion □ Jean Nohain présente *Les enfants chantent* sur le Poste parisien.

Sports □ Antonin Magne vainqueur du Tour de France.

1933

JANVIER ◆ Réunion du Comité Amsterdam-Pleyel contre le fascisme et la guerre.

JANVIER ◆ André Breton, Paul Eluard, René Crevel, exclus du PC pour avoir critiqué la « puérilité » du cinéma soviétique.

JANVIER ◆ Grèves du Textile du Nord.

30 JANVIER ◆ Hitler au pouvoir en Allemagne.

19 FÉVRIER ◆ Création de la Loterie nationale pour les « gueules cassées » de 1914-1918.

21 MARS ◆ Réunion de fondation de l'Association des écrivains et des artistes révolutionnaires (AEAR) sous la présidence d'André Gide, avec André Malraux et Jean Guéhenno.

AVRIL ◆ Grèves importantes des mineurs du Nord et du Pas-de-Calais et des ouvriers du Languedoc. Le mouvement gagne les métallurgistes de Citroën à Paris.

21 AVRIL ◆ Loi Armbruster (sénateur) : pour exercer la médecine il faut désormais être français et posséder le doctorat d'État français. Loi destinée à rassurer les médecins se sentant menacés par les étrangers (loi renforcée en 1935).

MAI ◆ Création du Front commun contre le fascisme, de Gaston Bergery.

31 MAI ◆ Loi de finances qui institue la redevance d'usage radiophonique (1 367 715 récepteurs radiophoniques au 31 décembre, 2 625 677 deux ans plus tard et le 31 mai 1939 : 5 025 285). La France en 1936 compte une moyenne de soixante-deux postes pour mille habitants.

7 JUIN ◆ Pacte à quatre entre la France, l'Italie, la Grande-Bretagne et l'Allemagne, pour le maintien de la paix.

12 JUIN-27 AOÛT ◆ Conférence monétaire et économique mondiale de Londres pour faire face à la crise. Échec.

JUILLET ◆ L'orchestre de swing du pianiste américain Duke Ellington se produit salle Pleyel.

5 NOVEMBRE ◆ Marcel Déat, Montagnon et Louis Vallon exclus de la SFIO. Ils fondent le Parti socialiste de France (PSF) un mois plus tard.

26 NOVEMBRE ◆ Ministère Chautemps.

DÉCEMBRE ◆ Les mineurs font une marche de la faim.

28 DÉCEMBRE ◆ Début de l'affaire Stavisky (scandale politico-financier).

Littérature et essais □ Charles Braibant, *Le roi dort* (prix Renaudot) ; Georges Duhamel, *La Chronique des Pasquier* (premier volume des dix dont la publication s'étend jusqu'en 1945) ; François Mauriac, *Le Romancier et ses personnages* ; André Malraux, *La Condition humaine* (prix Goncourt) ; Raymond Queneau, *Le Chiendent*.

Presse et revues □ Création de la revue *Commune*, organe de l'AEAR dirigé par Louis Aragon et Paul Nizan.

Musique □ Le trompettiste américain Louis Armstrong s'installe à Paris jusqu'en 1935.

Chanson □ Marianne Oswald fait découvrir aux clients du Bœuf sur le toit les chansons de Bertolt Brecht et Kurt Weill.

Arts plastiques □ Henri Matisse, *La Danse* ; Chaïm Soutine, *La Cathédrale de Chartres*.

Cinéma □ Claude Autant-Lara, *Ciboulette* (d'après l'opérette de Croisset et Reynaldo Hahn, dialogues de Jacques Prévert) ; P. et Jacques Prévert, *L'affaire est dans le sac* ; *La Croisière jaune* : documentaire sur l'expédition Citroën en Asie ; Jean Renoir, *Madame Bovary*.

1934

Janvier ◆ Création de l'Orchestre national par le ministre des PTT Jean Mistler ; il est dirigé par Désiré-Émile Inghelbrecht.

8 janvier ◆ Stavisky est retrouvé « suicidé » à Chamonix.

27-30 janvier ◆ Démission de Chautemps, ministère Daladier.

Février-novembre ◆ Causeries de Gaston Doumergue à la radio.

3 février ◆ Remplacement du préfet de police Jean Chiappe, favorable à l'extrême droite.

6 février ◆ La manifestation de l'extrême droite et des organisations d'anciens combattants, montée pour protester contre les scandales de l'« affaire Stavisky » et la révocation du préfet de police Jean Chiappe, tourne à l'émeute et à l'affrontement sanglant : 20 morts place de la Concorde à Paris, plus d'un millier de blessés.

7 février ◆ Daladier choisit de donner sa démission, après avoir pourtant été investi par la Chambre.

9 février ◆ Formation d'un gouvernement d'Union nationale présidé par Doumergue. Manifestation communiste antifasciste, réprimée dans le sang.

12 février ◆ Grève générale antifasciste, à l'appel de la CGT et de la SFIO, qui remporte un grand succès.

5 mars ◆ « Appel aux travailleurs » par P. Rivet, P. Langevin, Alain, à l'origine du Comité de vigilance des intellectuels antifascistes (CVIA).

19 avril ◆ Citroën lance, dans son usine de Javel (Paris), la « 7 », première traction avant produite au rythme de 300 voitures par jour.

25-29 juin ◆ Congrès d'Ivry du PCF, abandon de la ligne « classe contre classe » pour la lutte contre le fascisme. Doriot est exclu du parti.

27 juillet ◆ Signature d'un pacte d'unité d'action entre le PCF et la SFIO.

Novembre ◆ Louis Armstrong en concert salle Pleyel. Hugues Panassié publie *Le Jazz hot* (préface de L. Armstrong).

8 novembre ◆ Retrait des radicaux-socialistes, démission du gouvernement Doumergue, ministère Flandin.

2 décembre ◆ Premier concert du quintette de jazz du Hot Club de France.

⇨ Le nombre des faillites a augmenté de 77 % depuis 1929 ; Michelin rachète Citroën mis en liquidation judiciaire ; création de la Compagnie générale du Rhône ; Hélène Boucher bat le record de vitesse aérienne sur 1 000 m ; mort de Marie Curie.

Littérature et essais □ Jean Amrouche, *Cendres* (poèmes) ; Louis Aragon, *Les Cloches de Bâle* ; Pierre Drieu La Rochelle, *La Comédie de Charleroi* ; Charles de Gaulle, *Vers l'armée de métier* ; Henri Wallon, *Origines du caractère chez l'enfant* ; Alain, *Les Dieux* ; Gertrude Stein, *Autobiographie d'Alice Toklas*.

Publication du « plan du 9 juillet », élaboré par des intellectuels réunis autour de Jules Romains et qui s'affirment en faveur de l'économie dirigée.

Presse et revues □ Création de *La Flèche*, organe du Front commun de Gaston Bergery ; B. de Jouvenel lance l'hebdomadaire *La Lutte des jeunes*.

Chanson □ Débuts de Tino Rossi dans une revue au Casino de Paris.

Arts plastiques □ Picasso, *Tauromachie*.

Cinéma □ Jacques Feyder, *Le Grand Jeu* ; Marcel Pagnol, *Angèle* ; Jean Vigo, *L'Atalante*.

1935

JANVIER ♦ Après le plébiscite qui rattache la Sarre au Reich, 4 000 à 7 000 personnes fuient la région (militants de gauche, Juifs, Sarrois francophiles) et viennent s'installer en France.

FÉVRIER ♦ Premier remonte-pente mécanique dans la station de L'Alpe-d'Huez (Isère) installé par les établissements Pomagalski.

23 FÉVRIER ♦ Le saxophoniste américain Coleman Hawkins en concert salle Pleyel.

MARS ♦ Fondation de la revue *Jazz hot* (paraît encore en 1999).

16 MARS ♦ Réarmement allemand.

11 AVRIL ♦ Sanctions de la SDN contre l'Allemagne.

26 AVRIL ♦ Première émission publique de télévision par le poste Radio-PTT Vision.

MAI ♦ Yvonne Galli, speakerine à Radio Cité (Paris), est élue « muse de la radio » par l'Association des journalistes radiophoniques.

2 MAI ♦ Pacte d'assistance mutuelle franco-soviétique (Pierre Laval, ministre des Affaires étrangères, tente d'isoler diplomatiquement l'Allemagne).

7 JUIN ♦ Ministère Laval, pleins pouvoirs, gouvernement par décrets-lois.

21-25 JUIN ♦ Première réunion du Congrès des écrivains pour la défense de la culture, mouvement antifasciste.

14 JUILLET ♦ Manifestation unitaire du « Rassemblement populaire » qui englobe désormais le Parti radical-socialiste.

14 JUILLET ♦ Gigantesque défilé des partis de gauche et des syndicats, de la Bastille à la Nation.

16 JUILLET ♦ Décrets-lois Laval comportant une « réduction générale de 10 % de l'ensemble des dépenses publiques ».

3 OCTOBRE ♦ L'Italie envahit l'Éthiopie, pays membre de la SDN.

NOVEMBRE ♦ Premier numéro de *Vendredi*, hebdomadaire du Front populaire fondé par André Chamson, Jean Guéhenno et Andrée Viollis (jusqu'en 1938).

6 DÉCEMBRE ♦ Dissolution des organisations paramilitaires.

⇨ 2 millions de chômeurs sur 12,5 millions de salariés. Le pouvoir d'achat a baissé de 15 % depuis 1930 ; prix Nobel de chimie à Irène et Frédéric Joliot-Curie.

Littérature et essais ☐ André Gide, *Les Nouvelles Nourritures* ; Jean Giono, *Que ma joie demeure* ; Jean Giraudoux, *La guerre de Troie n'aura pas lieu* ; Boris Souvarine, *Staline, Aperçu historique du bolchevisme* (trad.) ; Léon Blum, *Souvenirs sur l'Affaire* (Alfred Dreyfus vient de mourir) ; Alexis Carrel, *L'Homme, cet inconnu* ; Michel Leiris, *De la littérature considérée comme tauromachie* ; Serge Lifar, *Manifeste du chorégraphe* ; Andrée Viollis, *Indochine SOS*, préface d'André Malraux.

Mort d'Henri Barbusse.

Presse ☐ Promulgation d'une loi qui définit le statut du journaliste et instaure la carte professionnelle.

Théâtre ☐ Premier spectacle de Jean-Louis Barrault, *Autour d'une mère*, à l'Atelier ; Jean Giraudoux, *La guerre de Troie n'aura pas lieu*, mise en scène de Louis Jouvet, à l'Athénée.

Musique ☐ Arthur Honegger, *Jeanne au bûcher* (textes de Paul Claudel).

Chanson ☐ Chanson par Ray Ventura : *Tout va très bien, Madame la Marquise* ; découverte d'Édith Piaf, alors chanteuse de rue, par Louis Leplée (essai d'enregistrement pour Polydor).

Cinéma ☐ Julien Duvivier, *La Bandera* (scénario de Charles Spaak avec Annabella, Jean Gabin) ; Jean Renoir, *Toni* (sur les travailleurs immigrés) et *Le Crime de Monsieur Lange*.

1936

12 JANVIER ♦ Programme du Front populaire (SFIO et radicaux, soutenus par le PCF).

13 FÉVRIER ♦ Dissolution des ligues d'Action française.

27 FÉVRIER ♦ Ratification par la Chambre du pacte d'assistance franco-soviétique.

7 MARS ♦ Hitler désavoue les accords de Locarno et organise la remilitarisation de la Rhénanie contre laquelle le gouvernement français n'élève que des protestations verbales.

25 MARS ♦ Réunification de la CGT et de la CGTU au congrès de Toulouse.

17 AVRIL ♦ Maurice Thorez, secrétaire général du PCF, « tend la main » aux catholiques.

26 AVRIL-5 MAI ♦ Victoire du Front populaire aux élections législatives. C'est la première campagne électorale radiodiffusée.

11 MAI ♦ Début d'une vague de grèves avec occupations d'usines.

5 JUIN ♦ Formation du gouvernement Léon Blum (qui compte trois femmes), création d'un sous-secrétariat de la Jeunesse et des Sports, confié à Léo Lagrange, et d'un Comité interministériel des loisirs.

7 JUIN ♦ « Accords Matignon » : augmentation des salaires, généralisation des conventions collectives, délégués ouvriers.

11-12 JUIN ♦ Vote à la Chambre des lois sur les congés payés et la semaine de quarante heures.

18 JUIN ♦ Dissolution des ligues d'extrême droite. De ce fait, le 21 juin, les Croix-de-Feu du colonel de La Roque se transforment en Parti social français (PSF) et Doriot fonde le Parti populaire français (PPF).

JUILLET ♦ Le PC quitte le Comité de vigilance des intellectuels antifascistes (CVIA).

2 JUILLET ♦ Scolarité obligatoire prolongée jusqu'à quatorze ans.

24 JUILLET ♦ Réforme de la Banque de France.

1er AOÛT ♦ Léon Blum se prononce officiellement pour la non-intervention dans la guerre civile en Espagne (commencée en juillet). Il maintient sa position alors même que le conflit s'internationalise (l'Allemagne et l'Italie soutenant Franco et l'URSS les républicains).

11 AOÛT ♦ Nationalisation des usines d'armement.

15 AOÛT ♦ Création de l'Office national interprofessionnel des céréales (ONIC).

1er OCTOBRE ♦ Dévaluation du franc Poincaré.

17 NOVEMBRE ♦ Victime d'une campagne de calomnies, le ministre de l'Intérieur Roger Salengro se suicide.

4 DÉCEMBRE ♦ Abstention communiste sur la politique étrangère.

⇨ Disparition de Louis Mermoz dans l'Atlantique sud.

Littérature et essais □ Louis Aragon, *Les Beaux Quartiers* ; Georges Bernanos, *Journal d'un curé de campagne* ; Louis-Ferdinand Céline, *Mort à crédit* ; Paul Eluard, *Les Yeux fertiles* (poésie) ; André Gide, *Retour de l'URSS* ; Henry de Montherlant, *Les Jeunes Filles* (t. I) ; Paul Valéry, *Variété III* ; Jean-Richard Bloch, *Naissance d'une culture* ; Marcel Martinet, *Culture prolétarienne* ; Raymond Aron, *La Sociologie allemande*.

Presse et revues □ Création de la revue d'extrême droite *Combat*, dirigée par T. Maulnier et qui rassemble les anciennes équipes de *Réaction* (dirigée par Jean de Fabrègues) et de *La Revue française* (dirigée par J.-P. Maxence), ce dernier groupe ayant trouvé auparavant un terrain d'expression dans la *Revue du siècle* et la *Revue du XXᵉ siècle*.

Musique □ Darius Milhaud, *Suite provençale*.

Cinéma □ Julien Duvivier, *La Belle Équipe* (sur des chômeurs, avec Viviane Romance, Charles Vanel, Jean Gabin) et *Pépé le Moko* (avec Jean Gabin, M. Ballin, L. Noro, Modot, etc.) ; Jean Renoir, *La vie est à nous* (film documentaire commandé par le Parti communiste) ; création de la Cinémathèque française par Henri Langlois, pour la conservation des films.

Radiodiffusion □ Émissions de radio : « Le salon de Mireille », de la chanteuse Mireille, « Le tribunal d'impéritie » de Max Régnier, « La course au trésor » de Pierre Dac sur le Poste parisien ; la transmission des jeux Olympiques de Berlin rassemble cent quarante speakers de soixante-dix nations.

1937

13 FÉVRIER ◆ Léon Blum annonce un « temps de pause » dans les réformes.

12 MARS ◆ Un emprunt de défense nationale est lancé.

16 MARS ◆ Fusillade à Clichy, on ramasse des morts et des blessés parmi des militants du Front populaire.

24 MAI-JUIN ◆ Exposition universelle à Paris, occasion de manifestations diverses : Picasso expose son tableau *Guernica* (la ville a été bombardée le 26 avril) dans le pavillon espagnol de l'Exposition (l'œuvre ne semble pas avoir été comprise par les militants républicains) ; *L'Opéra de quat'sous*, opéra de Kurt Weill, sur un livret de Bertolt Brecht, d'après *The Beggar's Opera* de John Gay, avec l'orchestre de Zelmar Merowitz au Théâtre de l'Étoile (avec Yvette Guilbert, Renée Saint-Cyr, Suzy Solidor, Raymond Cordy, Raymond Rouleau) ; les palais de Chaillot (que Jean Zay a fait transformer) et de la Découverte sont inaugurés, le musée de l'Homme est réorganisé.

22 JUIN ◆ Le gouvernement Blum démissionne après avoir été mis en minorité au Sénat qui lui refuse les pleins pouvoirs économiques ; ministère Chautemps.

30 JUIN ◆ Nouvelle dévaluation du franc.

31 AOÛT ◆ Nationalisation des chemins de fer : création de la SNCF, société d'économie mixte.

OCTOBRE ◆ Charles Delaunay crée la marque Swing, première compagnie de disques française exclusivement consacrée au jazz.

15 DÉCEMBRE ◆ Arrestation de « cagoulards », responsables d'attentats.

⇨ La méthode de contraception dite « des courbes de température » est découverte ; derniers combats de l'escadrille aérienne d'André Malraux (engagée dans les combats de la guerre d'Espagne du côté républicain) ; fondation du Collège de sociologie par Georges Bataille, Roger Caillois, J. Monnerot et P. Klossowski.

Littérature et essais □ Jean Amrouche, *Étoile secrète* (poèmes) ; André Breton, *L'Amour fou* ; Pierre Drieu La Rochelle, *Rêveuse Bourgeoisie* ; Albert Camus, *L'Envers et l'Endroit* ; Louis-Ferdinand Céline, *Bagatelles pour un massacre* (pamphlet antisémite) ; André Chamson, *Rien qu'un témoignage, retour d'Espagne* ; André Malraux, *L'Espoir* ; Jean Giono, *Refus d'obéissance* ; Denis de Rougemont, *Journal d'un intellectuel au chômage* ; Charles Vildrac, *Russie neuve* ; Louis de Broglie, *La Physique nouvelle et les quanta* et *Matière et lumière*.
Roger Martin du Gard, prix Nobel de littérature.

Presse et revues □ Création du quotidien communiste *Ce soir*, dont le rédacteur en chef est Louis Aragon, assisté de Jean-Richard Bloch ; Robert Brasillach, rédacteur en chef de *Je suis partout*, journal violemment antisémite ; J.-P. Maxence crée avec T. Maulnier l'hebdomadaire *L'Insurgé* ; première édition de la *Hot Discography* de Charles Delaunay.

Musique □ Dizzy Gillespie au Moulin-Rouge avec l'orchestre de Teddy Hill.

Chanson □ Débuts de Charles Trenet avec le disque *Y a d'la joie*.

Cinéma □ Marcel Carné, *Drôle de drame* (avec Louis Jouvet) ; Julien Duvivier, *Carnet de bal* (avec Marie Bell, Françoise Rosay, Louis Jouvet) ; Jean Renoir, *La Grande Illusion* (avec Jean Gabin et Dalio) et *La Marseillaise*.

Radiodiffusion □ Wladimir Porché, directeur des émissions dramatiques de la radio, dirige le service expérimental de télévision. Premières émissions tous les soirs de 20 h à 20 h 30.

1938

13 MARS ♦ Formation du deuxième gouvernement Blum. Les troupes allemandes sont entrées en Autriche (le 12) : proclamation de l'*Anschluss*.

24 MARS ♦ Vague de grèves en France.

8 AVRIL ♦ Le Sénat fait tomber le deuxième gouvernement Blum.

8 AVRIL ♦ Émeutes en Tunisie, Bourguiba est emprisonné et le Néo-Destour dissous.

10 AVRIL ♦ Formation du gouvernement Daladier (sans participation socialiste) qui gouverne par décrets-lois.

3 JUIN ♦ Congrès de la SFIO à Royan.

12 AOÛT ♦ Grève des dockers à Marseille, par refus des heures supplémentaires. Ils sont remplacés par des tirailleurs sénégalais.

21 AOÛT ♦ Daladier annonce un assouplissement de la loi des quarante heures.

24 SEPTEMBRE ♦ Menace de guerre, rappel de 400 000 réservistes.

29-30 SEPTEMBRE ♦ Signature des accords de Munich : Chamberlain et Daladier cèdent au diktat de Hitler. Le 30, retour triomphal de Daladier, la guerre paraît évitée.

4 OCTOBRE ♦ Les communistes rompent avec le Front populaire. Le 10 novembre, les radicaux font de même.

14-17 NOVEMBRE ♦ Grèves et affrontements sociaux, notamment chez Renault.

30 NOVEMBRE ♦ Grève générale lancée par la CGT contre les décrets-lois Reynaud (ministre des Finances) des 12-13 novembre qui reviennent sur la loi des 40 heures : demi-échec (Léon Jouhaux, secrétaire de la CGT, est déchu de ses mandats par le gouvernement).

24-25 DÉCEMBRE ♦ Congrès national extraordinaire de la SFIO à Montrouge.

Littérature et essais □ Henry de Montherlant, *L'Équinoxe de printemps* ; Alain, *Propos sur la religion* ; Georges Bernanos, *Les Grands Cimetières sous la lune* (dénonce les répressions franquistes) ; Jean-Paul Sartre, *La Nausée* ; Raymond Aron, *Introduction à la philosophie de l'histoire* ; Roger Caillois, *Le Mythe et l'Homme* ; Jean Wahl, *Études kierkegaardiennes*.

Presse et revues □ Refusant que la littérature soit l'auxiliaire de la politique, Jean Paulhan publie un article dans la *NRF* intitulé : « Il ne faut pas compter sur nous » ; Pierre Dac, *L'Os à moelle*.

Théâtre □ Antonin Artaud, *Le Théâtre et son double* (essai) ; Jean-Richard Bloch, *Naissance d'une cité*, monté au Vélodrome d'hiver (tentative de théâtre de masse) ; Jean Cocteau, *Les Parents terribles*, avec Jean Marais.

Musique □ Paul Le Flem, *Le Rossignol de Saint-Malo* ; Darius Milhaud, musique du film d'André Malraux *L'Espoir*.

Cinéma □ Marcel Carné, *Quai des brumes*, d'après Pierre Mac Orlan (scénario de Jacques Prévert, musique Jaubert, avec Jean Gabin, Michèle Morgan, Michel Simon, Pierre Brasseur), et *Hôtel du Nord* (Louis Jouvet et Arletty qui immortalise la formule « atmosphère, atmosphère ») ; Jean Renoir, *La Bête humaine*.

1939

7 FÉVRIER ♦ Le gouvernement Daladier refuse d'aministier les grévistes de la grève générale du 30 novembre 1938.

27 FÉVRIER ♦ Le gouvernement reconnaît le régime franquiste.

2 MARS ♦ Élection du pape Pie XII (cardinal Pacelli).

18 MARS ♦ La Chambre accorde les pleins pouvoirs à Daladier pour la défense du pays.

5 JUIN ♦ Arrestation des responsables de *Je suis partout* pour les attaques antibellicistes contre le gouvernement Reynaud. L'hebdomadaire reparaît en février 1941 et devient pronazi.

28 JUILLET ♦ Le code de la famille est promulgué.

---

29 JUILLET ♦ Création du commissariat général à l'Information dirigé par Jean Giraudoux.

23 AOÛT ♦ Signature à Moscou du pacte de non-agression germano-soviétique.

25 AOÛT ♦ Saisie des journaux communistes *L'Humanité* et *Ce soir*.

27 AOÛT ♦ Instauration de la censure.

1ᵉʳ SEPTEMBRE ♦ Les troupes allemandes entrent en Pologne. Mobilisation générale.

3 SEPTEMBRE ♦ La Grande-Bretagne puis la France déclarent la guerre à l'Allemagne. « Drôle de guerre » jusqu'en mai 1940.

26 SEPTEMBRE ♦ Dissolution du PCF. Le 4 octobre, Thorez déserte et s'enfuit en URSS où il reste jusqu'en 1944. Arrestation de députés du PCF, le 8 octobre.

28 SEPTEMBRE ♦ Le Reich et l'Union soviétique se partagent la Pologne.

1ᵉʳ OCTOBRE ♦ Le nouveau « Groupe ouvrier et paysan » exige un débat parlementaire sur la paix.

30 NOVEMBRE ♦ Le gouvernement Daladier obtient les pleins pouvoirs.

Littérature et essais □ Robert Brasillach, *Les Sept Couleurs* ; Albert Camus, *Noces* ; Aimé Césaire, *Cahiers d'un retour au pays natal* ; Pierre Drieu La Rochelle, *Gilles* ; Michel Leiris, *L'Âge d'homme* ; Antoine de Saint-Exupéry, *Terre des hommes* ; Nathalie Sarraute, *Tropismes* ; Jean-Paul Sartre, *Le Mur* ; traduction en français par J. de Largentaye de la *Théorie générale de l'emploi, de l'intérêt et de la monnaie* de Keynes (paru en 1936) ; Nicolas Bourbaki, *Éléments de mathématiques* ; Roger Caillois, *L'Homme et le Sacré*.

Théâtre □ Ibsen, *Un ennemi du peuple*, mise en scène de Georges Pitoëff ; K. Hamsun, *La Faim*, mise en scène de Barrault, à l'Atelier ; mort de Pitoëff.

Musique □ Duke Ellington triomphe au palais de Chaillot.

Cinéma □ Marcel Carné, *Le jour se lève* ; Julien Duvivier, *La Fin du jour* (avec Louis Jouvet, Michel Simon, V. Francen) ; Jean Renoir, *La Règle du jeu* ; le film d'André Malraux *L'Espoir* est censuré et ne paraît qu'après la guerre.

1940

20 JANVIER ♦ La Chambre prononce la déchéance des députés communistes.

10 MAI ♦ Churchill est Premier ministre.

10 MAI ♦ Début de l'offensive allemande. L'invasion de la France entraîne l'exode.

5 JUIN ♦ Charles de Gaulle est nommé sous-secrétaire d'État à la Défense nationale et à la Guerre dans le gouvernement Paul Reynaud constitué le 22 mars.

10 JUIN ♦ L'Italie entre en guerre aux côtés de l'Allemagne. Le gouvernement quitte Paris et se réfugie à Bordeaux.

14 JUIN ♦ Entrée des Allemands dans Paris.

16-17 JUIN ♦ Gouvernement Pétain qui demande les conditions de l'armistice.

18 JUIN ♦ Premier « appel » à la résistance de Charles de Gaulle, prononcé à la BBC.

19 JUIN ♦ Des militants communistes demandent l'autorisation de faire reparaître *L'Humanité*.

20 JUIN ♦ Premier sabotage anti-allemand, près de Rouen, des lignes de communication téléphonique de l'armée allemande. L'auteur, Étienne Achavanne, est fusillé le 6 juillet.

22 JUIN ♦ L'armistice est signé à Rethondes. La France est divisée en deux : 23 millions d'hommes en zone occupée, 17 en zone libre. Pierre Laval entre au gouvernement le 25.

29 JUIN ♦ Le gouvernement quitte Bordeaux et s'installe à Vichy.

3 JUILLET ♦ Bombardement par l'Angleterre de la flotte française au large de Mers el-Kébir (Algérie).

10 JUILLET ♦ L'Assemblée nationale accorde les pleins pouvoirs au gouvernement du maréchal Pétain (569 voix contre 80 et 20 abstentions).

11 JUILLET ♦ Pétain promulgue les Actes constitutionnels fondant l'État français.

11 JUILLET ♦ Alphonse de Châteaubriant fonde *La Gerbe*, hebdomadaire collaborationniste. Y écrivent : Pierre Drieu La Rochelle, Robert Brasillach, Paul Morand, Marcel Aymé, Jean Anouilh, etc.

22 JUILLET ♦ Naissance des Forces françaises libres (FFL).

30 JUILLET ♦ Création des Chantiers de la jeunesse.

13 AOÛT ♦ Dissolution du Grand Orient et de la Grande Loge de France.

26-28 AOÛT ♦ Ralliement de la majorité de l'Afrique équatoriale française (AEF) à la France libre. Le 2 septembre, c'est le tour de Tahiti.

3 SEPTEMBRE ♦ Loi rendant aux congrégations le droit d'enseigner.

17 SEPTEMBRE ♦ Le rationnement des produits alimentaires est instauré (cartes d'alimentation depuis le 29 février).

3 OCTOBRE ♦ Un « statut des Juifs » est instauré par le gouvernement de Vichy.

5 OCTOBRE ♦ Arrestations de communistes dans la région parisienne. Au même moment Jean Lebas fait circuler *L'Homme libre*, bulletin clandestin.

8-11 OCTOBRE ♦ Pétain définit la Révolution nationale.

24 OCTOBRE ♦ L'entrevue Pétain-Hitler, à Montoire, marque le début de la collaboration d'État.

27 OCTOBRE ♦ À Brazzaville, de Gaulle crée le Conseil de défense de l'Empire.

1er NOVEMBRE ♦ Premier numéro des *Nouveaux Temps*, quotidien collaborationniste fondé par Jean Luchaire à Paris.

11 NOVEMBRE ♦ Les Allemands répriment un défilé d'étudiants et de lycéens patriotes.

19 NOVEMBRE ♦ Mgr Gerlier, évêque de Lyon, prononce un discours favorable à Pétain.

1er DÉCEMBRE ♦ Parution de *Libération-Nord*, bulletin clandestin du syndicaliste Christian Pineau, et, le 15, de *Résistance*, organe clandestin du réseau du musée de l'Homme.

13 DÉCEMBRE ♦ Pierre Laval est destitué et arrêté.

13 DÉCEMBRE ♦ Django Reinhardt enregistre *Nuages* ; le 16, un festival de jazz français a lieu salle Gaveau.

⇨ Fondation de l'école des cadres d'Uriage, pour les hauts fonctionnaires ; mode « zazou ».

Littérature et essais □ Louis Aragon, *Les Yeux d'Elsa* ; Paul Claudel, *Paroles au Maréchal* ; Roland Dorgelès, *Retour au front* ; Jean Rostand, *Pensées d'un biologiste.*

Mort au front de Paul Nizan.

Théâtre □ Jacques Copeau est administrateur de la Comédie-Française et engage Jean-Louis Barrault pour *Le Cid* de Corneille.

Chanson □ Succès de la chanson *J'attendrai.*

Cinéma □ Julien Duvivier (à Hollywood), *Lydia, The Impostor, Flesh and Fantasy* ; Abel Gance, *Le Paradis perdu* (avec F. Gravey, M. Presle) ; Marcel Pagnol, *La Fille du puisatier* (avec Fernandel).

1941

24 JANVIER ♦ Marcel Déat, Eugène Deloncle et Goy fondent le Rassemblement national populaire (RNP), pour une politique de collaboration avec l'Occupant.

27 JANVIER ♦ Obligation pour les hauts fonctionnaires de prêter serment au chef de l'État. Le 14 avril cette mesure est étendue à la magistrature et à l'armée.

9 FÉVRIER ♦ Darlan est nommé vice-président du Conseil et ministre des Affaires étrangères.

11 FÉVRIER ♦ Démantèlement du réseau de résistance du musée de l'Homme.

MAI ♦ Le Parti communiste fonde le « Front national » de la résistance.

10 MAI ♦ Concert de l'orchestre symphonique de jazz de Robert Bergman.

---

27 MAI ♦ Protocoles militaires de Paris Darlan-Abetz : apogée de la collaboration militaire.

2 JUIN ♦ Second « statut des Juifs », qui concerne la zone libre.

22 JUIN ♦ L'Allemagne envahit l'URSS (plan *Barbarossa*).

24 JUIN ♦ Déclaration d'allégeance à Vichy des cardinaux et archevêques de France.

AOÛT ♦ Création du camp d'internement de Drancy.

12 AOÛT ♦ Discours de Pétain dénonçant la Résistance comme un « vent mauvais ».

21 AOÛT ♦ Le futur colonel Fabien exécute l'aspirant allemand Moser au métro Barbès.

29 AOÛT ♦ Exécution d'Honoré d'Estienne d'Orves, chef du service de renseignements de la France libre.

5 SEPTEMBRE ♦ Exposition « Le Juif et la France », au palais Berlitz de Paris et émissions antisémites de Louis Darquier de Pellepoix et Jean Hérold-Paquis sur Radio Paris.

24 SEPTEMBRE ♦ À Londres, Charles de Gaulle constitue le Comité national français de la France libre.

21-22 OCTOBRE ♦ Exécution d'otages à Châteaubriant, parmi lesquels le jeune communiste Guy Môquet.

NOVEMBRE ♦ Création du mouvement de résistance « Combat » qui se dote d'un organe éponyme dirigé par Henri Frenay (tire à 300 000 exemplaires en 1944).

28 DÉCEMBRE ♦ Tournoi des amateurs de jazz salle Pleyel.

⇨ Hymne, *Maréchal, nous voilà !* ; visite à Berlin d'une délégation d'artistes français invités par Arno Brecker.

Littérature et essais □ Maurice Blanchot, *Thomas l'Obscur* ; Henry de Montherlant, *Le Solstice de juin* ; Paul Morand, *L'Homme pressé* ; Jean Luchaire, *Les Anglais et nous* ; Philippe Pétain, *La France nouvelle* ; Pierre Drieu La Rochelle, *Ne plus attendre* et *Notes pour comprendre le siècle* ; Robert Brasillach, *Notre avant-guerre* ; Louis-Ferdinand Céline, *Les Beaux Draps* ; Paul Valéry, *Tel quel* (t. I).

Mort d'Henri Bergson ; départ pour le Congrès des écrivains européens en Allemagne de Pierre Drieu La Rochelle, Abel Bonnard, Robert Brasillach, J. Chardonne et Marcel Jouhandeau.

Presse et revues □ En désaccord avec Pierre Drieu La Rochelle qui a repris la direction de la *NRF*, André Gide rompt avec celle-ci ; la revue *Esprit* et l'hebdomadaire catholique *Temps nouveaux* sont interdits ; débuts de la revue surréaliste *La Main à plume*, à Paris ; création en zone libre des journaux clandestins *Franc-Tireur*, *Libération-Sud* et *Défense de la France* ; premiers *Cahiers du témoignage chrétien*.

Théâtre □ Louis Jouvet quitte Paris pour une tournée en Amérique latine où il demeure jusqu'à la fin de la guerre.

Musique □ À l'Opéra, ballet dansé par Serge Lifar : *Le Boléro*, d'après la musique de Maurice Ravel.

Cinéma □ Des cinémas parisiens diffusent *Le Juif Süss* ; René Clair (aux États-Unis), *The Flame of New Orleans* (*La Belle Ensorceleuse* avec Marlene Dietrich) ; Abel Gance, *La Vénus aveugle* ; Jean Renoir (à Hollywood), *Swamp Water* (*L'Étang tragique*).

1942

1er JANVIER ♦ Parachutage de Jean Moulin en France.

20 JANVIER ♦ Conférence de Wannsee sur la « solution finale » pour les 11 millions de Juifs d'Europe.

19 FÉVRIER ♦ Procès de Riom : Léon Blum, Édouard Daladier et Maurice Gamelin sont jugés « responsables de la défaite ».

MARS ♦ Fondation des Francs-tireurs et partisans français (FTPF) communistes.

27 MARS ♦ Premier convoi de déportés raciaux vers l'Allemagne.

AVRIL ♦ Tournée du quintette du Hot Club de France dans le nord de la France et en Belgique.

17 AVRIL ♦ Darlan démissionne et Pierre Laval devient chef du gouvernement. Le général Giraud s'évade d'Allemagne pour l'Algérie.

6 MAI ♦ Darquier de Pellepoix, commissaire aux Questions juives.

29 MAI ♦ Obligation du port de l'étoile jaune pour les Juifs en zone occupée.

22 JUIN ♦ Discours antibolcheviste de Pierre Laval sur Radio Vichy : « Je souhaite la victoire de l'Allemagne. » La « Relève » est annoncée : retour d'un prisonnier pour trois ouvriers travaillant en Allemagne (17 000 départs sur 150 000 exigés).

25 JUIN ♦ L'orchestre de jazz de Raymond Legrand, en tournée en Allemagne, passe à la radio de Berlin.

16-17 JUILLET ♦ Rafle du Vel' d'hiv' : 13 000 Juifs sont arrêtés par la police française et déportés. Les 26-28 juillet : rafle des Juifs de la zone libre, enfants compris.

31 AOÛT ♦ Mgr Saliège, évêque de Toulouse, proteste contre la politique raciale de Vichy.

8 NOVEMBRE ♦ Débarquement allié en Afrique du Nord.

11 NOVEMBRE ♦ Occupation de la zone libre par les Allemands.

27 NOVEMBRE ♦ La flotte française se saborde à Toulon.

24 DÉCEMBRE ♦ Assassinat de Darlan ; Giraud, haut commissaire à Alger.

Littérature et essais □ Albert Camus, *L'Étranger* et *Le Mythe de Sisyphe* ; Paul Eluard, *Poésie et vérité* ; Francis Ponge, *Le Parti pris des choses* (poésie) ; Roger Caillois, *Le Rocher de Sisyphe* ; Lucien Rebatet, *Les Décombres* (ouvrage pronazi).

Presse, revues et édition □ *Le Figaro*, publié en zone libre depuis le printemps 1940, cesse de paraître ; publication clandestine à Paris de la revue *Les Lettres françaises* ; création des Éditions de Minuit dans la clandestinité : Vercors y publie *Le Silence de la mer*.

Théâtre □ *Phèdre* à la Comédie-Française, mise en scène de Jean-Louis Barrault.

Chanson □ Maurice Chevalier à New York

Cinéma □ Jacques Becker, *Dernier Atout* ; Marcel Carné, *Les Visiteurs du soir* (avec Arletty) ; Henri-Georges Clouzot, *L'assassin habite au 21* (avec Pierre Fresnay, Suzy Delair) ; Jean Grémillon, *Lumière d'été* (dialogues de Laroche et Prévert, avec Pierre Brasseur, Madeleine Renaud) ; Marcel L'Herbier, *La Nuit fantastique* (avec Micheline Presle).

Radiodiffusion □ Fondation par Pierre Schaeffer du Studio d'essai, expérience pour trouver une « doctrine des émissions artistiques ».

1943

14-27 JANVIER ♦ Conférence d'Anfa, près de Casablanca : de Gaulle, Giraud, Roosevelt et Churchill.

30 JANVIER ♦ Fondation de la Milice.

2 FÉVRIER ♦ Les Allemands capitulent à Stalingrad.

16 FÉVRIER ♦ Le service du travail obligatoire (STO) est institué.

26 MARS ♦ Les trois principaux mouvements de zone libre, « Combat » de Henry Frenay, « Franc-tireur » de Jean-Pierre Lévy, « Libération-Sud » d'Emmanuel d'Astier de La Vigerie, fusionnent et créent les Mouvements unis de résistance (MUR). Extension des maquis.

5 AVRIL ♦ Blum, Daladier, Reynaud, Mandel et Gamelin sont livrés au Reich.

27 MAI ♦ Réunion du Conseil national de la Résistance (CNR), rue du Four à Paris.

30 MAI ♦ Charles de Gaulle à Alger. Le 3 juin : le Comité français de libération nationale (CFLN) est présidé à Alger par de Gaulle et Giraud.

18 JUIN ♦ Inauguration du nouveau poste de radio La Voix de la France libre, à Brazzaville.

19 JUIN ♦ Création de la *Suite en blanc* par Serge Lifar à Zurich avec le Ballet de l'Opéra de Paris, d'après la partition de *Namouna* d'Édouard Lalo.

21 JUIN ♦ Jean Moulin est arrêté à Caluire. Le 8 septembre, Georges Bidault lui succède à la présidence du CNR.

SEPTEMBRE ◆ *Le Chant des partisans* est publié dans la clandestinité (musique : Anna Marly, auteurs Joseph Kessel et Maurice Druon).

26 SEPTEMBRE ◆ Le guitariste Django Reinhardt se produit salle Pleyel.

2 OCTOBRE ◆ Giraud est éliminé de la coprésidence du CFLN.

5 OCTOBRE ◆ Libération de la Corse.

10 NOVEMBRE ◆ Sortie du film *Le Corbeau* d'Henri-Georges Clouzot.

18 DÉCEMBRE ◆ Pétain accepte les conditions posées par le Reich.

29 DÉCEMBRE ◆ Création des Forces françaises de l'intérieur (FFI).

⇨ Création de l'Institut français d'opinion publique (IFOP) et du Service national des statistiques ; débuts de l'expérience des prêtres ouvriers.

Littérature et essais □ Marcel Aymé, *Le Passe-Muraille* ; René Barjavel, *Ravage* ; Simone de Beauvoir, *L'Invitée* ; Jean Cocteau, *L'Éternel Retour* ; Antoine de Saint-Exupéry, *Le Petit Prince* (publié à New York) ; Elsa Triolet, *Le Cheval blanc* ; Alain, *Préliminaires à la mythologie* ; Maurice Blanchot, *Faux Pas* ; Jean-Paul Sartre, *L'Être et le Néant* ; Georges Bataille, *L'Expérience intérieure* ; Maurice Allais, *À la recherche d'une discipline économique* (synthèse sur la théorie microéconomique).

Mort de la philosophe Simone Weil.

Théâtre □ À la Comédie-Française, Jean-Louis Barrault crée *Le Soulier de satin* de Paul Claudel (Madeleine Renaud, Marie Bell, Aimé Clariond). C'est un triomphe.

Cinéma □ Création de l'IDHEC (Institut des hautes études cinématographiques). Claude Autant-Lara, *Douce* (avec Odette Joyeux, R. Pigaut, Marguerite Moreno) ; Jacques Becker, *Goupi Mains rouges* (avec F. Leroux) ; Robert Bresson, *Les Anges du péché* (avec R. Faure, J. Holt, M. H. Daste) ; Abel Gance, *Le Capitaine Fracasse*.

1944

JANVIER-MARS ◆ Marcel Déat, Joseph Darnand, Philippe Henriot au gouvernement : radicalisation du régime.

4 JANVIER ◆ Conférence de Brazzaville : le général de Gaulle promet plus d'autonomie pour les colonies.

21 FÉVRIER ◆ Exécution du groupe Manouchian, appartenant au mouvement de résistance la « Main-d'œuvre immigrée » (MOI).

21 AVRIL ◆ Une des ordonnances d'Alger accorde le droit de vote aux femmes françaises : elles votent dès 1945 aux élections municipales ; l'Union des femmes françaises promulgue la Charte des femmes.

26 AVRIL ◆ Accueil triomphal de Pétain à Paris.

7 MAI ◆ Festival de jazz salle Pleyel.

3 JUIN ◆ Le Gouvernement provisoire de la République française (GPRF) succède au CFLN et est fondé à Alger avec de Gaulle pour président (comprend deux ministres communistes).

6 JUIN ◆ Débarquement allié en Normandie.

9-10 JUIN ◆ Pendaisons de Tulle, massacre d'Oradour-sur-Glane par la division *Das Reich*.

16 JUIN ◆ À Bayeux, première ville de France libérée, accueil triomphal de Charles de Gaulle.

20 JUIN ◆ La Milice exécute l'ancien ministre Jean Zay.

28 JUIN ◆ La Résistance exécute Henriot.

5-7 JUILLET ◆ La Milice exécute Victor Basch et Georges Mandel.

21-23 JUILLET ◆ Les SS exterminent le maquis du Vercors.

15 AOÛT ◆ Les Américains et les Forces françaises libres de de Lattre de Tassigny débarquent en Provence.

18 AOÛT ◆ Fin du gouvernement de Vichy qui part le 20 vers Sigmaringen (Allemagne).

19-25 AOÛT ◆ Libération de Paris en deux temps : insurrection et arrivée, le 24, de la 2ᵉ division blindée du général Leclerc.

26 AOÛT ♦ Accueil triomphal de Charles de Gaulle à Paris, sur les Champs-Élysées.

SEPTEMBRE-DÉCEMBRE ♦ Organisation des cours spéciales de justice visant à l'épuration légale. Le Comité national des écrivains (CNE) publie une liste des auteurs suspects de collaboration.

27 NOVEMBRE ♦ Retour de M. Thorez, secrétaire général du PC français, à Paris (il a passé la guerre à Moscou).

DÉCEMBRE ♦ Reparution de la revue d'Emmanuel Mounier *Esprit*.

13 DÉCEMBRE ♦ Nationalisation des Houillères du Nord.

18 DÉCEMBRE ♦ Premier numéro du journal *Le Monde* (Hubert Beuve-Méry, directeur).

⇨ Ration quotidienne des Parisiens : 900 calories.

Littérature et essais □ Louis Aragon, *Aurélien* ; René Barjavel, *Le Voyageur imprudent* ; Albert Camus, *Caligula* et *Le Malentendu* ; Jean Cayrol, *Miroir de la rédemption* (poèmes écrits en détention) ; Roger Peyrefitte, *Les Amitiés particulières*.

Mort du poète Max Jacob, interné au camp de Drancy ; Antoine de Saint-Exupéry disparaît en mission.

Presse et revues □ Polémique entre François Mauriac et Albert Camus sur les excès de l'épuration concernant la presse et les écrivains dans *Le Figaro* et *Combat* ; heurté par ces mêmes excès Jean Paulhan démissionne des *Lettres françaises* ; exécution de Georges Suarez, ancien directeur politique du quotidien *Aujourd'hui*, condamné à mort pour intelligence avec l'ennemi.

Théâtre □ Jean Anouilh, *Antigone* ; Jean-Paul Sartre, *Huis clos*.

1945

JANVIER ♦ Robert Brasillach, rédacteur en chef de *Je suis partout*, est condamné à mort et exécuté ; Charles Maurras est condamné à la détention à perpétuité.

16 JANVIER ♦ Ordonnance nationalisant les usines Renault et Berliet.

4-12 JANVIER ♦ Conférence de Yalta. La France n'y est pas invitée.

18 FÉVRIER ♦ À l'Opéra, concert de l'orchestre de swing de Glenn Miller.

22 FÉVRIER ♦ Ordonnance instituant les comités d'entreprise (établissements de plus de 100 employés).

5 AVRIL ♦ Pierre Mendès France, en désaccord avec la politique économique et financière, démissionne.

8-10 MAI ♦ Répression des émeutes de Sétif et de Guelma en Algérie.

8 MAI ♦ L'Allemagne capitule, les troupes françaises entrent à Berchtesgaden.

16 MAI ♦ La France devient membre permanent du Conseil de sécurité de l'ONU.

29 MAI ♦ Gnome et Rhône, nationalisée, devient la SNECMA.

22 JUIN ♦ Création de l'École nationale d'administration (ENA), à l'initiative de Michel Debré et de Maurice Thorez. La première promotion, largement issue de la Résistance, porte le nom de « France combattante ».

18 JUILLET-2 AOÛT ♦ Conférence de Potsdam : la France obtient une zone d'occupation en Allemagne.

23 JUILLET-15 AOÛT ♦ Procès du maréchal Pétain ; condamné à mort, il est gracié et sa peine est commuée en détention à perpétuité.

6-8 AOÛT ♦ Bombe atomique sur Hiroshima, puis Nagasaki. Le Japon capitule le 2 septembre.

2 SEPTEMBRE ♦ Hô Chi Minh proclame l'indépendance du Vietnam.

4-9 OCTOBRE ♦ Procès de Pierre Laval, condamné à mort et exécuté le 15.

4-19 OCTOBRE ♦ Ordonnances créant la Sécurité sociale.

21 OCTOBRE ♦ Double scrutin : un référendum sur le changement de régime politique (96 % de « oui ») et élections de l'Assemblée constituante : PC, MRP et SFIO totalisent plus de 73 % des voix. Les Français se sont prononcés pour un renouvellement du régime, des hommes et des institutions.

OCTOBRE ♦ Premier numéro des *Temps modernes*, revue dirigée par Jean-Paul Sartre.

13 NOVEMBRE ♦ Le général de Gaulle est élu chef du Gouvernement provisoire (GPRF).

2 DÉCEMBRE ♦ Loi nationalisant la Banque de France, le Crédit Lyonnais, la Société générale, le Comptoir national d'escompte de Paris, la Banque nationale pour le commerce et l'industrie.

⇨ 40 300 000 Français recensés ; création du Commissariat à l'Énergie atomique (CEA) ; apparition sur le marché des bas en Nylon « indémaillables » ; création de l'Office national de l'immigration (ONI) dont le rôle est d'encourager une immigration contrôlée pour faire face aux besoins de main-d'œuvre de la reconstruction ; création à Paris de la Fondation nationale des sciences politiques (FNSP) ; l'École libre des sciences politiques devient l'Institut d'études politiques (IEP).

Littérature et essais □ Blaise Cendrars, *L'Homme foudroyé* ; Jean Cayrol, *Poèmes de la nuit et du brouillard* ; René Char, *Seuls demeurent* ; Léon Blum, *À l'échelle humaine* ; Albert Camus, *Lettres à un ami allemand* ; Jean-Paul Sartre, *Les Chemins de la liberté* (t. I, II) ; Arthur Koestler, *Le Zéro et l'Infini* (trad. française) ; Maurice Merleau-Ponty, *Phénoménologie de la perception*.

Mort de Paul Valéry.

Presse et revues □ Création du quotidien *La Croix* ; premier numéro de la revue *Critique* ; fondation du magazine *Elle* par Hélène Gordon-Lazareff (110 000 exemplaires en 1945, 1 million en 1960, 400 000 en 1992).

Danse □ Premiers ballets de Roland Petit.

Cinéma □ Robert Bresson, *Les Dames du bois de Boulogne* (dialogues de Jean Cocteau, avec Maria Casarès, Élina Labourdette, Paul Bernard...) ; Marcel Carné, *Les Portes de la nuit* ; René Clément, *La Bataille du rail* ; Jean Cocteau, *La Belle et la Bête*.

1946

JANVIER ♦ Création du Commissariat au Plan, confié à Jean Monnet.

20 JANVIER ♦ Démission du général de Gaulle, en désaccord avec le projet de Constitution.

24 JANVIER ♦ Charte du tripartisme (alliance de gouvernement entre les trois principaux partis : MRP, SFIO, PCF).

17 FÉVRIER ♦ « Festival franco-américain de jazz blanc et noir » salle Pleyel.

21 FÉVRIER ♦ Rétablissement de la loi des 40 heures (48 heures pendant la guerre).

MARS ♦ Les Antilles et la Guyane acquièrent le statut de départements français d'outre-mer (DOM) et feront partie de l'Union française.

6 MARS ♦ Accords Sainteny-Hô Chi Minh prévoyant l'autonomie du Vietnam.

13 MARS ♦ Création de la Fédération nationale des syndicats d'exploitants agricoles (FNSEA).

AVRIL ♦ En Algérie, Ferhat Abbas fonde l'Union démocratique du manifeste algérien (UDMA).

8 AVRIL ♦ Nationalisation des compagnies de l'électricité et du gaz : création d'EDF et GDF.

13 AVRIL ♦ La loi Marthe Richard interdit les « maisons closes ».

25 AVRIL ♦ Nationalisation des grandes compagnies d'assurances et des Houillères. Le 17 mai, une loi crée les Charbonnages de France.

MAI ♦ Premier Festival de cinéma de Cannes.

5 MAI ♦ 53 % de « non » au référendum sur la Constitution.

18 MAI ♦ Création de l'Institut national de la recherche agronomique (INRA).

28 MAI ♦ Accords Léon Blum-Byrnes : annulation des dettes françaises, nouveau prêt américain, ouverture du marché français aux produits américains. Parallèlement : politique volontariste de subventions pour les produits français (1953 et 1959) et surtout pour le cinéma.

2 JUIN ♦ Élection d'une seconde Assemblée constituante, 28 % des voix au MRP, stabilité communiste, recul socialiste, succès pour l'UDMA (Union démocratique du manifeste algérien) de Ferhat Abbas.

12 JUIN ♦ Création du Conseil national du patronat français (CNPF).

16 JUIN ♦ « Discours de Bayeux », de de Gaulle.

25 JUIN ♦ Au Théâtre des Champs-Élysées, création du ballet *Le Jeune Homme et la Mort* par Roland Petit avec J. Babilée et N. Philippart (d'après la *Passacaille en do mineur* de Jean-Sébastien Bach, argument de Jean Cocteau, décors de G. Wakhevitch).

29 JUILLET-3 AOÛT ♦ Hausse des salaires de 18 %, du traitement des fonctionnaires de 25 %.

6 AOÛT ET 12 SEPTEMBRE ♦ Lois sur les prestations familiales et sur l'assurance vieillesse.

13 OCTOBRE ♦ Constitution de la IVe République, référendum la ratifiant (53 % de oui, plus de 30 % d'abstentions) et création de l'Union française (pour les colonies).

23 OCTOBRE ♦ Messali Hadj fonde le Mouvement pour le triomphe des libertés démocratiques (MTLD) à Paris.

23 NOVEMBRE ♦ La marine française bombarde le port d'Haïphong : début de la guerre d'Indochine.

27 NOVEMBRE ♦ Plan Monnet de modernisation et d'équipement, financements publics grâce à la Caisse des dépôts (F. Bloch-Lainé).

12 DÉCEMBRE ♦ Gouvernement Léon Blum. Jules Moch, ministre de l'Intérieur, fonde les compagnies républicaines de sécurité (CRS).

17 DÉCEMBRE ♦ Diffusion du premier bulletin de météorologie à la télévision.

23 DÉCEMBRE ♦ Loi sur les conventions collectives.

➪ Abolition du travail forcé dans les colonies ; 6 millions d'ouvriers (1/3 de la population active) ; la Constitution prévoit que les femmes ont des droits égaux à ceux des hommes ; loi Ambroise Croizat : « Aucune distinction ne peut être faite entre les deux sexes pour le recrutement aux emplois de l'État » ; Salon de l'automobile : la Régie Renault présente la 4 CV (jusqu'en 1961 : 1 105 000 4 CV seront produites) ; Lucien Rebatet et Pierre-Antoine Cousteau, anciens rédacteurs de *Je suis partout*, sont condamnés à mort. Ils sont graciés en 1947.

Littérature et essais □ Romain Gary, *Éducation européenne* ; Joseph Kessel, *L'Armée des ombres* ; Jacques Prévert, *Histoires* et *Paroles* ; Boris Vian, *J'irai cracher sur vos tombes* ; Albert Camus, *Ni victimes, ni bourreaux* ; Louis Aragon, *L'Homme communiste* ; Simone de Beauvoir, *Tous les hommes sont mortels* ; David Rousset, *L'Univers concentrationnaire* ; Jean-Paul Sartre, *L'existentialisme est un humanisme*.

Théâtre □ Jean Cocteau, *L'Aigle à deux têtes*.

Chanson □ Yves Montand, *Les Feuilles mortes*.

Cinéma □ René Clément, *Les Maudits*.

1947

2 JANVIER ♦ Baisse autoritaire de tous les prix de 5 %. Le 24 février : seconde baisse.

16 JANVIER ♦ Vincent Auriol, SFIO, élu président de la République ; les socialistes sont alors à la tête des grandes institutions.

MARS ♦ Doctrine Truman : début de la « guerre froide ».

22 MARS ♦ Les députés communistes s'abstiennent sur le vote des crédits militaires pour l'Indochine.

29-30 MARS ♦ Insurrection à Madagascar, répression sanglante (80 000 morts).

7 AVRIL ♦ À Strasbourg, le général de Gaulle annonce la création du parti du Rassemblement du peuple français (RPF).

30 AVRIL-4 MAI ♦ Crise ministérielle : les ministres communistes désapprouvent la politique de blocage des salaires. Ils refusent de voter la question de confiance. Paul Ramadier, président du Conseil, les renvoie alors du gouvernement.

JUIN-OCTOBRE ♦ Crise sociale avec d'importantes grèves dans les entreprises publiques, chez Citroën, dans les grands magasins, la métallurgie, la presse.

17 JUIN ♦ La France et la Grande-Bretagne acceptent le plan Marshall d'aide à l'Europe pour la reconstruction.

1ᵉʳ AOÛT ♦ Accord CGT-CNPF, hausse des salaires de 11 %.

27 AOÛT ♦ L'Assemblée nationale vote une loi-cadre pour l'Algérie : « groupe de départements dotés de la personnalité civile, de l'autonomie financière et d'une organisation particulière ».

1ᵉʳ SEPTEMBRE ♦ Statut de l'Algérie : droit de vote accordé aux Algériens mais instauration de deux collèges électoraux, l'un « européen », l'autre « musulman ».

OCTOBRE-NOVEMBRE ♦ Jean-Paul Sartre fait une série d'émissions intitulée « Les Temps modernes » sur la Chaîne parisienne.

20 OCTOBRE ♦ Élections municipales en Algérie, victoire des candidats du MTLD de Messali Hadj.

19 NOVEMBRE ♦ Démission du gouvernement Paul Ramadier en raison des grèves.

22 NOVEMBRE ♦ Gouvernement Schuman (MRP), de la « Troisième Force » avec les radicaux et la SFIO.

NOVEMBRE-DÉCEMBRE ♦ Grandes grèves, à l'issue desquelles s'opère l'éclatement de la CGT. Léon Jouhaux fonde Force ouvrière, avec la devise « Un syndicat, pas un parti »

pour marquer son opposition à la politique de la CGT, étroitement liée à celle du Parti communiste. Fondation de la Fédération de l'éducation nationale (FEN), indépendante (23 mars 1948).

⇨ Germaine Poinso-Chapuis, première femme ministre en France, à la Santé publique et à la Population (le gouvernement du Front populaire avait, en 1936, trois femmes secrétaires d'État) ; création de l'école de voile des Glénans pour permettre aux enfants de milieux défavorisés de s'initier à la voile.

Littérature et essais □ Albert Camus, *La Peste* ; Jean Cayrol, *Je vivrai l'amour des autres* (trilogie 1947-1950) ; Boris Vian, *L'Écume des jours* ; Robert Antelme, *L'Espèce humaine* (son expérience des camps de concentration) ; Jean-Paul Sartre, *Qu'est-ce que la littérature* ; Maurice Merleau-Ponty, *Humanisme et Terreur* ; première publication du *Journal* d'Anne Frank ; Jules Isaac, *Jésus et Israël*, 1946-1947 (livre qui inspire la Charte de Selisberg [1947] et fonde l'Amitié judéo-chrétienne [1948]).

André Gide, prix Nobel de littérature.

Presse et revues □ Albert Camus quitte la direction de *Combat*.

Théâtre □ Jean Genet, *Les Bonnes*, mise en scène de Louis Jouvet ; Jean Vilar fonde le Festival d'Avignon.

Musique □ Paul Le Flem, *La Magicienne de la mer* (légende lyrique).

Arts plastiques □ Pierre Soulages, premières œuvres abstraites ; Giacometti : *l'homme qui marche* ; Le Corbusier, les « unités d'habitation » de Marseille.

Cinéma □ Claude Autant-Lara, *Le Diable au corps* d'après Raymond Radiguet (avec Gérard Philipe, Micheline Presle) ; Jacques Becker, *Antoine et Antoinette* ; Marcel Carné, *Les Portes de la nuit* ; René Clair, *Le silence est d'or* ; Jean Delannoy, *La Symphonie pastorale* ; Henri-Georges Clouzot, *Quai des orfèvres* ; Jacques Tati, *Jour de fête*.

1948

25-30 JANVIER ♦ Dévaluation du franc de 80 %, retour à la liberté de l'or, marché libre des changes.

20 ET 22 FÉVRIER ♦ Le trompettiste Dizzy Gillespie, un des plus grands représentants du style be-bop, se produit salle Pleyel, puis le 3 mars à Lyon.

28 FÉVRIER ♦ Création du Rassemblement démocratique révolutionnaire (RDR) : Jean-Paul Sartre, David Rousset, Jean Ferniot, Roger Stéphane…

17 MARS ♦ La signature du traité de Bruxelles (France, Grande-Bretagne, Benelux) fonde l'Union occidentale.

4 ET 11 AVRIL ♦ Élections en Algérie en application du statut (2 collèges électoraux, chacun élisant 60 membres). Les pressions exercées par l'armée et l'administration françaises assurent le succès des candidats officiels.

12 AVRIL ♦ Congrès constitutif de la CGT-FO : Léon Jouhaux, président.

14 MAI ♦ Proclamation de l'État d'Israël.

2 JUIN ♦ Ballet sur un livret de Jean Genet au Théâtre Marigny, créé par Roland Petit et les Ballets de Paris avec Janine Charrat (chorégraphe) : *Adame miroir* (musique de Darius Milhaud, décors de P. Delvaux).

5 JUIN ♦ Accord de la baie d'Along sur l'Indochine ; la France choisit de soutenir l'ancien empereur Bao Dai.

JUILLET ♦ Duke Ellington salle Pleyel avec la chanteuse Kay Davis, Ray Nance, et le trio britannique de Malcolm Mitchell.

JUILLET ♦ Guy Mollet élu à la tête de la SFIO

25 JUILLET ♦ L'arrivée du Tour de France est donnée par la télévision en direct depuis le Parc des Princes.

1ᵉʳ SEPTEMBRE ♦ Loi sur les loyers

11 SEPTEMBRE ♦ Gouvernement Henri Queuille, soutenu par tous les partis sauf le PC.

OCTOBRE ♦ Au Salon de l'automobile : succès de la 4 CV Renault, présentation de la 2 CV de Citroën.

OCTOBRE ♦ Grandes grèves dans le bassin houiller du Nord (Louis Daquin leur consacre un film : *Le Point du jour*).

4 OCTOBRE ♦ Deux députés malgaches sont condamnés à mort.

25 OCTOBRE ♦ Accord de Paris sur le pacte de l'Atlantique nord.

10 DÉCEMBRE ♦ ONU : Déclaration universelle des droits de l'homme, inspirée par René Cassin.

15 DÉCEMBRE ♦ Zoé, première pile atomique française.

Littérature et essais □ Michel Leiris, *Biffures* ; Raymond Aron, *Le Grand Schisme* ; Albert Soboul, *La Révolution française*.

Presse et revues □ François Mauriac fonde *La Table ronde*, revue littéraire par des intellectuels de droite dans un contexte de guerre froide ; premier numéro de *La Nouvelle Critique*.

Théâtre □ Jean-Paul Sartre, *Les Mains sales* au Théâtre Antoine.

Musique □ Le premier festival de jazz au monde est organisé à Nice avec, entre autres, le All Stars de Louis Armstrong, Lucky Thompson, Stéphane Grappelli, Django Reinhardt, Claude Luter.

Arts plastiques □ Jean Dubuffet (qui a commencé à exposer en 1944) crée, avec André Breton, et Jean Paulhan, la « Compagnie de l'art brut » qui réunit « des productions présentant un caractère spontané et fortement inventif, […] et ayant pour auteurs des personnes obscures, étrangères aux milieux artistiques professionnels » ; Fernand Léger, *Les Loisirs*.

Cinéma □ Yves Allégret, *Une si jolie petite plage* ; Jean Cocteau, *Les Parents terribles*.

Sports □ Marcel Cerdan, champion du monde de boxe, poids moyens, contre l'Américain Tony Zale.

1949

JANVIER-AVRIL ◆ Fin du rationnement du pain, des corps gras, du lait, du chocolat. Le 31 mars, l'essence est en vente libre.

24 JANVIER ◆ *Les Lettres françaises* en procès (jusqu'au 4 avril) contre Kravchenko (*J'ai choisi la liberté*) qui affirme l'existence des camps en URSS. Kravchenko dénonce *Les Lettres françaises* qui doutaient de l'authenticité de son témoignage sur les camps soviétiques et gagne son procès pour diffamation. Ce procès a suscité le premier débat en France sur le système concentrationnaire de l'Union soviétique stalinienne.

4 FÉVRIER ◆ La Radiodiffusion française (RDF), créée par décret en avril 1944 par le Comité français de Libération nationale, devient la Radiodiffusion-Télévision française (RTF).

20-25 AVRIL ◆ Congrès mondial du Mouvement de la paix à Paris (pour lequel Picasso a peint *La Colombe de la paix*). Y est décerné le prix Staline de la paix.

8 MAI ◆ Constitution de la République fédérale d'Allemagne : Adenauer est le premier chancelier.

8-15 MAI ◆ Salle Pleyel : Festival international de jazz de Paris organisé par Charles Delaunay avec, à l'affiche, Charlie Parker, Sidney Bechet, Tadd Dameron, Miles Davis, Kenny Clarke, etc.

JUIN ◆ Wladimir Porché pose la première pierre d'Épron, village de Normandie détruit à 90 % par la guerre et qui devient, une fois reconstruit grâce aux dons des auditeurs qui ont répondu à l'appel de Francis Bernard et de Jean Nohain, le « village de la radio ».

29 JUIN ◆ Premier journal télévisé, présenté par Pierre Sabbagh.

27 JUILLET ◆ La France adhère au Pacte atlantique.

30 JUILLET ◆ Loi instaurant une redevance sur les récepteurs de télévision.

19 SEPTEMBRE ◆ Le franc est dévalué de 22,4 %.

OCTOBRE ◆ À la télévision : début, le dimanche matin, des émissions religieuses. *Les Découvertes de Télévisius*, premier feuilleton destiné à un jeune public.

1er OCTOBRE ◆ Création de la République populaire de Chine.

⇨ Première femme pasteur, Élisabeth Schmidt ; Christian Dior lance le style *new-look* (longueur des jupes au genou).

Littérature et essais □ Simone de Beauvoir, *Le Deuxième Sexe* (« On ne naît pas femme, on le devient ») : scandale dès sa parution ; Louis Aragon, *Les Communistes* ; Maurice Blanchot, *La Part du feu* ; Jean Genet, *Journal d'un voleur* ; E. M. Cioran, *Précis de décomposition* ; Emmanuel Levinas, *De l'existence à l'existant*.

Presse et revues □ Création de *Paris-Match* ; fondation de *Socialisme ou barbarie*, revue de Claude Lefort et Cornelius Castoriadis.

Théâtre □ Albert Camus, *Les Justes*. Mort de Jacques Copeau.

Arts plastiques □ Henri Matisse, chapelle des dominicains à Vence ; Jean Dubuffet, *L'Art brut préféré aux arts culturels* (essai).

Cinéma □ Yves Allégret, *Manèges* ; Jean Cocteau, *Orphée* ; Louis Daquin, *Le Point du jour* ; J.-P. Melville, *Le Silence de la mer* ; M. Pagliero, *Un homme marche dans la ville* ; Georges Franju, *Le Sang des bêtes* (documentaire).

Télévision □ Apparition des premières speakerines à la télévision : Jacqueline Joubert, Arlette Accart (recrutées par concours) ; Maïté Célérier de Sanois réalise le premier magazine féminin à la télévision : « Puisque vous êtes ».

1950

22 JANVIER ◆ Georges Hourdin crée l'hebdomadaire *Radio-Cinéma-Télévision*, ancêtre de *Télérama*.

28 JANVIER ◆ Le Vietnam, le Laos et le Cambodge deviennent des États de l'Union française.

11 FÉVRIER ◆ Adoption du SMIG (salaire minimum interprofessionnel garanti).

30 MARS ◆ Mort de Léon Blum.

31 MARS ◆ Début de l'« affaire des généraux » : les rapports ultra-secrets du chef d'état-major de l'armée sur la situation en Indochine sont saisis chez des Viêt-minh à Paris, sans que l'on puisse établir avec certitude d'où viennent les « fuites ». C'est le début d'un immense scandale. Le 28 novembre, Jules Moch comparaît devant l'Assemblée.

28 AVRIL ◆ F. Joliot-Curie, communiste, est révoqué de son poste de haut commissaire à l'Énergie atomique, en raison de ses déclarations publiques au congrès du PCF : en tant que savant, il ne participerait pas à la préparation d'une guerre contre l'Union soviétique.

9 MAI ◆ Plan Schuman pour un « pool charbon-acier » européen.

14 JUIN ◆ Création par Serge Lifar (avec T. Toumanova) du ballet *Phèdre* à l'Opéra de Paris : livret et décors de Jean Cocteau, musique de Georges Auric.

25 JUIN ◆ Début de la guerre de Corée. Premier conflit ouvert de la guerre froide. (L'intervention est décidée à l'ONU, grâce à l'absence de l'URSS qui pratiquait alors la politique de « la chaise vide » pour protester contre le refus de remplacer au Conseil de sécurité la Chine de Taiwan par la République populaire, proclamée le 1ᵉʳ octobre 1949.) Le 23 août, la France envoie un bataillon en Corée.

10 OCTOBRE ◆ Allongement de la durée du service militaire à dix-huit mois.

17 OCTOBRE ◆ Henri Martin, officier marinier communiste, refuse de combattre en Indochine et est mis aux arrêts ; le PCF dénonce la « sale guerre » d'Indochine et réclame la libération du prisonnier.

26 OCTOBRE ◆ Projet Pleven de « Communauté européenne de défense » (CED). Il entraîne des débats houleux.

⇨ Fondation du Club Méditerranée par Georges Blitz (repris en 1954 par Gilbert Trigano) ; Maurice Herzog atteint le sommet de l'Annapurna.

Littérature, presse et revues □ Roger Nimier, *Le Hussard bleu* ; de jeunes romanciers se réclamant de la droite, Michel Déon, Antoine Blondin, Bernard Frank, prendront, en référence au livre, le nom de « hussards » ; fondation par Claude Bourdet et Gilles Martinet de *L'Observateur*, qui deviendra *France-Observateur* puis *Le Nouvel Observateur* ; fondation de la revue *Preuves*, par des intellectuels appartenant à la droite libérale.

Théâtre □ Eugène Ionesco : *La Cantatrice chauve* (parodie du théâtre de boulevard) est jouée la plupart du temps dans le même théâtre parisien, la Huchette, au quartier Latin.

Arts plastiques □ La chapelle d'Assy décorée par Rouault, Matisse, Léger, Lurçat ; Le Corbusier, chapelle Notre-Dame de Ronchamp.

Cinéma □ Robert Bresson, *Le Journal d'un curé de campagne* ; Marcel Carné, *Juliette ou la Clé des songes* ; André Cayatte, *Justice est faite* ; Max Ophuls, *La Ronde*.

1951

5 JANVIER ◆ Vote d'une loi d'aministie pour les collaborateurs de la Seconde Guerre mondiale.

19 FÉVRIER ◆ Le commandement de l'OTAN, le SHAPE (*Supreme Headquarter of Allied Powers in Europe*), s'installe en France et, le 20 mars, le général Juin devient commandant en chef de la zone « Centre-Europe ».

23-25 FÉVRIER ◆ La France favorise la dissidence du Glaoui de Marrakech contre le sultan.

AVRIL ◆ André Bazin, Jacques Doniol-Valcroze et Joseph-Marie Lo Duca fondent *Les Cahiers du cinéma*, revue qui invente littéralement la critique moderne de cinéma.

18 AVRIL ◆ Traité de Paris fondant la Communauté européenne du charbon et de l'acier (CECA).

JUIN ◆ La RTF affecte un studio spécialement équipé aux travaux du Groupe de recherches de musique concrète. Les recherches de Pierre Schaeffer, Pierre Henry, Pierre Boulez et Olivier Messiaen donnent lieu à de nombreux concerts et émissions radiophoniques tant en France qu'à l'étranger.

17 JUIN ◆ La Troisième Force remporte les élections législatives grâce à la loi sur les apparentements (du 7 mai), mais le PC et le RPF totalisent 48,6 % des voix.

8-15 AOÛT ◆ Mémorandum du sultan du Maroc à Vincent Auriol, réclamant plus d'autonomie.

10 AOÛT ◆ Loi Barangé : allocation pour tout enfant scolarisé.

12 AOÛT ◆ Gouvernement Pleven, sans participation socialiste.

20 AOÛT ◆ Adoption de l'échelle mobile des salaires.

18 OCTOBRE ◆ À la radio, première émission de « La tribune de l'histoire » animée par Alain Decaux, André Castelot et Claude Colin-Simard.

1er NOVEMBRE ◆ Léon Jouhaux, prix Nobel de la paix.

1er-16 NOVEMBRE ◆ Hausse de 22 % du prix de l'acier, de l'essence, des produits agricoles, du taux d'escompte de la Banque de France.

13 DÉCEMBRE ◆ Plan Schuman de modernisation et d'équipement pour 1952-1956 et ratification de la CECA malgré l'opposition des gaullistes et des communistes.

19 DÉCEMBRE ◆ Le gaz jaillit à Lacq, dans le Sud-Ouest.

26 DÉCEMBRE ◆ Le général Juin somme le sultan du Maroc de désavouer les indépendantistes de l'Istiqlal. P. Mendès France critique la guerre d'Indochine.

⇨ Sondage de l'IFOP : 85 % des Français se disent catholiques ; Jacqueline Auriol, record de vitesse en avion ; apparition sur le marché français des premiers microsillons longue durée.

Littérature et essais □ Albert Camus, *L'Homme révolté* ; Jean Cocteau, *Morphée* ; Marguerite Duras, *Un barrage contre le Pacifique* ; Jean Giono, *Le Hussard sur le toit* ; André Malraux, *Les Voix du silence* ; Marguerite Yourcenar, *Mémoires d'Hadrien* ; Raymond Aron, *La Philosophie critique de l'histoire*.

Mort d'André Gide et du philosophe Alain.

Théâtre □ Jean Vilar est nommé directeur du Théâtre national populaire (TNP), installé au palais de Chaillot ; mort de Louis Jouvet.

Arts plastiques □ Salvador Dali, *Le Christ de saint Jean de la Croix*.

Cinéma □ Claude Autant-Lara, *L'Auberge rouge* ; Jacques Becker, *Casque d'or* ; Christian-Jaque, *Fanfan la Tulipe* (avec G. Philipe) ; René Clément, *Jeux interdits* ; Jacques Tati, *Les Vacances de Monsieur Hulot*.

Télévision □ Catherine Langeais speakerine de la télévision.

1952

18 JANVIER-2 FÉVRIER ♦ Crise tunisienne : grèves, émeutes (Bizerte), répression par l'armée (200 morts), arrestation de Habib Bourguiba, chef du Neo-Destour, qui est relégué à l'île de Ré, et de plusieurs leaders nationalistes : le bey de Tunis demande l'arbitrage de l'ONU ; violente réaction du gouvernement français.

6 MARS ♦ Investiture d'Antoine Pinay, premier gouvernement de droite depuis la guerre.

14 MARS ♦ Nouveau mémorandum du sultan du Maroc au gouvernement français (le premier en août 1951) pour réclamer plus d'autonomie.

20 MAI ♦ Vote de l'emprunt Pinay : 3,5 %, indexé sur l'or, avec des exonérations fiscales ; immense succès : à sa clôture en juillet, 428 milliards de francs ont été versés.

23 MAI ♦ Interdiction de la manifestation prévue par le PCF pour protester contre l'arrivée en France du général Ridgway, ancien commandant des forces de l'ONU en Corée, qui succède à Eisenhower au commandement de l'OTAN. Les communistes maintiennent la manifestation du 28 mai ; la police réprime avec violence : 1 mort, 230 blessés et 718 arrestations dont celle du dirigeant communiste Jacques Duclos, qui n'est libéré que le 1er juillet.

27 MAI ♦ Signature à Paris du traité créant la Communauté européenne de défense (CED).

29 JUIN-3 JUILLET ♦ Loi-programme sur le développement de l'énergie atomique et l'armement atomique (plan quinquennal de 40 milliards de francs, 2 piles atomiques, une usine d'extraction du plutonium) : 518 voix pour, 100 contre (PC).

19 OCTOBRE ♦ La France refuse que l'ONU discute de la Tunisie et du Maroc.

25 OCTOBRE ♦ Inauguration du barrage de Donzère-Mondragon par Vincent Auriol.

1er NOVEMBRE ♦ Bombe H américaine.

22 NOVEMBRE ♦ Code du travail pour l'outre-mer.

7 DÉCEMBRE ♦ André Marty et Charles Tillon sont exclus du Parti communiste.

7-8 DÉCEMBRE ♦ Émeutes violemment réprimées à Casablanca.

23 DÉCEMBRE ♦ Attaqué sur sa politique étrangère et économique, A. Pinay démissionne.

⇨ Premier accouchement sans douleur à la clinique des Bluets, à Paris (remboursé par la Sécurité sociale en 1960).

Littérature et essais □ Jean-Paul Sartre, *Saint Genet, comédien et martyr* ; Georges Canguilhem, *La Connaissance de la vie* ; Jean Dutour, *Au bon beurre* ; Frantz Fanon, *Peau noire, masques blancs* (analyse par un psychiatre martiniquais du racisme et de l'aliénation du Noir colonisé).

Mort de Paul Eluard ; le Vatican met à l'index toutes les œuvres d'André Gide.

Théâtre □ Samuel Beckett, *En attendant Godot*.

Musique □ Pierre Boulez crée à Paris ses *Structures I*, pour deux pianos ; Dizzy Gillespie enregistre à Paris avec un ensemble à cordes de l'orchestre de l'Opéra de Paris ; aux États-Unis, expériences sur les procédés de composition aléatoire menées par John Cage et Merce Cunningham.

Arts plastiques □ Matisse, *Les Nus bleus* ; Picasso, *La Guerre et la Paix*.

Cinéma □ André Cayatte, *Nous sommes tous des assassins* ; René Clair, *Les Belles de nuit* ; Henri-Georges Clouzot, *Le Salaire de la peur* (avec Yves Montand) ; Marcel Pagnol, *Manon des sources*.

1953

12 JANVIER-13 FÉVRIER ◆ À Bordeaux, procès des responsables du massacre d'Oradour-sur-Glane. Les accusés sont condamnés à mort ou à de lourdes peines de prison.

14 JANVIER ◆ Plan Courant pour la construction qui permet aux ménages à revenus modestes d'accéder à la propriété.

FÉVRIER ◆ Le groupe Hachette lance « Le Livre de poche » et les premiers titres sont des « auteurs Gallimard » : Pierre Benoit, *Kœnigsmark*, A. de Saint-Exupéry, *Vol de nuit*.

10 FÉVRIER ◆ Ouverture du Marché commun du charbon, du minerai de fer et de la ferraille établi par la CECA.

5 MARS ◆ Mort de Staline. Le 6, *L'Humanité*, en hommage, publie son portrait par Picasso ; l'œuvre, jugée irrespectueuse, est immédiatement condamnée par le Parti communiste.

11-13 MARS ◆ Loi d'amnistie et suppression de la Haute Cour de justice.

AVRIL ◆ Devant les urgences du logement, plan « Habitations à loyer modéré » (HLM).

25 AVRIL ◆ Dans *Nature* (revue scientifique britannique), deux chercheurs, James D. Watson et Francis H. Crick, rapportent avoir mis au jour la structure de l'ADN (acide désoxyribonucléique), molécule qui joue un rôle essentiel dans la transmission de l'information génétique.

MAI ◆ Création de l'organisme de crédit à l'équipement ménager Cétélem.

14 MAI ◆ Premier numéro de *L'Express* fondé par Françoise Giroud et Jean-Jacques Servan-Schreiber.

26 MAI ◆ Le général de Gaulle met un terme au RPF (après son recul aux municipales) ; les parlementaires gaullistes fondent l'Union des républicains d'action sociale (URAS).

JUIN ◆ Scission à la Société psychanalytique de Paris (SPP) : D. Lagache, Françoise Dolto, Favez-Boutonnier, Jacques Lacan créent la Société française de psychanalyse (SFP).

JUIN ◆ Affaire Finaly : les deux enfants juifs élevés pendant la guerre par des catholiques, lesquels n'acceptaient pas de les rendre, sont remis, par décision de justice, à leur famille.

2 JUIN ◆ Retransmission en direct à la télévision du couronnement de la reine d'Angleterre, Élisabeth II, commenté par Léon Zitrone. C'est le début de l'Eurovision.

JUILLET ◆ Violentes manifestations paysannes dans le Midi.

JUILLET ◆ Le Tour de France a cinquante ans. Pour la première fois, il est suivi par hélicoptère.

22 JUILLET ◆ Pierre Poujade, papetier à Saint-Céré (Lot), lance un mouvement populiste et antiparlementaire contre l'impôt qui devient le poujadisme. Le 29 novembre, il fonde l'Union de défense des commerçants et des artisans (UDCA).

AOÛT ◆ La grève déclenchée dans les PTT par le syndicat Force ouvrière gagne les transports et de nombreux services publics (SNCF, mineurs, EDF-GDF). Près d'un quatre millions de grévistes. Le plus important mouvement populaire en France depuis 1936.

AOÛT ◆ Paul Carpita, dans *Le Rendez-vous des quais*, filme la grève des dockers de Marseille contre la guerre d'Indochine.

7 AOÛT ◆ Grève générale des services publics qui dure jusqu'au 25 août.

20 AOÛT ◆ Au Maroc, Moulay ben Arafa remplace le sultan Sidi Mohammed que les autorités françaises ont déposé.

OCTOBRE ◆ Présentation des premiers microfilms au Salon de l'équipement du bureau.

20 OCTOBRE ◆ Le Parti communiste et les intellectuels prennent position en faveur d'Henri Martin, marin communiste, insoumis en Indochine et condamné à cinq ans de prison en octobre 1950 et juillet 1951 ; l'opinion publique cependant se passionne peu pour cette guerre trop lointaine et menée uniquement par des soldats de métier.

20 OCTOBRE ♦ Première émission télévisée de « La séquence du spectateur ».

20 NOVEMBRE ♦ Occupation de Diên Biên Phu par les troupes françaises (Indochine).

23 DÉCEMBRE ♦ René Coty, président de la République : les débats précédant l'élection sont retransmis en direct à la télévision.

Littérature et essais □ Alain Robbe-Grillet, *Les Gommes* ; Boris Vian, *L'Arrache-Cœur* ; Roland Barthes, *Le Degré zéro de l'écriture* (articles 1947-1950) ; Gilles Deleuze, *Empirisme et Subjectivité* ; Lucien Febvre, *Combats pour l'histoire* (recueil d'articles) ; Maurice Merleau-Ponty, *Éloge de la philosophie*.

Presse et revues □ Jean Paulhan et M. Arland lancent *La Nouvelle Nouvelle Revue française*.

Théâtre □ Roger Planchon ouvre à Lyon le Théâtre de la Comédie.

Musique □ Mort de Django Reinhardt.

Cinéma □ Sacha Guitry, *Si Versailles m'était conté* ; L. Joannon, *Le Défroqué*.

Radiodiffusion □ Agathe Mella, directrice de France Inter.

1954

1er JANVIER ♦ Le journal télévisé est fixé à 20 heures. En juin : 1 % des ménages possèdent un téléviseur.

1er FÉVRIER ♦ Appel de l'abbé Pierre à la population parisienne pour préserver les sans-logis de la vague de froid. Le 23 mars, création de l'organisation humanitaire Emmaüs.

19 FÉVRIER ♦ À l'Olympia, Georges Brassens avec Sidney Bechet et Claude Luter.

MARS ♦ Création du tiercé.

MARS ♦ Françoise Sagan, *Bonjour tristesse* : succès et scandale.

AVRIL ♦ Loi instituant la taxe à la valeur ajoutée (TVA).

MAI ♦ Premier passage de Léo Ferré à l'Olympia : *Paris-canaille*.

MAI-JUIN ♦ Émeutes violentes en Tunisie et au Maroc.

7 MAI ♦ Chute de Diên Biên Phu (bataille qui a duré trois mois). Les Français ont perdu la guerre d'Indochine.

18 JUIN ♦ Investiture de Pierre Mendès France (419 voix pour dont 99 PC, 47 contre, 143 abstentions). Le 26 juin : début des causeries de Pierre Mendès France. La dernière aura lieu le 29 janvier 1955.

10 JUILLET ♦ En Algérie, fondation du Comité révolutionnaire d'unité et d'action (CRUA) pour unir le mouvement nationaliste et mener l'insurrection armée.

20-21 JUILLET ♦ Accords de Genève : fin de la guerre d'Indochine et indépendance du Vietnam, du Laos, du Cambodge.

31 JUILLET ♦ La Tunisie obtient l'autonomie interne. Discours de Pierre Mendès France qui annonce à Carthage l'indépendance de la Tunisie.

3 AOÛT ♦ Colette décédée est enterrée civilement car l'archevêque de Paris, Mgr Feltin, refuse d'absoudre la romancière pour sa conduite jugée choquante.

10 AOÛT ♦ Pierre Mendès France obtient des pouvoirs économiques spéciaux.

30-31 AOÛT ♦ Rejet de la Communauté européenne de défense (CED) par l'Assemblée nationale. D. Mayer, J. Moch, M. Lejeune, opposés au projet, sont exclus de la SFIO.

SEPTEMBRE ♦ Création de la Fédération nationale d'achats des cadres (FNAC).

SEPTEMBRE ♦ Jean Guitton, élu à la chaire de philosophie à la Sorbonne, est chahuté par les étudiants à cause de ses opinions pétainistes.

OCTOBRE ♦ *Marie-Claire*, magazine féminin, devient mensuel (formule hebdomadaire interrompue en 1941).

21 OCTOBRE ♦ Juliette Gréco à Bobino : *Si tu t'imagines*.

1er NOVEMBRE ♦ Insurrection, en Algérie, dans les Aurès : « Toussaint sanglante ». Le Front de libération nationale (FLN) commet une série d'attentats et revendique l'indépendance : début de la guerre d'indépendance en Algérie.

3 NOVEMBRE ◆ Mort du peintre Henri Matisse.

12 NOVEMBRE ◆ Pierre Mendès France crée un ministère de la Jeunesse (A. Moynet).

12 NOVEMBRE ◆ Débat sur l'Algérie à l'Assemblée nationale. François Mitterrand déclare : « L'Algérie, c'est la France. »

28 NOVEMBRE ◆ Début du procès de G. Dominici, paysan de soixante-dix-sept ans, meurtrier présumé de la famille Drummond. Il sera condamné à mort, puis gracié, mais l'affaire ne sera jamais vraiment élucidée.

DÉCEMBRE ◆ Mesures de Pierre Mendès France pour lutter contre l'alcoolisme (réduction des privilèges des bouilleurs de cru).

6 DÉCEMBRE ◆ Prix Goncourt : Simone de Beauvoir, *Les Mandarins*.

⇨ L'inflation ralentit pour la première fois depuis 1945.

Littérature et essais □ Albert Cohen, *Le Livre de ma mère* ; Mongo Beti (Eza Boto), *Ville cruelle* ; Roland Barthes, *Michelet par lui-même* ; René Rémond, *La Droite en France, de 1815 à nos jours. Continuité et diversité d'une tradition politique* ; Général Charles de Gaulle, *Mémoires de guerre*, t. I, *L'Appel (1940-1942)*.

Théâtre □ Boris Vian et H. F. Rey, *La Bande à Bonnot* au Théâtre du Quartier-Latin.

Danse □ Création des Ballets modernes de Paris (F. et D. Dupuy), une des premières compagnies professionnelles de danse moderne en France.

Arts plastiques □ Balthus, *Passage du Commerce Saint-André* ; Roberto Sebastian Matta, *Le Prophéteur*.

Cinéma □ Claude Autant-Lara, *Le Rouge et le Noir* ; Jacques Becker, *Touchez pas au grisbi* (Jean Gabin, musique de Jean Wiéner) ; Jules Dassin, *Du rififi chez les hommes* ; Henri Decoin, *Razzia sur la chnouf* ; Max Ophuls, *Lola Montès* ; Jean Renoir, *French-Cancan*.

1955

JANVIER ◆ Premières machines à laver le linge. En 1968, un foyer sur deux en est équipé.

1er JANVIER ◆ Lancement de la radio Europe n° 1.

15 JANVIER ◆ Claude Bourdet, « Votre Gestapo d'Algérie », *France-Observateur*, interpelle Pierre Mendès France et François Mitterrand sur l'inadmissible comportement de l'armée française.

6 FÉVRIER ◆ L'Assemblée nationale refuse la confiance à Pierre Mendès France, en raison de la politique en Algérie. Rompant avec les usages, il remonte à la tribune : « Les hommes passent, les nécessités nationales demeurent. »

20 FÉVRIER ◆ Grand meeting poujadiste au Vel' d'hiv' (mouvement antiparlementaire lancé en 1953). Le 1er mai, Pierre Poujade fonde l'Union de défense des agriculteurs de France.

MARS ◆ Exposition « Le Mouvement » à la galerie Denise René, organisée par Pontus Hultén. Vasarely, *Le Manifeste jaune*. Débuts du cinétisme.

31 MARS ◆ Vote du projet de loi sur l'état d'urgence et son application en Algérie.

18 AVRIL ◆ Mort d'Albert Einstein. Il a légué son cerveau à la science.

18-24 AVRIL ◆ Conférence de Bandung réunissant vingt-neuf pays d'Afrique et d'Asie.

22 MAI ◆ Première retransmission télévisée d'un match de football (France-Allemagne).

27 MAI ◆ Premier vol de la Caravelle, avion civil à réaction français.

JUIN ◆ *Esprit*, numéro spécial « Les paysans » (H. Mendras, J. Fauvet, P. Fraisse…) : le « prolétariat oublié » d'une France en expansion (René Dumont).

3 JUIN ◆ Habib Bourguiba rentre en Tunisie après trois ans de prison et d'exil en France.

11 JUIN ◆ Accident aux 24 Heures du Mans : le coureur Levegh heurte le remblai à 250 km/h : 82 morts et une centaine de blessés.

JUILLET ♦ Louison Bobet, vainqueur du Tour de France pour la troisième fois consécutive, consacre un « nouveau type de sportif plus calculateur qu'athlète » (Roland Barthes).

23 JUILLET ♦ IIe plan quinquennal nucléaire (500 milliards de francs, dont 25 destinés à la future usine de séparation isotopique pour la fabrication de l'uranium 235) ; en octobre : installation d'un centre d'essais à Reggane, Sahara.

30 JUILLET ♦ Au Théâtre de l'Étoile, Maurice Béjart crée *Symphonie pour un homme seul* (musique de Pierre Henry et Pierre Schaeffer). La critique parle de « cubisme chorégraphique ».

AOÛT ♦ Apparition du mobilier de cuisine en Formica.

20-21 AOÛT ♦ Émeutes très violentes dans le Constantinois (chiffres officiels : 123 morts dont 71 Européens, répression : 1 273 morts musulmans) ; le gouvernement décide le rappel des classes 52 (70 000 hommes) et 53.

SEPTEMBRE ♦ Le port du jean se répand en Europe (150 millions d'Américains le portent déjà).

SEPTEMBRE ♦ Lancement de la politique des grands ensembles, dans un contexte de crise du logement. Une opération de 10 000 logements fera passer la population de Sarcelles de 8 000 à 40 000 habitants. D'où le nouveau terme de « sarcellite ».

15 SEPTEMBRE ♦ Robert Barrat, « Un journaliste français chez les hors-la-loi algériens », *France-Observateur* : premier reportage sur la révolte algérienne.

27-30 SEPTEMBRE ♦ Malgré les protestations françaises, débat à l'ONU sur la question algérienne.

OCTOBRE ♦ Création de l'Association française du cinéma d'art et d'essai, contemporaine de la crise de fréquentation cinématographique : 424 millions d'entrées en 1947, 356 millions en 1952.

20-22 OCTOBRE ♦ Premier colloque à Paris sur les neuroleptiques. Le Largactil (mis sur le marché à l'automne 1952) reconnu comme une découverte majeure dans le traitement des maladies mentales.

5 NOVEMBRE ♦ Retour de Mohammed V au Maroc (déposé par la France en 1953).

2 DÉCEMBRE ♦ Dissolution de l'Assemblée nationale par le président du Conseil Edgar Faure. Un Front républicain se constitue pour les élections (groupant l'UDSR, les républicains sociaux et la SFIO).

2 DÉCEMBRE ♦ Akira Kurosawa, *Les Sept Samouraïs*. La percée du cinéma japonais (après *Rashomon* en 1952).

23 DÉCEMBRE ♦ Dans *Le Monde*, appel des intellectuels catholiques (Georges Suffert, Henri-Irénée Marrou, Pierre-Henri Simon, François Mauriac, René Rémond) : « Il faut que les catholiques sachent qu'ils peuvent voter à gauche. »

29 DÉCEMBRE ♦ Jean Daniel publie dans *L'Express* cinq photos extraites d'une bande d'actualité projetée dans le monde entier : « Un soldat français exécute froidement un Algérien pour permettre aux cinéastes présents de tourner un document sur la guerre d'Algérie. »

Littérature et essais □ Maurice Druon, *Les Rois maudits* (t. I d'une longue saga) ; Michel Leiris, *Fourbis* ; Raymond Aron, *L'Opium des intellectuels* ; Georges Balandier, *Sociologie actuelle de l'Afrique noire* ; Maurice Blanchot, *L'Espace littéraire* ; Aimé Césaire, *Discours sur le colonialisme* ; Claude Lévi-Strauss, *Tristes Tropiques* ; Maurice Merleau-Ponty, *Les Aventures de la dialectique* (début de la rupture avec Jean-Paul Sartre) ; Alain Touraine, *L'Évolution du travail ouvrier aux usines Renault*.

Mort de Paul Claudel.

Musique □ Mort d'un des fondateurs du be-bop : le saxophoniste Charlie Parker.

Chanson □ Catherine Sauvage et Jacques Brel à Bobino en février.

Photographie □ Henri Cartier-Bresson, *D'une Chine à l'autre* (recueil de photos), préface de Jean-Paul Sartre.

Cinéma □ Luis Buñuel, *Cela s'appelle l'aurore* ; René Clair, *Les Grandes*

Manœuvres ; René Clément, *Gervaise* ; Henri-Georges Clouzot, *Les Diaboliques* ; Julien Duvivier, *Voici le temps des assassins*.

1956

JANVIER ♦ Le Dr Marie-Andrée Lagroua-Weill-Hallé fonde le premier centre de la « Maternité heureuse », prélude au planning familial.

2 JANVIER ♦ Élections législatives : victoire du Front républicain (alliance entre la SFIO avec Pierre Mendès France, une partie de l'UDSR avec François Mitterrand et des gaullistes derrière Jacques Chaban-Delmas). Percée des députés poujadistes (53 députés dont Jean-Marie Le Pen). Gouvernement de Guy Mollet (investi le 5 février) : il annonce sa politique algérienne : « cessez-le-feu, élections, négociations ».

3 JANVIER ♦ L'Église (Pie XII) accepte l'accouchement sans douleur.

25 JANVIER ♦ Renault lance la « Dauphine ».

27 JANVIER ♦ Congrès salle Wagram du Comité des intellectuels en faveur de la « solution du problème algérien » : Robert Barrat, Aimé Césaire, Dyonis Mascolo, Jean-Paul Sartre, Anta Diop, Jean Amrouche, André Mandouze.

6 FÉVRIER ♦ À Alger, manifestation des populations européennes (les « pieds-noirs ») hostiles à Guy Mollet lors de son voyage officiel : « journée des tomates » (projectiles utilisés par les manifestants).

25 FÉVRIER ♦ XXe congrès du Parti communiste soviétique : rapport Khrouchtchev (le texte paraît intégralement dans *Le Monde*, 6 et 7 juin) ; pour la première fois, l'existence des camps et de la terreur staliniens est reconnue et le « culte de la personnalité » dénoncé. Le PCF n'admet qu'« un rapport attribué à Khrouchtchev ».

28 FÉVRIER ♦ Vote à l'Assemblée nationale du projet de trois semaines de congés payés.

MARS ♦ Début de la construction des « barres », la « Cité des 4 000 » à la Courneuve. Ces grands projets d'habitat collectif (les immeubles de Sarcelles sont contemporains), qui symbolisent le progrès dans les années soixante, deviennent quinze ans après l'image des erreurs architecturales et de la dégradation urbaine.

7 MARS ET 20 MARS ♦ Indépendances du Maroc et de la Tunisie.

12 MARS ♦ Loi sur les pouvoirs spéciaux en Algérie. Les communistes s'associent à ce vote.

7 AVRIL ♦ Alain Resnais, Jean Cayrol, *Nuit et Brouillard*, film documentaire sur les camps de concentration, retiré de la sélection officielle du Festival de Cannes à la demande de l'ambassade d'Allemagne.

11-12 AVRIL ♦ Décrets sur l'Algérie : expropriation agraire et redistribution des domaines de plus de 50 hectares, dissolution de l'Assemblée algérienne après la démission de la majorité des élus algériens et rappel des réservistes. Allongement du service militaire de 18 à 27 mois.

MAI ♦ Jacques Derogy, *Des enfants malgré nous ?*, fait le point sur l'avortement et parle de « parenté planifiée ».

23 MAI ♦ Démission de Pierre Mendès France.

28 MAI ♦ La France abandonne définitivement ses cinq comptoirs de l'Inde : Chandernagor, Yanaon, Pondichéry, Karikal et Mahé.

22-23 JUIN ♦ Loi-cadre Defferre sur l'indépendance de l'Afrique noire et de Madagascar (suffrage universel et collège unique).

27 JUIN ♦ Création du Fonds national vieillesse financé par la création d'une taxe sur les véhicules, la vignette.

SEPTEMBRE ♦ La notion de sous-développement entre dans le *Robert* après avoir été créée en 1952 par Alfred Sauvy, directeur de l'INED (*L'Observateur*, 15 août 1952). En novembre, celui-ci publie *Le Tiers Monde, sous-développement et développement*.

19-22 SEPTEMBRE ◆ Premier Congrès international des écrivains et artistes noirs à la Sorbonne. Anta Diop, Léopold Sédar Senghor, Aimé Césaire, Frantz Fanon, etc. sont réunis autour du thème : « La culture moderne et notre destin », *Présence africaine*, nᵒˢ 8-10.

28 SEPTEMBRE ◆ Production d'électricité d'origine nucléaire à Marcoule, une première.

30 SEPTEMBRE ◆ Premiers attentats à la bombe perpétrés par le FLN dans les cafés d'Alger. En octobre, la question algérienne est inscrite à l'ordre du jour de l'Assemblée générale de l'ONU.

OCTOBRE ◆ Kateb Yacine, *Nedjma* (Seuil) : l'Algérie en littérature.

22 OCTOBRE ◆ L'avion transportant Ahmed Ben Bella et quatre autres chefs du FLN de Rabat à Tunis est détourné par l'armée française qui arrête ceux-ci. Protestations internationales, rappel des ambassadeurs tunisien et marocain et démission d'Alain Savary (secrétaire d'État aux Affaires tunisiennes et marocaines).

31 OCTOBRE-7 NOVEMBRE ◆ Crise de Suez (Égypte) : l'intervention franco-britannique sur le canal de Suez est interrompue sous la pression conjuguée des États-Unis et de l'URSS, phénomène inédit dans le contexte de guerre froide.

NOVEMBRE ◆ Film de Roger Vadim, *Et Dieu créa la femme*, avec Brigitte Bardot nouveau sex-symbol féminin.

4-7 NOVEMBRE ◆ Intervention des troupes soviétiques à Budapest (Hongrie). Protestations d'intellectuels communistes (Claude Roy, Tristan Tzara) dans la presse française : *Le Monde*, *L'Express*, *L'Observateur*. Jean-Paul Sartre rompt avec le PCF (*L'Express*, du 9). Picasso, Hélène Parmelin, Édouard Pignon, G. Wallon réaffirment leur fidélité (*Le Monde*, du 22). Le 7 novembre : à Paris, manifestations de protestation contre l'intervention soviétique.

8 DÉCEMBRE ◆ Clôture des XVIᵉ jeux Olympiques à Melbourne. Alain Mimoun, médaille d'or du marathon. Écrasante suprématie des sportifs soviétiques.

Littérature et essais □ Romain Gary, *Les Racines du ciel* ; Nathalie Sarraute, *L'Ère du soupçon* ; G. Friedmann, *Le Travail en miettes. Spécialisations et loisirs* ; Général de Gaulle, *L'Unité (1942-1944)*, t. II des *Mémoires de guerre* ; le t. III, *Le Salut (1944-1946)*, paraît en 1959.

Presse et revues □ En décembre, *Arguments*, nᵒ 1 (Éditions de Minuit) : un « bulletin de recherche » par des intellectuels de la gauche post-stalinienne (Edgar Morin, Colette Audry, Roland Barthes, Jean Duvignaud, Dyonis Mascolo,…) ; en mars, *La Psychanalyse*, nᵒ 1 (PUF) : la psychanalyse s'ouvre aux sciences humaines (Jacques Lacan).

Théâtre □ Albert Camus, *La Chute*.

Musique □ Arrivée en France des premiers enregistrements de rock'n'roll.

Cinéma □ Le commandant Cousteau avec Louis Malle, *Le Monde du silence* ; Robert Bresson, *Un condamné à mort s'est échappé*.

1957

7 JANVIER-8 OCTOBRE ◆ « Bataille d'Alger » dirigée par le général Massu.

FÉVRIER ◆ R. Champigny, « Portée satirique d'un *comic* américain : Pogo », *Critique*. Premier article en français favorable à la bande dessinée.

4-15 FÉVRIER ◆ Nouveau débat à l'ONU sur la question algérienne ; le FLN lance un mot d'ordre de grève générale.

MARS ◆ Pierre-Henri Simon, *Contre la torture* (Seuil) : un ancien officier catholique dénonce la pratique de la torture par l'armée française en Algérie.

1ᵉʳ MARS ◆ Les dépenses des Français en appareils électroménagers (il s'agit surtout de machines à laver) doublent entre 1954 et 1956 (de 68 à 121 millions de francs).

25 MARS ◆ Traité de Rome instituant la Communauté économique européenne (CEE) et l'Euratom.

28 MARS ◆ Le général Paris de Bollardière, protestant contre la torture en

Algérie, demande à être relevé de son commandement (sans démission).

5 AVRIL ◆ Création de la Commission de sauvegarde des droits et des libertés en Algérie. *Le Monde* publiera son « rapport de synthèse » (14 décembre 1957) accompagné du texte d'une brochure décrivant les « atrocités » commises par les fellagha.

12 AVRIL ◆ Pie XII se prononce contre la torture.

MAI ◆ Moulinex lance le moulin à café électrique.

21 MAI ◆ Chute de Guy Mollet : le gouvernement s'enlisait dans le problème algérien.

29 MAI ◆ À Melouza, un commando du FLN massacre les hommes d'un village proches du Mouvement national algérien (MNA) de Messali Hadj.

21 JUIN ◆ « Disparition » de Maurice Audin, mathématicien communiste arrêté le 11 juin à Alger, en fait mort sous la torture. En novembre, constitution d'un Comité Audin pour l'éclaircissement de l'affaire avec Laurent Schwartz, Pierre Vidal-Naquet, Henri-Irénée Marrou, Jean Dresch. Le 2 décembre, le Comité organise à la Sorbonne la soutenance *in abstentia* de la thèse de M. Audin ; le débat sur la torture est posé par les intellectuels.

SEPTEMBRE ◆ Organisation en France métropolitaine du réseau d'aide au Front de libération nationale (FLN) dirigé par Francis Jeanson : le « réseau Jeanson ». Un journal polytypé, *Vérités pour*, « Centrale d'information sur le fascisme et l'Algérie », est publié en septembre 1958.

OCTOBRE ◆ À la télévision, première de « La caméra explore le temps », émission hisorique d'André Castelot, Alain Decaux, S. Lorenzi : succès important.

26 OCTOBRE ◆ Assassinat à Paris d'Ahmed Bekhat, secrétaire général de l'Union des travailleurs algériens (tendance messaliste).

NOVEMBRE ◆ Premier Salon du prêt-à-porter (le mot est apparu en 1949).

DÉCEMBRE ◆ Albert Camus, prix Nobel de littérature. À Stockholm, interpellé par un jeune militant du FLN, il déclare à propos de l'Algérie : « Je crois à la justice, mais je défendrai ma mère avant la justice. »

DÉCEMBRE ◆ Diffusion du premier feuilleton de télévision français, *Le Tour du monde par deux enfants*.

5-24 DÉCEMBRE ◆ Le pianiste Erroll Garner à l'Olympia.

10 DÉCEMBRE ◆ Vote d'une motion de l'ONU sur l'Algérie, malgré les protestations de la France, hostile à cette ingérence dans ses affaires intérieures.

20 DÉCEMBRE ◆ Prix Renaudot : Michel Butor, *La Modification* (Éditions de Minuit) — tirage de près de cent mille exemplaires. Le 22 mai, le critique littéraire E. Henriot lance dans *Le Monde* le terme « nouveau roman » (usage péjoratif) en rendant compte de *La Jalousie* d'Alain Robbe-Grillet et de *Tropismes* de Nathalie Sarraute, qui donne son nom au mouvement.

Littérature et essais □ Robert Musil, *L'Homme sans qualités*, trad. de Ph. Jaccottet ; Raymond Aron, *La Tragédie algérienne* ; Georges Balandier, *Afrique ambiguë* ; André Malraux, *La Métamorphose des dieux* ; Albert Memmi, *Portrait du colonisé*, précédé d'un « Portrait du colonisateur » ; Maurice Blanchot, *Le Dernier Homme* ; Jean-Jacques Servan-Schreiber, *Lieutenant en Algérie* ; Germaine Tillion, *L'Algérie en 1957* (ouvrage qui fera l'objet de commandes gouvernementales).

Cinéma □ Claude Chabrol, *Le Beau Serge* ; Henri-Georges Clouzot, *Les Espions*.

Télévision □ Une femme, Danielle Breem, présente pour la première fois le journal télévisé.

1958

JANVIER ♦ Louis Malle, *Ascenseur pour l'échafaud*, prix Louis-Delluc, premier film réalisé avec un petit budget (musique de Miles Davis).

1er JANVIER ♦ Début officiel de la CEE.

8 FÉVRIER ♦ Bombardement du village de Sakhiet, en Tunisie, soupçonné d'abriter des fellagha algériens : 69 morts et 130 blessés dont 21 enfants. L'opinion internationale condamne la France. Le gouvernement tunisien exige l'évacuation des bases militaires françaises et demande le principe d'un recours à l'ONU.

26 FÉVRIER ♦ Henri Alleg, *La Question* (Éditions de Minuit, coll. « Documents »). L'ancien directeur d'*Alger républicain*, communiste, raconte les tortures subies lors de son arrestation par les parachutistes du général Massu à Alger en juin 1957. Saisi quelques semaines après sa parution, le livre est cependant vendu à 65 000 exemplaires. Le 15 avril, des intellectuels signent une « Adresse solennelle au président de la République » en signe de protestation.

MARS ♦ Lancement des zones à urbaniser en priorité (ZUP) ; achèvement du CNIT à la Défense et du siège de l'Unesco à Paris (B. Zehrfuss).

MARS ♦ L'artiste comique Raymond Devos au Théâtre des Trois-Baudets. *J'en ris, j'en pleure*.

26 AVRIL ♦ Manifestation à Alger pour l'« Algérie française ».

MAI ♦ Création du Club Jean-Moulin, sur l'initiative d'anciens résistants (D. Cordier, S. Hessel, M. Degliame-Fouché, Ph. Viannay) afin de « résister au fascisme ».

MAI ♦ Apparition du collant sur le marché (firme DD). En quelques années ils font disparaître le bas et le porte-jarretelles.

13 MAI ♦ Insurrection à Alger. Constitution d'un comité de salut public sous la présidence du général Massu. À Paris, Pierre Pflimlin est investi président du Conseil.

28 MAI ♦ Démission de Pflimlin. Manifestation pour la défense de la République à Paris.

JUIN ♦ *L'Internationale situationniste*, n° 1 (directeur : Guy Debord) : « Une association internationale de situationnistes peut être considérée […] comme une tentative d'organisation de révolutionnaires professionnels dans la culture. »

1er JUIN ♦ Investiture du général de Gaulle par l'Assemblée nationale (329 députés, contre 224). Les pouvoirs spéciaux sont reconduits en Algérie. Le 2, vote des pleins pouvoirs et d'une loi modifiant la procédure de révision de la Constitution.

4-7 JUIN ♦ Discours de Charles de Gaulle à Alger : « Je vous ai compris. » Il y affirme aussi que l'Algérie ne rassemble que « des Français à part entière avec les mêmes droits et les mêmes devoirs ».

AOÛT ♦ Voyage du général de Gaulle en Afrique noire et à Madagascar. Sékou Touré se prononce pour une indépendance de la Guinée et rompt avec la France.

19 SEPTEMBRE ♦ Au Caire, formation d'un Gouvernement provisoire de la République algérienne (GPRA), présidé par Ferhat Abbas.

24 SEPTEMBRE ♦ Création de l'Union pour la nouvelle République (UNR) présidée par Jacques Soustelle.

28 SEPTEMBRE ♦ Référendum sur la nouvelle Constitution : adoption de la nouvelle Constitution par 79 % des suffrages exprimés en métropole. À l'exception de la Guinée, les territoires d'outre-mer se prononcent en faveur du projet.

21 OCTOBRE ♦ Une des plus importantes chanteuses de jazz, Billie Holiday, à l'Olympia.

23-25 OCTOBRE ♦ Dans une conférence de presse, le général de Gaulle propose au FLN l'ouverture de négociations pour une « paix des braves », négociations rejetées le 25 par le FLN.

23-30 NOVEMBRE ♦ Élections législatives. Succès de la droite parlementaire : 133 députés pour les indépendants, 189 pour l'UNR. Jacques

Chaban-Delmas préside l'Assemblée nationale.

21 DÉCEMBRE ♦ Le général de Gaulle élu au suffrage indirect « président de la République et de la Communauté ».

Littérature et essais □ Marguerite Duras, *Moderato cantabile* ; Simone de Beauvoir, *Mémoires d'une jeune fille rangée*, suivi de *La Force de l'âge* (1960), *La Force des choses* (1963) ; Édouard Glissant, *La Lézarde* (prix Renaudot) ; Violette Leduc, *La Vieille Fille et le Mort* (nouvelles) ; Claude Lévi-Strauss, *Anthropologie structurale* ; Pierre Vidal-Naquet, *L'Affaire Audin* (sur l'assassinat de Maurice Audin commis probablement par les parachutistes).

Mort de Roger Martin du Gard.

Presse et revues □ *Esprit*, numéro spécial « Nouveau roman » sur Michel Butor, Alain Robbe-Grillet, Nathalie Sarraute, Samuel Beckett, Jean Cayrol, Marguerite Duras, Claude Simon, Kateb Yacine, etc.

Théâtre □ Jean Genet, *Les Nègres*.

Musique □ Création de la maison de disques de musique classique Harmonia Mundi.

Chanson □ Léo Ferré, *Poètes, vos papiers*.

Arts plastiques □ Le Corbusier, *La Charte d'Athènes* (Minuit) ; Takis, premières sculptures électromagnétiques.

Cinéma □ Marcel Carné, *Les Tricheurs* ; Louis Malle, *Les Amants* ; Jacques Tati, *Mon oncle*.

1959

1ᵉʳ JANVIER ♦ Fidel Castro prend le pouvoir à Cuba.

3 JANVIER ♦ Le magazine télévisé de P. Desgraupes, P. Dumayet, I. Barrère, P. Lazareff, « Cinq colonnes à la une », révolutionne l'information télévisée (les débuts du direct).

6 JANVIER ♦ Ordonnances instituant l'obligation scolaire jusqu'à seize ans et la création de collèges d'enseignement général.

8 JANVIER ♦ De Gaulle prend officiellement ses fonctions de président de la République. Debré : Premier ministre.

Création du ministère des Affaires culturelles : André Malraux, ministre en février.

MARS ♦ Les séchoirs électriques pour les cheveux remplacent le casque.

17 MARS ♦ Le gouvernement de Gaulle annonce que la priorité absolue sera accordée à la réalisation de la force de frappe, au démarrage en série des Mirage IV, aux études de l'engin balistique.

19 MARS ♦ Troisième semaine de congés payés.

2 AVRIL ♦ Jean XXIII ratifie la décision du Saint-Office contre l'alliance des catholiques et des communistes.

MAI-JUIN ♦ Festival de Cannes : le renouveau du cinéma français avec Marcel Camus, *Orfeu negro* (Palme d'or), Claude Chabrol, *Les Cousins*, François Truffaut, *Les Quatre Cents Coups* : triomphe de la nouvelle vague. Alain Resnais, *Hiroshima mon amour* (scénario de Marguerite Duras), est écarté de la sélection officielle du festival pour raisons politiques.

23 JUIN ♦ Mort de Boris Vian.

SEPTEMBRE ♦ Yves Saint Laurent : la nouvelle mode montre le genou.

SEPTEMBRE ♦ « Salut les copains », émission quotidienne sur le rock, sur Europe n° 1.

14 SEPTEMBRE ♦ Le Vatican décide l'arrêt total de l'expérience des prêtres ouvriers.

16 SEPTEMBRE ♦ Le général de Gaulle reconnaît le droit à l'autodétermination des Algériens.

19 SEPTEMBRE ♦ Roger Duchet et Georges Bidault fondent à Paris un Rassemblement pour l'Algérie française.

22 SEPTEMBRE ♦ Inauguration du premier câble téléphonique sous-marin entre les États-Unis et l'Europe.

OCTOBRE ♦ Jean Genet, *Les Nègres* (Théâtre de Lutèce, mise en scène de Roger Blin), avec une troupe d'acteurs noirs, les Griots. La pièce passe le cap des cent représentations.

OCTOBRE ♦ *Pilote*, n° 1, magazine de bandes dessinées (René Goscinny, Albert Uderzo). Apparition d'Astérix.

16 OCTOBRE ♦ Attentat de l'Observatoire contre François Mitterrand ; ce dernier est bientôt soupçonné d'avoir organisé un pseudo-attentat et son immunité parlementaire est levée.

NOVEMBRE ♦ Jacques Brel, consacré à Bobino avec *Ne me quitte pas*.

16 NOVEMBRE ♦ Prix Goncourt : André Schwarz-Bart, *Le Dernier des justes*.

DÉCEMBRE ♦ Rétrospective Max Ernst au musée d'Art moderne.

24-30 DÉCEMBRE ♦ Vote de la loi scolaire Debré : possibilité de contrats entre les établissements d'enseignement privé et l'État.

30 DÉCEMBRE ♦ Johnny Hallyday participe à l'enregistrement public d'une émission de radio, « Paris-Cocktail ». Début du mythe Hallyday.

Littérature et essais □ Louis Aragon, *Elsa* ; Raymond Queneau, *Zazie dans le métro* ; Maurice Blanchot, *Le Livre à venir* ; Edgar Morin, *Autocritique* (engagement et exclusion du PCF, été 1943-juin 1951 ; Robert Antelme, Dyonis Mascolo, Marguerite Duras ont tous été exclus quelques mois avant lui) ; Max Weber, *Le Savant et le Politique* (première traduction française).

Presse et revues, édition □ François Maspero devient éditeur d'ouvrages politiques. La collection « Cahiers libres » publie une série d'ouvrages contre la guerre d'Algérie (Frantz Fanon, *L'An V de la révolution algérienne*, Maurice Maschino, *Le Refus* et *Le Droit à l'insoumission*). Nombre d'entre eux seront saisis.

Théâtre □ Mort de Gérard Philipe.

Danse □ *Le Sacre du printemps*, chorégraphie de Maurice Béjart.

Musique □ Les Double Six, premier groupe vocal français de jazz, dirigé par Mimi Perrin, enregistrent leurs premiers titres : *Evening in Paris* (*Il y a fort longtemps*) et *Count 'Em* (*T'as foutu le camp*) de Quincy Jones, textes de Mimi Perrin ; ce groupe a exercé une influence importante dans l'histoire du jazz (1959 à 1962) (utilisation des voix comme des instruments).

Radiodiffusion et télévision □ Le statut de la RTF (Radiodiffusion-Télévision) est fixé par ordonnance. L'établissement est placé sous l'autorité du ministre de l'Information.

1960

JANVIER ♦ Mort d'Albert Camus dans un accident de voiture.

1ᵉʳ JANVIER ♦ Création du nouveau franc.

24 JANVIER-1ᵉʳ FÉVRIER ♦ Insurrection à Alger dite « semaine des barricades ».

FÉVRIER ♦ 13 % des ménages ont la télévision ; Vivagel commercialise les premiers surgelés (filets de poisson, épinards, pâtes à pâtisserie).

2 FÉVRIER ♦ R. Rocca, J. Grello, P. Tchernia, « La boîte à sel », émission satirique qui, refusant de subir la censure préalable, se saborde.

13 FÉVRIER ♦ Explosion de la première bombe atomique française à Reggane (Sahara).

24 FÉVRIER ♦ Arrestation de responsables FLN en métropole et découverte du « réseau Jeanson ». Francis Jeanson publie en juin *Notre guerre* (Minuit) où il justifie son action de soutien au FLN. Le livre est saisi le 29 juin.

MARS ♦ Premier numéro de la revue *Tel quel* avec Jean-Edern Hallier (secrétaire général), Philippe Sollers, J.-R. Huguenin et R. Matignon (comité de rédaction).

MARS ♦ Jean-Luc Godard, *À bout de souffle* (Jean-Paul Belmondo, Jean Seberg) : innovations cinématographiques (caméra mobile, scénario écrit au cours du tournage) et succès commercial (plus de 250 000 entrées à la fin de l'année).

20 MARS ♦ Jacques Foccart est nommé secrétaire général pour la Communauté.

26 MARS ♦ *Télé 7 Jours*, n° 1, donne le programme télévisé. Le plus fort tirage de la presse française.

3 AVRIL ♦ Fondation du Parti socialiste unifié (PSU) : fusion de l'Union de la gauche socialiste (Claude Bourdet), du Parti socialiste autonome (E. Depreux), et de Tribune du communisme (Jean Poperen).

MAI ♦ Le congélateur s'installe dans les campagnes. Les citadins attendront 1975 pour reconnaître son utilité.

JUIN-DÉCEMBRE ◆ Indépendances des pays de l'Afrique francophone et de Madagascar.

SEPTEMBRE ◆ *Hara-Kiri*, n° 1 : mensuel du dessin humoristique (Choron, Cavanna, Fred, Wolinski, Reiser, Cabu) qui devient un « Journal bête et méchant » en avril 1961.

5 SEPTEMBRE ◆ Ouverture du procès du réseau Jeanson devant le Tribunal permanent des forces armées de Paris (rue du Cherche-Midi). Grande couverture médiatique pendant trois semaines, qui permet aux partisans de l'indépendance de l'Algérie de s'exprimer au grand jour (naissance de l'expression « porteurs de valises »). Le 1er octobre, Francis Jeanson, condamné par contumace. Des peines de prison frappent les membres de son réseau.

6 SEPTEMBRE ◆ *Le Monde* annonce que « 121 écrivains et artistes ont signé une déclaration sur le "droit à l'insoumission dans la guerre d'Algérie" ». Aucun grand journal ne prend le risque de publier ce texte. Les 22-29 septembre, sanctions contre les appels à l'insoumission. Plusieurs signataires des 121 sont suspendus de leurs fonctions.

14 SEPTEMBRE ◆ Création de l'Organisation des pays exportateurs de pétrole (OPEP).

7 OCTOBRE ◆ 185 intellectuels français « condamnent les apologistes de la désertion et de l'insoumission » (*Le Figaro*), défendent l'armée française et l'intégrité du territoire national dont l'Algérie fait partie (Daniel Halévy, Antoine Blondin, Michel Déon, Raoul Girardet, colonel Rémy, etc.).

12-14 OCTOBRE ◆ L'assemblée des cardinaux et archevêques de France condamne l'insoumission et les outrages à la personne humaine.

27 OCTOBRE ◆ Manifeste des nouveaux réalistes (Tinguely, César, Niki de Saint-Phalle) : néodadaïsme et pop art.

NOVEMBRE ◆ Le « Babygro », la première grenouillère, et les petits pots désormais vendus dans les épiceries : le nourrisson entre dans la société de consommation…

4 NOVEMBRE ◆ Le général de Gaulle parle de « République algérienne » à la télévision et annonce un référendum sur l'autodétermination (8 janvier 1961).

8 NOVEMBRE ◆ John Kennedy, démocrate, président des États-Unis.

DÉCEMBRE ◆ Jean-Luc Godard, *Le Petit Soldat*.

10 DÉCEMBRE ◆ Saint-John Perse, prix Nobel de littérature.

14 DÉCEMBRE ◆ L'Organisation européenne de coopération économique (OECE) devient l'Organisation de coopération et de développement économiques (OCDE).

⇨ Fondation du Mouvement français pour le planning familial (ancienne association Maternité heureuse) : informer sur la contraception et aider les femmes en difficulté ; le planning familial est un des lieux essentiels du féminisme français (Jacques Derogy, *Des enfants malgré nous ?*) ; équipement des ménages en appareils électroménagers : 25 % équipés en réfrigérateur ; 24 % en lave-linge, 13 % en télévision.

Littérature et essais □ Romain Gary, *La Promesse de l'aube* ; Claude Simon, *La Route des Flandres* ; Simone de Beauvoir, *La Force de l'âge* ; Jean-Paul Sartre, *Critique de la raison dialectique*, « le marxisme est l'horizon indépassable de notre temps ».

Fondation de l'Oulipo (ouvroir de littérature potentielle) avec Georges Perec, Raymond Queneau, etc.

Théâtre □ Au Studio des Champs-Élysées, Marguerite Duras, *Barrage contre le Pacifique*, mise en scène de Jean-Marie Serreau.

Musique □ Le saxophoniste américain Ornette Coleman enregistre l'album *Free Jazz* (avec Éric Dolphy) : un mouvement musical est né qui va de pair avec une prise de conscience noire révolutionnaire.

Arts plastiques □ Klein, *Relief-Éponge*.

1961

JANVIER ♦ Première diffusion de la pilule contraceptive.

8 JANVIER ♦ Un référendum approuve la politique algérienne du général de Gaulle (72,25 % de oui en métropole, 69,9 % de oui en Algérie).

19 JANVIER ♦ Manifeste de 11 organisations politiques et syndicales, excepté le PCF, le PSU, et l'UNEF (CGT-FO, CFTC, FEN, SFIO, CNJA, UDT, Parti radical, Indépendants de gauche, Fédération nationale des combattants républicains, Ligue des droits de l'homme, Ligue internationale contre le racisme et l'antisémitisme) demandant une négociation entre le gouvernement français et le Gouvernement provisoire de la République algérienne (GPRA). Les 20-22 février, des contacts secrets sont établis en Suisse entre Georges Pompidou et le GPRA.

FÉVRIER ♦ Arnold Schönberg, *Moïse et Aaron*, opéra joué pour la première fois à Paris au Théâtre des Champs-Élysées dans le cadre du Festival des nations.

MARS ♦ Ouverture de l'aérogare d'Orly, le bâtiment le plus visité des années soixante.

7 AVRIL ♦ Premiers tracts de l'Organisation de l'armée secrète (OAS).

12 AVRIL ♦ Y. Gagarine, premier homme dans l'espace (satellite soviétique Vostok I).

22-23 AVRIL ♦ À Alger, putsch des généraux Challe, Salan, Jouhaud, Zeller. Le général de Gaulle condamne le « quarteron de généraux à la retraite ». Le 23, de Gaulle en appelle à l'application de l'article 16 (de la Constitution) qui lui confère les pouvoirs spéciaux pour régler la crise franco-algérienne (jusqu'au 30 septembre). Le 28, un Haut Tribunal militaire est institué.

3 MAI ♦ Décès brutal du philosophe Maurice Merleau-Ponty. Un numéro spécial des *Temps modernes* lui est consacré en septembre-octobre.

15 MAI ♦ Jean XXIII publie l'encyclique *Mater et Magistra* sur la question sociale.

20 MAI ♦ Ouverture de la conférence d'Évian, mais échec le 13 juin des négociations menées par Louis Joxe.

17 JUIN ♦ Le danseur soviétique Rudolf Noureev demande l'asile politique à la France au moment de repartir pour l'URSS.

JUIN-JUILLET ♦ Violentes manifestations d'agriculteurs d'abord en Bretagne, puis dans toute la France.

8 AOÛT ♦ Loi Pisani : création des groupements agricoles d'exploitations en commun (GAEC) et des indemnités viagères de départ (IVD) pour encourager le départ à la retraite des plus âgés et ainsi rajeunir les exploitants.

11-22 AOÛT ♦ Multiplication des attentats OAS à Paris.

13 AOÛT ♦ Début de la construction du Mur de Berlin.

SEPTEMBRE ♦ Premier album d'*Astérix le Gaulois*, d'Albert Uderzo et René Goscinny (Dargaud).

8 SEPTEMBRE ♦ Attentat manqué contre le général de Gaulle sur la route de Colombey-les-Deux-Églises.

OCTOBRE ♦ Frantz Fanon, *Les Damnés de la terre* (Maspero), préfacé par Jean-Paul Sartre. F. Fanon meurt, le 6 décembre, d'une leucémie.

17 OCTOBRE ♦ Manifestation des travailleurs algériens à Paris contre l'instauration du couvre-feu. Maurice Papon, préfet de police, ordonne la répression. Bilan officiel : 3 morts ; en réalité probablement dans les 300 morts, dont beaucoup sont retrouvés dans la Seine, et des milliers d'arrestations.

18 OCTOBRE ♦ À l'Olympia, concert de John Coltrane. Dans le même temps Ray Charles se produit au palais des Sports.

NOVEMBRE ♦ Georges Brassens à l'Olympia, *Le Mécréant*, *La Mauvaise Réputation*.

1ᵉʳ NOVEMBRE ♦ Le FLN organise en Algérie une journée pour l'indépendance : une centaine de morts.

12 DÉCEMBRE ♦ Après un très long procès, Marie Besnard, accusée d'empoisonnement, est acquittée.

19 DÉCEMBRE ♦ Création du Centre national d'études spatiales (CNES).

⇨ Grève des mineurs de Decazeville ; Renault : la 4 L remplace la 4 CV.

Littérature et essais □ Marguerite Duras, *Hiroshima mon amour* ; Raymond Queneau, *Cent Mille Milliards de poèmes*, poésie « combinatoire » ; François Mauriac, *Bloc-Notes (1952-1957)* ; le Club Jean-Moulin, *L'État et le Citoyen* ; Pierre Nora, *Les Français d'Algérie* ; Michel Foucault, *Histoire de la folie à l'âge classique* (issu d'une thèse sous la direction de Georges Canguilhem).

Revues et édition □ *Communications* (Centre d'études des communications de masse), n° 1 (G. Friedmann, directeur), avec Edgar Morin, Roland Barthes, J. Dumazedier, P.-F. Lazarsfeld, J. Cazeneuve, etc. ; Jean Lacouture crée une collection au Seuil, « L'Histoire immédiate ».

Musique □ Les débuts de la vogue twist basée sur le rock et le rythm'and blues.

Arts plastiques □ Constitution du Groupe de recherche d'art visuel (GRAV).

Cinéma □ Luis Buñuel, *Viridiana* (huit mois d'interdiction pour idées libertaires) ; Jacques Demy, *Lola* ; Alain Resnais, Alain Robbe-Grillet, *L'Année dernière à Marienbad* : Lion d'or au Festival de Venise en octobre ; Agnès Varda, *Cléo de cinq à sept.*

1962

14 JANVIER ♦ Mise en place de la Politique agricole commune (PAC). Au recensement, le nombre d'actifs agricoles passe à 2,6 millions en France ; il était de 3,5 millions en 1954.

23-24 JANVIER ♦ 22 attentats OAS au moment de l'anniversaire de la « semaine des barricades ».

27 JANVIER ♦ Sortie du film de François Truffaut *Jules et Jim*, avec Jeanne Moreau.

8 FÉVRIER ♦ Manifestation anti-OAS à l'appel des syndicats, du PC et du PSU, interdite : huit morts au métro Charonne, environ cent cinquante blessés. Le 13, plusieurs centaines de milliers de personnes assistent aux obsèques des victimes. Grève générale contre l'OAS.

14 MARS ♦ Le quinze de France remporte, pour la quatrième année consécutive, le tournoi de rugby des Cinq Nations.

18 MARS ♦ Signature des accords d'Évian sur l'indépendance de l'Algérie. Le cessez-le-feu est effectif en Algérie le 19 à partir de midi. Multiplication des attentats de l'OAS contre ces accords.

26 MARS ♦ Fusillade de la rue d'Isly à Alger, 41 morts, 130 blessés.

8 AVRIL ♦ Référendum : 90,7 % des suffrages exprimés approuvent les accords d'Évian. Début de l'exode des pieds-noirs en mai.

11 AVRIL ♦ Le Haut Tribunal militaire condamne à mort l'ex-général Jouhaud. Le 23 mai, le général Salan est condamné à la réclusion perpétuelle, après avoir obtenu les « circonstances atténuantes ». Le 26, suppression du Haut Tribunal militaire, remplacé, le 30, par une Cour militaire de justice.

17 JUIN ♦ L'accord signé entre le FLN et l'OAS (Mostefaï-Susini) met effectivement fin à la guerre d'Algérie et au terrorisme.

27 JUIN ♦ Michel Jazy bat le record du monde du 3 000 m.

JUILLET ♦ *Salut les copains*, n° 1, organe de la vogue « yé-yé ». Johnny Hallyday en couverture (50 000 exemplaires, 1 million en juillet 1963).

1ᵉʳ JUILLET ♦ Référendum en Algérie pour approuver l'accession à l'indépendance (99,7 % de oui). J.-M. Jeanneney, premier ambassadeur français.

9 JUILLET ♦ Le port de la soutane devient facultatif dans la plupart des diocèses.

14 AOÛT ♦ Achèvement du tunnel du Mont-Blanc (travaux commencés en 1959).

22 AOÛT ♦ L'attentat du Petit-Clamart organisé par l'OAS manque de tuer le général de Gaulle et sa femme.

4-9 SEPTEMBRE ♦ De Gaulle en Allemagne : l'accord franco-allemand à la base de l'Europe.

OCTOBRE ♦ « Intervilles », jeux télévisés animés par Guy Lux, Simone Garnier, Léon Zitrone.

5 OCTOBRE ♦ Le général de Gaulle dissout l'Assemblée nationale.

11 OCTOBRE ♦ Première réunion du concile Vatican II à Saint-Pierre de Rome (clôture en décembre 1965).

15-28 OCTOBRE ♦ « Crise des fusées » à Cuba : une des crises de la guerre froide. De Gaulle appuie la politique de Kennedy. Khrouchtchev cède le 28.

28 OCTOBRE ♦ Référendum sur l'élection du président de la République au suffrage universel : 61,8 % de oui.

18-25 NOVEMBRE ♦ Élections législatives : triomphe de l'UNR et du gaullisme, et effondrement des centristes et des modérés.

22 NOVEMBRE ♦ Mort de René Coty.

DÉCEMBRE ♦ *Les Cahiers du cinéma*, numéro spécial « Nouvelle vague ». Un dictionnaire regroupe les cent soixante-deux « nouveaux cinéastes français ».

DÉCEMBRE ♦ Quatrième semaine de congés payés à la Régie Renault.

1er DÉCEMBRE ♦ Marthe Robert, « La révolution psychanalytique » : série d'émissions radiophoniques sur l'histoire de la psychanalyse sur France 3 (chaîne nationale).

Essais □ Raymond Aron, *Dix-Huit leçons sur la société industrielle* et *Paix et Guerre entre les nations* ; Louis Bodin, *Les Intellectuels* ; René Dumont, *L'Afrique noire est mal partie* ; Lucien Febvre, *Pour une Histoire à part entière* (recueil posthume, t. III des *Combats pour l'Histoire*) ; Claude Lévi-Strauss, *La Pensée sauvage*.

Édition □ Parution de trois collections de poche consacrées aux essais : « Idées » (Gallimard) dirigée par Fr. Erval, « Petite Bibliothèque Payot », « Le monde en 10/18 » (Plon) dirigée par M.-Cl. Jalard.

Chanson □ Claude Nougaro ; Jacques Brel, *Les Bourgeois*.

Arts plastiques □ Jean Dubuffet commence le cycle de *L'Hourloupe* ; César, *Ricard* « compression dirigée » ; Christo, *Rideau de fer* (rue Visconti, à Paris).

Cinéma □ Jacques Panigel, *Octobre à Paris* (sur le massacre lors de la manifestation algérienne d'octobre 1961) ; Yves Robert, *La Guerre des boutons*.

1963

JANVIER ♦ Création de l'Institut français d'études stratégiques (revue *Stratégie*, 1964-1976, général Beaufre).

14 JANVIER ♦ Le général de Gaulle se prononce contre l'entrée de la Grande-Bretagne dans le Marché commun, réaffirme la nécessité de la coopération franco-allemande (traité signé le 23), refuse l'idée d'une force multilatérale dans l'Organisation atlantique, la France devant, selon lui, constituer sa propre force atomique.

21 FÉVRIER ♦ Jean Vilar annonce sa démission du Théâtre national populaire (TNP) le 1er septembre, en raison de ses désaccords avec le pouvoir gaulliste. G. Wilson lui succède.

28 FÉVRIER ♦ Alexandre Soljenítsyne, *Une journée d'Ivan Denissovitch* (Julliard). Louis Aragon demande une préface à Pierre Daix : marque un début dans la reconnaissance par les intellectuels communistes de l'existence des camps de concentration dans l'URSS stalinienne.

1er MARS ♦ La grève des mineurs (sur des questions salariales), débutée en janvier, se transforme en une grève générale. Le décret de réquisition reste sans effet. La crise n'est résolue qu'en avril avec l'intervention d'un Comité des sages.

5 MARS ♦ Triomphe de Jacques Brel à l'Olympia.

11 MARS ♦ Le colonel J. Bastien-Thiry, auteur de l'attentat du Petit-Clamart, est fusillé. Le général de Gaulle a refusé sa grâce.

25 AVRIL ♦ Inauguration du complexe sidérurgique Usinor à Dunkerque.

14 MAI ♦ L. Visconti, *Le Guépard* (Alain Delon, Claudia Cardinale), Palme d'or du Festival de Cannes. Bertrand Blier, *Hitler connais pas* (interdit aux moins de 18 ans), projeté hors concours.

3 JUIN ♦ Mort du pape Jean XXIII, Paul VI lui succède.

15 JUIN ♦ Premier hypermarché Carrefour à Sainte-Geneviève-des-Bois.

21 JUIN ♦ Retrait de l'OTAN des forces navales françaises de l'Atlantique.

22 JUIN ♦ « Nuit des copains à la Nation » : concert rock avec Sylvie Vartan, Johnny Hallyday, Richard Anthony, etc., organisé par D. Filipacchi et *Salut les copains*, à Paris : 150 000 jeunes. Edgar Morin dans *Le Monde* et Fr. Nourrissier dans *Les Nouvelles littéraires* analysent le phénomène « yé-yé ».

27 JUIN ♦ *L'Express*, numéro spécial, la France « Dans dix ans » : doublement du niveau de vie, trois fois plus de voitures, deux fois plus de départs en vacances.

9 AOÛT ♦ La France refuse de signer le traité de Moscou (interdiction des expériences nucléaires atmosphériques).

12 SEPTEMBRE ♦ Présentation du « plan de stabilisation » par Valéry Giscard d'Estaing : restrictions budgétaires et action sur les prix, alors que la poussée inflationniste est préoccupante.

OCTOBRE ♦ Film d'Alain Resnais, Jean Cayrol, *Muriel* (sur la guerre d'Algérie) : échec commercial.

11 OCTOBRE ♦ Mort de Jean Cocteau et d'Édith Piaf.

21 OCTOBRE ♦ Samuel Beckett, *Oh ! les beaux jours*, mise en scène de Roger Blin au Théâtre de France.

NOVEMBRE ♦ *Lui*, n° 1, mensuel érotique à grand tirage pour cadres masculins.

4 NOVEMBRE ♦ Maurice Béjart, *La Reine verte*, avec Maria Callas, au Théâtre Hébertot : spectacle très controversé.

18 NOVEMBRE ♦ J.M.G. Le Clézio, *Le Procès-Verbal* : premier roman, prix Renaudot.

22 NOVEMBRE ♦ Assassinat du président John F. Kennedy à Dallas. Émotion internationale.

24 NOVEMBRE ♦ André Bergeron, secrétaire général de Force ouvrière.

9 DÉCEMBRE ♦ Rolf Hochhuth, *Le Vicaire* (mise en scène F. Spira, Théâtre de l'Athénée) : la pièce dénonce la passivité de Pie XII lors du génocide nazi. L'extrême droite perturbe la représentation.

Littérature, essais et édition □ Jacques Audiberti, *Les tombeaux ferment mal* ; Louis Calaferte, *Septentrion* (roman interdit à sa parution, ne reparaît qu'en 1984) ; Roman Jakobson, *Essais de linguistique générale* ; Emmanuel Levinas, *Totalité et Infini* et *Difficile Liberté* ; György Lukacs, *Théorie du roman*, traduction d'un classique de 1920 ; Herbert Marcuse, *Éros et civilisation* (succès de librairie) ; Alain Robbe-Grillet, *Pour un nouveau roman* (recueil d'articles). Premier *Quid*.

Mort de Tristan Tzara.

Théâtre □ À Nancy, Jack Lang crée le premier Festival mondial du théâtre étudiant ; ouverture du Théâtre de l'Est parisien.

Arts plastiques □ Tinguely, *Eurêka* (1963-1964).

Cinéma □ Jean-Luc Godard, *Le Mépris* (Brigitte Bardot et Michel Piccoli) ; Frédéric Rossif, *Mourir à Madrid*.

Télévision □ Première diffusion des feuilletons *Janique aimée* et *Le Chevalier de Maison-Rouge*.

1964

JANVIER ♦ Gilbert Bécaud, *Et maintenant* : succès international.

27 JANVIER ♦ La France reconnaît le gouvernement de Chine populaire.

FÉVRIER ♦ Alban Berg, *Wozzeck* d'après Georg Büchner (mise en scène de Jean-Louis Barrault), triomphe à l'Opéra de Paris. Consécration du chef d'orchestre Pierre Boulez.

FÉVRIER ♦ Jacques Demy, *Les Parapluies de Cherbourg*. Catherine Deneuve, prix d'interprétation Louis-Delluc.

9 FÉVRIER ♦ Les sœurs Goitschel (Val-d'Isère) enlèvent les deux premières places dans les slaloms spéciaux aux jeux Olympiques d'hiver à Innsbruck.

1ᵉʳ-4 MARS ♦ Grève des Charbonnages de France : les mineurs sont réquisitionnés.

20 MARS ♦ Réforme administrative : création des vingt et une régions de programme.

AVRIL ♦ À la télévision, premières émissions d'Éliane Victor, « Les femmes aussi », et Igor Barrère, « La caméra invisible » : J. Legras essaie de vendre 5 F des billets de 10 F à des passants filmés *incognito* ; débuts de la deuxième chaîne de télévision.

4 MAI ♦ Premières négociations du *Kennedy Round* visant à l'abaissement des droits de douane.

22 MAI ♦ Maria Callas, *La Norma* (Bellini) à l'Opéra de Paris.

JUIN ♦ Jacques Lacan fonde l'École freudienne de Paris après son exclusion en novembre 1963 par la Société française de psychanalyse.

14 JUIN ♦ « Kiki » Caron, seize ans, bat le record du monde de nage du cent mètres dos.

26 JUIN ♦ La RTF devient l'ORTF, doté d'un conseil d'administration.

12 JUILLET ♦ Mort de Maurice Thorez. Waldeck Rochet devient secrétaire général du PCF.

14 JUILLET ♦ Jacques Anquetil, contre Raymond Poulidor (favori du public), remporte sa cinquième victoire du Tour de France.

23 SEPTEMBRE ♦ Inauguration du plafond de l'Opéra commandé par André Malraux à Marc Chagall : l'œuvre fait scandale.

OCTOBRE ♦ Limogeage de Nikita Khrouchtchev. Leonid Brejnev est élu secrétaire du Comité central du PCUS.

6-7 NOVEMBRE ♦ Scission au congrès de la CFTC à Paris : déconfessionnalisation du syndicat qui devient la Confédération française démocratique du travail (CFDT). Eugène Descamps reste secrétaire général. Une minorité maintient la CFTC (Tissier).

19 NOVEMBRE ♦ Jean Daniel fonde *Le Nouvel Observateur* (ancien *France-Observateur*) placé sous le double patronage de Pierre Mendès France et de Jean-Paul Sartre.

DÉCEMBRE ♦ Philippe de Broca, *L'Homme de Rio* (Jean-Paul Belmondo), « film de l'année » : plus de six cent cinquante mille entrées.

10 DÉCEMBRE ♦ Jean-Paul Sartre refuse le prix Nobel de littérature qui lui a été décerné.

19 DÉCEMBRE ♦ Transfert des cendres de Jean Moulin au Panthéon : la cérémonie est présidée par le général de Gaulle et le discours est d'André Malraux.

24-25 DÉCEMBRE ♦ À la télévision, Jean-Christophe Averty dirige la soirée de Noël : pièce de M. Conelly, *Les Verts Pâturages*, la Bible vue par les Noirs. Indignation d'une partie du public.

Littérature et essais □ D. Lapierre et L. Collins, *Paris brûle-t-il ?* (best-seller) ; Pierre Bourdieu et Jean-Claude Passeron, *Les Héritiers* ; Paul Ricœur, *Histoire et Vérité* ; M. Crozier, *Le Phénomène bureaucratique* ; Jean-Paul Sartre, *Les Mots*.

Édition □ Création par Pierre Nora de la collection « Archives » (poche chez Julliard) avec le principe de livrer des documents inédits : P. Goubert et M. Denis, *Les Français ont la parole* ; J. Humbert-Droz, *L'Œil de Moscou à Paris* ; J. Bouvier, *Les Deux Scandales de Panama* ; Léon Poliakov, *Auschwitz* ; nouvelle collection « Femmes » dirigée par Colette Audry aux éditions Gonthier, qui publie le best-seller américain : Betty Friedan, *La Femme mystifiée* (traduction Yvette Roudy).

Théâtre □ Naissance de la compagnie du Théâtre du Soleil autour d'Ariane Mnouchkine.

Chanson □ Georges Brassens, *Les Copains d'abord*.

Cinéma □ Le film de John Huston sur Freud, *Passions secrètes*, n'obtient aucun succès. Jean-Paul Sartre retire son nom du générique et renie son scénario qui n'est publié qu'en 1984 ; J. Girault, *Le Gendarme de Saint-Tropez* (Louis de Funès).

1965

JANVIER ♦ Création des partis marxistes-léninistes prochinois : débuts d'une extrême gauche maoïste en France.

3 JANVIER ♦ Fin de la messe en latin.

FÉVRIER ♦ Premier vol du Mirage III-IV à décollage vertical.

4 FÉVRIER ♦ Conférence de presse du général de Gaulle : il propose une réforme du système monétaire international et un retour à l'étalon-or.

7 FÉVRIER ♦ Début des raids aériens massifs des États-Unis sur le Nord-Vietnam.

12 FÉVRIER ♦ Vernissage au musée d'Art moderne des toiles peintes sous mescaline par Henri Michaux.

MARS ♦ Courrèges crée la « Moon Girl » : les femmes en blanc et en minijupe (inventée par Mary Quant en Angleterre) ; la minijupe constitue une mini-révolution des mœurs : une speakerine de la télévision, Noëlle Noblecourt, est licenciée pour avoir montré ses genoux.

MARS ♦ Censure de l'album de bandes dessinées *Barbarella* de Jean-Claude Forest (Losfeld).

22 MARS ♦ France Gall, *Poupée de cire, poupée de son*, grand prix de l'Eurovision.

26 MAI ♦ Service national ramené à seize mois.

20 JUIN ♦ Triomphe des Beatles à l'Olympia.

20 JUIN ♦ Olivier Messiaen, *Et expecto resurrectionem mortuorum* exécuté en la cathédrale de Chartres en présence du général de Gaulle.

30 JUIN ♦ Ballet *Le Sacre du printemps* (de Stravinski) à l'Opéra : chorégraphie de Maurice Béjart et direction d'orchestre de Pierre Boulez.

13 JUILLET ♦ Loi sur l'autonomie bancaire de la femme mariée. Les époux sont désormais quasi égaux en matière de régime matrimonial.

26 AOÛT ♦ Mort de Le Corbusier. André Malraux lui rend hommage lors de ses obsèques dans la Cour carrée du Louvre.

10 SEPTEMBRE ♦ Création de la Fédération de la gauche démocrate socialiste (FGDS) réunissant la SFIO, le Parti radical, l'UDSR et la Convention des institutions républicaines (CIR) fondée en juin 1964.

OCTOBRE ♦ D. Mothé, *Militant chez Renault* (Seuil) : les réalités du travail ouvrier révélées par un fraiseur aux usines Renault, délégué syndical et ancien militant de « Socialisme ou Barbarie ».

14 OCTOBRE ♦ François Jacob, André Lwoff, Jacques Monod (équipe de l'Institut Pasteur) : prix Nobel de médecine pour leurs travaux sur le code génétique. Cette distinction récompense des savants français pour la première fois depuis 1928.

23 OCTOBRE ♦ Reprise de l'expérience des prêtres ouvriers.

29 OCTOBRE ♦ Enlèvement et disparition de M. Ben Barka, leader de l'Union nationale des forces populaires du Maroc, opposant au roi Hassan II, à Saint-Germain-des-Prés à Paris. L'affaire, en dépit des promesses du général de Gaulle, ne sera jamais officiellement éclaircie, alors que dans les jours suivants il sera établi que les services marocains ont agi avec la complicité des services secrets français.

29 OCTOBRE ♦ Jean-Luc Godard, *Pierrot le Fou* (Jean-Paul Belmondo, A. Karina), interdit aux moins de dix-huit ans sous le motif d'« anarchisme politique et moral ».

21 NOVEMBRE ♦ Première apparition télévisée de Mireille Mathieu, la « nouvelle Édith Piaf ». En 1967, elle est sacrée « chanteuse la plus populaire de l'année ».

26 NOVEMBRE ♦ Lancement et mise sur orbite du premier satellite français (AI).

8 DÉCEMBRE ♦ Clôture solennelle du concile de Vatican II.

5-19 DÉCEMBRE ♦ Introduction de la télévision lors des élections présidentielles au suffrage universel. Le général de Gaulle est élu président de la République au second tour avec 55,2 % des suffrages exprimés (contre 44,8 % à François Mitterrand qui se présentait après le retrait de Gaston Defferre) ; taux d'abstention : 15,7 %. Le 8 janvier 1966, Georges Pompidou, Premier ministre.

11 DÉCEMBRE ♦ Création de *Notre-Dame de Paris* à l'Opéra de Paris par Roland Petit, avec Claire Motte (musique de M. Jarre).

Littérature et essais □ Jorge Semprun, *La Seconde Mort de Ramon Mercader* ; Louis Althusser, *Pour Marx* (recueil d'articles) ; R. Aron, *Essai sur les libertés* ; P. Jalée, *Le Pillage du tiers monde* (Maspero).

Édition □ Pierre Bourdieu fonde la collection « Le Sens commun » (Minuit) : P. Bourdieu, Luc Boltanski, R. Castel, J.-Cl. Chamboredon, *Un art moyen* ; É. Benveniste, *Le Vocabulaire des institutions indo-européennes* ; A. R. Radcliffe-Brown, *Structure et fonction dans les sociétés primitives*.

Théâtre □ Création du Théâtre des Amandiers à Nanterre, par P. Debauche.

Musique □ Iannis Xenakis, compositeur, fonde le Centre de mathématique et d'automatique musicales (CEMAMU) à Paris. Il est l'un des premiers musiciens européens à avoir utilisé l'ordinateur pour ses compositions ; premier disque de free jazz en France.

Chanson □ Léo Ferré à Bobino avec les « chansons interdites ».

1966

JANVIER ♦ Nouvelle traduction française du *Pater* adoptée par toutes les Églises catholiques et protestantes des pays de langue française.

JANVIER ♦ Pierre Sabbagh, « Au théâtre ce soir ». Première d'une série télévisée populaire.

7 JANVIER ♦ Décret créant les instituts universitaires de technologie (IUT).

2 FÉVRIER ♦ Fondation du parti Centre démocrate : Jean Lecanuet est le président.

14 FÉVRIER ♦ Mort de Marguerite Long, « grande dame de la musique française », pianiste, grande interprète de Fauré, Ravel, Debussy.

MARS ♦ Philips lance les transistors de poche sur le marché.

7 MARS ♦ La France quitte l'OTAN et demande le départ des bases et troupes étrangères situées sur son territoire.

15 MARS ♦ Premier numéro de *La Quinzaine littéraire* (F. Erval, M. Nadeau).

29 MARS ♦ Leonid Brejnev devient secrétaire général du PCUS.

AVRIL ♦ Fondation de la Jeunesse communiste révolutionnaire (Alain Krivine), membre de la IVᵉ Internationale fondée par Trotski.

1ᵉʳ AVRIL ♦ Jacques Rivette, *La Religieuse* : film interdit par Yvon Bourges, secrétaire d'État à l'Information, malgré les avis favorables de la Commission de censure. Cela n'empêche pas la sélection du film par le Festival de Cannes.

9 AVRIL ♦ Le Vatican supprime l'index des livres interdits aux croyants.

18 AVRIL ♦ Déclenchement de la Révolution culturelle en Chine.

MAI ♦ Alain Resnais, *La guerre est finie*, film sur un réseau antifranquiste retiré de la sélection officielle du Festival de Cannes à la demande du gouvernement espagnol.

MAI ♦ Jean Genet, *Les Paravents*, mise en scène de Roger Blin au Théâtre de l'Odéon. Manifestation des groupes d'extrême droite pour interrompre la pièce (tracts : « Genet, pédéraste sans talent »).

JUIN ◆ Loi qui augmente les pouvoirs des comités d'entreprise ; pacte d'unité d'action CGT-CFDT.

JUIN ◆ Apparition de la « musicassette » : nombre de chanteurs utilisent rapidement ce nouveau média : Claude François, Juliette Gréco, Nana Mouskouri, Serge Gainsbourg, Rika Zaraï, etc.

JUILLET ◆ Film de Claude Lelouch, *Un homme et une femme* (Anouk Aimée, Jean-Louis Trintignant), grand prix du Festival de Cannes : grand succès.

3 JUILLET ◆ Expérimentation de la première bombe H française à Mururoa (Pacifique).

AOÛT-SEPTEMBRE ◆ Manifestations violentes à Djibouti ; le 21 septembre, le gouvernement décide d'organiser un référendum le 1er juillet 1967 sur l'avenir du territoire. (La France n'accorde l'indépendance que dix ans plus tard.)

1er SEPTEMBRE ◆ Discours de Phnom Penh ; le général de Gaulle critique la politique américaine au Vietnam.

14 SEPTEMBRE ◆ Premier Conseil fédéral des Républicains indépendants (RI) présidé par Valéry Giscard d'Estaing.

23 OCTOBRE ◆ Suppression du « maigre » le vendredi par l'assemblée plénière de l'épiscopat français.

NOVEMBRE ◆ *Le Nouvel Observateur* publie une enquête : « Voici comment vous êtes catholiques » : 84 % des Français se disent catholiques et 47 % se déclarent prêts à engager une action commune avec les communistes.

NOVEMBRE ◆ Premiers numéros du magazine de musique *Rock & Folk* et du *Magazine littéraire*, bimestriel (G. Sitbon, directeur).

18 NOVEMBRE ◆ Rétrospective de l'œuvre de Picasso aux Grand et Petit Palais et à la Bibliothèque nationale, inaugurée par André Malraux.

30 NOVEMBRE ◆ Création du Comité Vietnam national (direction : Laurent Schwartz, Jean Schalit, Alain Krivine, Bernard Kouchner). Il organise « Six

heures pour le Vietnam » à la Mutualité.

DÉCEMBRE ◆ Création de la première société d'informatique française, C II, par la CGE, Thomson, Schneider et le groupe Rivaud dans le cadre du plan Calcul mis en place par le gouvernement le 20 juillet : début d'une politique française de l'informatique.

20 DÉCEMBRE ◆ Accord entre la Fédération de gauche démocrate socialiste (FGDS) et le PCF pour assurer le succès du « candidat de la gauche le mieux placé ». Georges Pompidou dénonce la possibilité d'une « dictature du prolétariat ».

Littérature et essais □ Julien Green, *Terre lointaine* ; Claude Mauriac, *L'Oubli* ; Michel Foucault, *Les Mots et les Choses* ; Fernand Braudel, *La Méditerranée et le monde méditerranéen à l'époque de Philippe II* (réédition augmentée de sa thèse).

Édition □ Pierre Nora lance la « Bibliothèque des sciences humaines » (Gallimard) : Elias Canetti, *Masse et Puissance* ; Émile Benveniste, *Problèmes de linguistique générale* ; G. Calame-Griaule, *Ethnologie et Langage*.

Chanson □ Serge Gainsbourg, compositeur de Brigitte Bardot, Petula Clark, Régine, France Gall, est le « roi du marché français de la chanson » (*L'Express*).

Arts plastiques □ Balthus, *La Chambre turque*.

Cinéma □ Jean-Pierre Melville, *Le Deuxième Souffle* (Lino Ventura) ; Gérard Oury, *La Grande Vadrouille*.

1967

FÉVRIER ♦ Apparition dans *Le Monde* d'un supplément littéraire de huit pages sous la direction de J. Piatier.

MARS ♦ Mao Tsé-toung, *Le Petit Livre rouge* en français.

18 MARS ♦ Naufrage du pétrolier *Torrey Canyon* : 80 000 tonnes de pétrole menacent les plages de Bretagne. Le plan Orsec est déclenché : première « marée noire ».

AVRIL ♦ Armand Jammot, « Les dossiers de l'écran » : une émission télévisée qui rencontre bientôt une large audience.

2 AVRIL ♦ « Bande dessinée et figuration narrative », exposition au musée des Arts décoratifs à Paris. La première du genre, dans le monde.

26 AVRIL ♦ Le gouvernement Pompidou applique l'article 38 de la Constitution : action par ordonnances dans les domaines de l'emploi, de la réforme de la Sécurité sociale, de la modernisation industrielle. Vives protestations parlementaires. Le 17 mai, grande manifestation à la Bastille contre les pouvoirs spéciaux demandés par le gouvernement (CGT, CFDT, FO, FEN).

MAI ♦ Création du Marché international du disque et de la musique par B. Chevry (MIDEM).

16 MAI ♦ Fin du *Kennedy Round* (commencé en mai 1964) : baisse de 40 % des droits de douane sur les produits industriels de cinquante pays.

5-10 JUIN ♦ Guerre des Six Jours : le général de Gaulle désigne Israël comme l'agresseur et met l'embargo sur les ventes d'armes. Dans une conférence de presse (27 novembre), il évoque « un peuple d'élite, sûr de lui et dominateur ». Réveil soudain d'une conscience juive en France.

11-16 JUIN ♦ Congrès de la CGT : Georges Séguy succède à Benoît Frachon au secrétariat général de la CGT.

23-25 JUIN ♦ Congrès du PSU (Michel Rocard, secrétaire général) : pour une association avec la FGDS.

13 JUILLET ♦ Création de l'Agence nationale pour l'emploi (ANPE).

26 JUILLET ♦ Voyage officiel du général de Gaulle au Québec, à l'occasion de l'Exposition universelle de Montréal : « Vive le Québec libre ! »

31 JUILLET ♦ Clôture de l'exposition Toutânkhamon (Petit Palais) ; succès sans précédent : 1,3 million de visiteurs.

3 AOÛT ♦ Création au Festival d'Avignon, par Maurice Béjart et le Ballet du XXe siècle, de *Messe pour le temps présent* (musique de Pierre Henry avec des séquences de musiques indienne, classique occidentale et pop).

SEPTEMBRE ♦ Les Rolling Stones se produisent à l'Olympia.

1er OCTOBRE ♦ Première émission en couleur sur la deuxième chaîne de télévision : 60 % seulement des programmes sont en couleur (vingt heures par semaine).

2 OCTOBRE ♦ Création de Nouvelles Frontières par Jacques Maillot pour des vacances à petits prix (le premier charter en France a été affrété en juillet 1966, à destination de Beyrouth).

NOVEMBRE ♦ La « Fenêtre rose », première nuit psychédélique au palais des Sports, organisée par J.-J. Lebel.

NOVEMBRE ♦ Le satiriste Guy Bedos, *La police avec nous* (J.-L. Dabadie).

3 NOVEMBRE ♦ Jacques Monod, leçon inaugurale au Collège de France (chaire de biologie moléculaire).

14 NOVEMBRE ♦ Guy Debord, *La Société du spectacle*, essai du chef de file du mouvement situationniste. Il en tire un film en mai 1974.

15 NOVEMBRE ♦ Service militaire réduit à douze mois.

5 DÉCEMBRE ♦ Constat de l'augmentation de 50 % de la consommation des « médicaments du psychisme » en cinq ans, en France : *Le Nouvel Observateur*, « La révolution des tranquillisants » (Claude Lévi-Strauss, Georges Devereux, H. Laborit, etc.).

29 DÉCEMBRE ♦ Loi Neuwirth adoptée de haute lutte par l'Assemblée nationale : légalisation de la contraception ; la pilule est en vente libre dans les pharmacies mais non encore remboursée par la Sécurité sociale (les décrets d'application ne seront publiés qu'en 1969 et 1972).

Littérature et essais □ Claire Etcherelli, *Élise ou la Vraie Vie* (prix Femina, adapté au cinéma par Michel Drach en 1970) ; Pierre Guyotat, *Tombeau pour 500 000 soldats* (roman évoquant la guerre d'Algérie, porté au théâtre en 1981) ; Michel Leiris, *Fibrilles* (jeux sur le langage) ; Claude Simon, *Histoire* (prix Médicis) ; Michel Tournier, *Vendredi ou les Limbes du Pacifique* ; Raymond Aron, *Les Étapes de la pensée sociologique* ; Jacques Derrida, *L'Écriture et la Différence* et *De la grammatologie* ; Louis Dumont, *Homo hierarchicus*, essai sur le système des castes ; J. Laplanche, J.-B. Pontalis, *Vocabulaire de la psychanalyse* ; Henri Mendras, *La Fin des paysans*.

Presse □ En octobre, *L'Expansion*, n° 1 (J.-L. Servan-Schreiber, J. Boissonnat), destiné à un public de cadres gestionnaires.

Théâtre □ *La Tragédie du roi Christophe*, d'Aimé Césaire, mise en scène : Jean-Marie Serreau.

Chanson □ Barbara, *L'Aigle noir* ; Jean Ferrat, *La Montagne*.

Cinéma □ Jean-Luc Godard, *La Chinoise* ; M. Antonioni, *Blow Up* (V. Redgrave, D. Hemmings), Palme d'or au Festival de Cannes.

Radiodiffusion □ Émission radiodiffusée de Ménie Grégoire (RTL) : les auditeurs téléphonent pour demander des conseils psychologiques.

1968

JANVIER ♦ Serge Reggiani interprète *Le Déserteur* de Boris Vian ; concert de Jimi Hendrix à l'Olympia.

1ᵉʳ JANVIER ♦ Concentration des firmes sidérurgiques lorraines au sein de la société Wendel-Sidélor.

FÉVRIER ♦ *Irène*, texte érotique de Louis Aragon, premier livre publié par Régine Desforges (L'Or du temps). Intégralement saisi, le livre est réimprimé en mars sous un faux nom (A. de Routisie).

6-18 FÉVRIER ♦ Succès de Jean-Claude Killy aux jeux Olympiques de Grenoble : il remporte trois médailles d'or.

MARS ♦ Un article devenu célèbre *a posteriori* de Pierre Viansson-Ponté dans *Le Monde* : « Quand la France s'ennuie… ».

MARS ♦ Débuts du « printemps de Prague » en Tchécoslovaquie.

22 MARS ♦ Naissance du « mouvement du 22 Mars », animé notamment par Daniel Cohn-Bendit à l'université de Nanterre.

27 AVRIL ♦ Succès de l'émission quotidienne de Ménie Grégoire sur RTL.

MAI ♦ Herbert Marcuse, *L'Homme unidimensionnel* (mille exemplaires vendus par jour).

3 MAI ♦ Début des événements de mai : meeting à la Sorbonne, Jean Roche, recteur de l'académie de Paris, fait évacuer l'université par la police pour éviter des affrontements violents entre étudiants de gauche et de droite ; importante manifestation au quartier Latin, première nuit de barricade : plus de 100 blessés.

7 MAI ♦ *Action* (Jean Schalit), n° 1, journal du mouvement étudiant où dessinent Wolinski et Reiser.

11 MAI ♦ De retour d'Iran, Georges Pompidou annonce la réouverture de la Sorbonne et la libération des étudiants arrêtés.

13 MAI ♦ Les syndicats appellent à la grève générale pour protester contre la « répression policière ». Un million de personnes manifestent. La Sorbonne

est occupée par les étudiants ; le mouvement s'étend en province.

18 MAI ♦ De retour de Roumanie le général de Gaulle déclare : « La réforme, oui ; la chienlit, non » ; occupations d'usines, grève générale qui entraîne la paralysie économique dans l'ensemble du pays : 10 millions de grévistes le 20 mai. François Truffaut, Jean-Luc Godard, Claude Lelouch, Claude Berri, Louis Malle interrompent le Festival de Cannes.

24-27 MAI ♦ Deuxième nuit de barricades. Meeting au stade Charléty en présence de Pierre Mendès France, acclamé. Accords de Grenelle : augmentation du SMIG et des salaires de 7 % à 10 %, 40 heures hebdomadaires, abaissement de l'âge de la retraite, affirmation du droit syndical dans les entreprises, formation de commissions mixtes pour étudier l'emploi et la formation professionnelle. Le 28 mai, Alain Peyrefitte, ministre de l'Éducation nationale, démissionne.

30 MAI ♦ Discours du général de Gaulle à la radio : « La France est menacée de dictature. » Il annonce la dissolution de l'Assemblée nationale. Grande manifestation sur les Champs-Élysées pour le soutenir.

31 MAI ♦ L'essence réapparaît dans Paris.

JUIN ♦ Le plastique devient une des matières les plus prisées : exemple, les tabourets tam-tam dessinés par Henri Massonet.

7 JUIN ♦ Violents incidents à l'usine Renault de Flins ; un lycéen, Gilles Tautin, meurt noyé. Les 10-12 juin : manifestations violentes en souvenir du lycéen.

13-16 JUIN ♦ Décret de dissolution des principales organisations gauchistes. Évacuation de la Sorbonne.

15 JUIN ♦ Amnistie du général Salan et de dix autres condamnés ayant appartenu à l'OAS à l'occasion des cérémonies du 18 Juin.

23-30 JUIN ♦ Raz de marée gaulliste aux élections législatives : l'Union pour la défense de la République (UDR) obtient 358 sièges sur 485. Le 10 juillet : gouvernement Couve de Murville.

25 JUILLET ♦ L'encyclique *Humanae Vitae* condamne les méthodes de contrôle des naissances et l'avortement thérapeutique. Vives réactions de protestation.

20 AOÛT ♦ Intervention des troupes du pacte de Varsovie en Tchécoslovaquie. Le PCF fait immédiatement part de « sa surprise et sa réprobation ».

OCTOBRE ♦ Premières publicités de marques sur la première chaîne de télévision. Deux minutes par jour.

4 OCTOBRE ♦ Début de l'« affaire Markovic » : Stevan Markovic, garde du corps d'Alain et Nathalie Delon, est découvert assassiné. Le couple Pompidou est bientôt impliqué sur la base de faux documents.

12 OCTOBRE ♦ Ouverture des XVIᵉ jeux Olympiques à Mexico. Sur le podium, les athlètes noirs T. Smith, J. Carlos lèvent leur poing ganté de noir, symbole du Black Power. La France remporte quinze médailles.

12 NOVEMBRE ♦ Loi Edgar Faure d'orientation de l'enseignement supérieur adoptée à l'unanimité : création d'« unités d'enseignement et de recherche » (UER) regroupées en universités pluridisciplinaires, autonomes financièrement et administrativement. Les étudiants participent directement à la gestion.

Littérature et essais □ Albert Cohen, *Belle du seigneur* ; Amadou Kourouma, *Les Soleils des indépendances* (roman) ; Milan Kundera, *La Plaisanterie*, préfacé par Louis Aragon (sur le printemps de Prague) ; Patrick Modiano, *La Place de l'Étoile* ; Alexandre Soljenitsyne, *Le Pavillon des cancéreux* ; Marguerite Yourcenar, *L'Œuvre au noir* ; Annie Kriegel, *Les Communistes français : essai d'ethnographie politique* ; W. Reich, *La Révolution sexuelle* (traduit chez Plon).

Édition □ En septembre, premier volume de l'*Encyclopedia Universalis*, sous la direction de Cl. Grégory (la publication s'étale jusqu'en 1975).

Chanson □ Serge Gainsbourg, *69, année érotique.*

Arts plastiques □ Mort de Marcel Duchamp.

1969

20 JANVIER ♦ Richard Nixon, président des États-Unis.

FÉVRIER ♦ *Charlie*, n° 1, mensuel d'humour et de bandes dessinées : « Snoopy » en couverture (Delfeil de Ton, Cavanna).

12 FÉVRIER ♦ La commission d'éthique sexuelle et familiale de la Fédération protestante de France se prononce en faveur des moyens contraceptifs.

MARS ♦ Premières échographies permettant de voir l'enfant dans le ventre de la mère.

2 MARS ♦ Premier vol du *Concorde*, avion supersonique, à Toulouse.

15 MARS ♦ Cherbourg : lancement du *Redoutable*, sous-marin nucléaire français.

27 AVRIL ♦ Référendum concernant la « rénovation » du Sénat et la régionalisation du territoire français : 53,17 % de non.

28 AVRIL ♦ Le général de Gaulle annonce sa démission. Alain Poher, président du Sénat, assure l'intérim.

MAI ♦ Comédie musicale *Hair* au Théâtre de la Porte-Saint-Martin, à Paris (débuts de Julien Clerc, Michel Fugain, Daniel Balavoine).

JUIN ♦ Georges Perec, *La Disparition* (Denoël) : roman écrit sans utiliser la lettre *e* qui est la plus courante de l'alphabet. Ce jeu d'écriture passe d'abord inaperçu.

1er-15 JUIN ♦ Élections présidentielles. Au premier tour, Jacques Duclos (PCF) obtient 21,5 % des suffrages exprimés, Gaston Defferre 5 %, etc. ; Georges Pompidou l'emporte au second tour avec 57,5 % des suffrages exprimés. Abstentions : 30,94 %.

11-13 JUILLET ♦ Congrès d'Issy-les-Moulineaux : la SFIO devient le Parti socialiste (PS). Alain Savary est élu premier secrétaire.

21 JUILLET ♦ L'homme marche sur la Lune : alunissage de la mission Apollo II (Neil Armstrong, E. Aldrin). Six cents millions de personnes suivent l'événement à la télévision.

8 AOÛT ♦ Dévaluation du franc de 12,5 %.

15-18 AOÛT ♦ Woodstock (New York) : festival de musique pop qui attire plus de quatre cent mille jeunes.

1er SEPTEMBRE ♦ Suicide de Gabrielle Russier, jeune professeur de lettres à Marseille, condamnée pour « détournement de mineurs » à la suite d'une histoire d'amour avec l'un de ses élèves, en mai 1968. Histoire qui inspire le film *Mourir d'aimer* par André Cayatte.

16 SEPTEMBRE ♦ À l'Assemblée nationale, Jacques Chaban-Delmas, Premier ministre, expose son projet de « nouvelle société » (Jacques Delors, S. Nora) face à une société française considérée comme « bloquée ».

25 SEPTEMBRE ♦ Agitation des artisans et commerçants à l'initiative du CID-UNATI de Gérard Nicoud.

OCTOBRE ♦ Apparition de la mode « maxi » pour les manteaux, les jupes restent « mini ».

6 NOVEMBRE ♦ Sondage SOFRES : 51 % des Français regrettent le départ du général de Gaulle ; 62 % ne souhaitent pas son retour au pouvoir.

DÉCEMBRE ♦ *L'Idiot international*, n° 1 (Jean-Edern Hallier) : première expérience d'envergure de la presse gauchiste (encarts publicitaires dans *Le Monde*). Le tirage atteint 20 000 exemplaires.

2 DÉCEMBRE ♦ Rapport Vedel sur la situation de l'agriculture française ; la France ne s'oppose plus à l'adhésion de la Grande-Bretagne à la CEE.

14 DÉCEMBRE ♦ Inauguration du premier tronçon du réseau express régional (RER) en Île-de-France : Nation-Boissy-Saint-Léger.

19 DÉCEMBRE ♦ Le salaire minimal interprofessionnel de croissance (SMIC) remplace le SMIG.

⇨ Première femme reçue major à l'ENA, Françoise Chandernagor.

Littérature et essais □ Hélène Cixous, *Dedans* (prix Médicis) ; Albert Cohen, *Les Valeureux* ; Claude Simon, *La Bataille de Pharsale* ; Bruno Bettelheim, *La Forteresse vide*, première traduction

---

française du fondateur de l'école orthogénique (Chicago) ; Alain Schnapp et Pierre Vidal-Naquet, *La Commune étudiante*.

Danse □ Installation à La Rochelle du Théâtre du Silence de B. Lefèvre et J. Garnier.

Chanson □ Léo Ferré, *Ni dieu, ni maître* et *Les Anarchistes* ; Jacques Dutronc, *Et moi, et moi, et moi...* et *On nous cache tout, on nous dit rien* ; Georges Moustaki, *Le Métèque* ; Serge Gainsbourg, *Je t'aime... moi non plus*.

Cinéma □ Costa-Gavras, *Z* ; Éric Rohmer, *Ma nuit chez Maud* ; Claude Sautet, *Les Choses de la vie*.

1970

FÉVRIER ◆ Exposition de deux cents toiles de Paul Klee au musée d'Art moderne à Paris.

4-8 FÉVRIER ◆ Congrès du PCF à Nanterre : Waldeck Rochet est réélu secrétaire général, Georges Marchais secrétaire adjoint. Roger Garaudy est écarté du bureau politique. Le 3 juillet, le PCF exclut Charles Tillon.

14 MARS ◆ Démission du doyen Paul Ricœur à la suite d'incidents à Nanterre (il est coiffé d'une poubelle).

26 MARS ◆ Premier accord sur la mensualisation à la Régie Renault. Le 3 juin, le gouvernement décide l'intéressement de 45 000 salariés à l'entreprise.

AVRIL ◆ Ouverture de l'École polytechnique aux jeunes filles. Anne Chopinet sera la première femme major en 1972.

AVRIL ◆ Adoption par le Parlement de la loi anticasseurs qui engage la responsabilité collective des organisateurs dans les manifestations de rue.

AVRIL ◆ Création de France-Loisirs, qui devient rapidement le plus grand club français de vente de livres par correspondance.

MAI ◆ *La Recherche*, n° 1 (directeur : M. Chodkiewicz) : devient la première revue scientifique en Europe (90 000 exemplaires) à portée du grand public.

8 MAI ◆ Le magasin de luxe Fauchon (« cette porcherie à rupins ») est dévalisé par un groupe de la Gauche prolétarienne qui redistribue les produits aux immigrés des bidonvilles de la banlieue parisienne. Le 27, dissolution de la Gauche prolétarienne. Procès des directeurs de *La Cause du peuple*. Les 20-22 octobre, Alain Geismar est condamné à 18 mois de prison.

4 JUIN ◆ Loi sur l'autorité parentale : transforme la puissance paternelle sur les enfants en autorité partagée à égalité par chacun des parents.

24 JUIN ◆ Concert à la Mutualité à Paris, au profit des Black Panthers.

JUILLET ◆ Apparition des « seins nus » à Saint-Tropez sur les plages.

14 JUILLET ◆ Mort de Luis Mariano, grand chanteur d'opérette : *L'amour est un bouquet de violettes*, *La Belle de Cadix*.

26 AOÛT ◆ Première manifestation du Mouvement de libération des femmes (MLF) en France : neuf femmes déposent une banderole sur la tombe du soldat inconnu à Paris : « Il y a plus inconnu que le soldat inconnu : sa femme. »

SEPTEMBRE ◆ Madame Soleil sur Europe n° 1. Ce sera l'émission de l'année 1971.

SEPTEMBRE ◆ Première exposition du groupe « Supports-Surfaces » (D. Dezeuze, P. Saytour, A. Valensi, Cl. Viallat, V. Bioulès) à l'ARC, au musée d'Art moderne de Paris.

SEPTEMBRE ◆ Frank Herbert, *Dune* (Laffont, coll. « Ailleurs et demain » créée en 1969 ; G. Klein, directeur). Immense succès d'un livre de littérature de science-fiction (genre encore considéré comme mineur) : 500 000 exemplaires. En octobre, à Vincennes : premier enseignement universitaire sur la bande dessinée.

16 OCTOBRE ◆ Les livres des deux Nobel scientifiques François Jacob, *La Logique du vivant*, et Jacques Monod, *Le Hasard et la Nécessité*, remportent un grand succès de librairie.

21 OCTOBRE ◆ Mise en service de l'autoroute A6, Lille-Marseille : on peut traverser la France du nord au sud « sans être arrêté par un seul feu rouge ».

NOVEMBRE ◆ *Études*, dossier sur l'avortement (B. Ribes, E. Pousset, P. Cordier...). S'il lui est impossible d'envisager la légalisation de l'avortement (de nombreuses exceptions sont acceptées telles que l'avortement thérapeutique pour les femmes violées, les enfants anormaux), la revue reste favorable à la contraception.

NOVEMBRE ◆ *L'Oiseau de feu*, chorégraphie de Maurice Béjart au palais des Sports (musique : Igor Stravinski).

9 NOVEMBRE ◆ Mort du général de Gaulle. Deuil national. Le 15, la place de l'Étoile est rebaptisée Charles-de-Gaulle malgré l'opposition du conseil de Paris.

20 NOVEMBRE ◆ Parution de *Charlie-Hebdo*, après l'interdiction aux mineurs d'*Hara-Kiri*.

26 DÉCEMBRE ◆ *1789. La révolution doit s'arrêter à la perfection du bonheur*, pièce montée par Ariane Mnouchkine et le Théâtre du Soleil à la Cartoucherie de Vincennes, qui remporte un grand succès jusqu'en juillet 1971.

Littérature, essais et édition □ Bertrand Poirot-Delpech, *La Folle de Litanie* ; J.M.G. Le Clézio, *La Guerre* ; Michel Déon, *Les Poneys sauvages* (prix Interallié) ; Michel Tournier, *Le Roi des aulnes* (prix Goncourt) ; André Hodeir, *Les Mondes du jazz* ; A.S. Neil, *Libres enfants de Summerhill* (Maspero) ; en mars, Br. Flamand lance la collection de poche « Points », axée sur les sciences humaines (Lacan, Marcuse, Bataille, Jakobson, Barthes...).

Mort de François Mauriac.

Théâtre □ Jérôme Savary crée le Grand Magic Circus.

Cinéma □ Costa-Gavras et Jorge Semprun, *L'Aveu* (Yves Montand), d'après le livre de A. London.

1971

JANVIER ◆ Création d'un ministère de l'Environnement.

10 JANVIER ◆ Mort de Coco Chanel.

8 FÉVRIER ◆ Michel Foucault crée un Groupe d'information sur les prisons (GIP) qu'il préside avec Jean-Marie Domenach, Pierre Vidal-Naquet. *Enquête dans vingt prisons* (Champ libre) rapporte les révoltes des détenus à Melun, Limoges, Fleury-Mérogis, etc.

5 MARS ◆ Meeting à la Mutualité de l'association contre l'avortement « Laissez-les vivre » (née en novembre 1970).

9 MARS ◆ Violente manifestation d'Ordre nouveau au palais des Sports.

AVRIL ◆ Film de Marcel Ophuls, André Harris, Alain de Sédouy, *Le Chagrin et la Pitié*, chronique de la vie quotidienne à Clermont-Ferrand pendant l'Occupation. Le film passe à Paris : 600 000 spectateurs en deux ans. La télévision refuse sa diffusion jusqu'en octobre 1981, sur FR3 : quinze millions de téléspectateurs.

AVRIL ◆ J. Rubin, *Do it !* (Seuil). Le mouvement hippie (les « yippies »).

5 AVRIL ◆ Manifeste de 343 femmes en faveur de la contraception libre et l'avortement : « Notre ventre nous appartient » : Colette Audry, Simone de Beauvoir, Catherine Deneuve, Dominique Desanti, Gisèle Halimi, Ariane Mnouchkine, Jeanne Moreau, etc.

MAI ◆ Grève d'un mois chez Renault pour protester contre le sort des OS.

JUIN ◆ *Jésus-Christ Superstar*, opéra rock à Paris. Plus de deux millions d'albums vendus aux États-Unis ; diffusé par Radio Vatican, « [un] chef-d'œuvre de réalisme mystique ».

11-13 JUIN ◆ Congrès du Parti socialiste (qui remplace la SFIO depuis 1970) à Épinay-sur-Seine. François Mitterrand est élu premier secrétaire.

JUIN-JUILLET ◆ Création de Choisir, association militante en faveur des droits de la femme, par Gisèle Halimi, Jacques Monod, M. Chevalier.

1er JUILLET ◆ Instauration du stationnement payant à Paris et apparition des contractuelles.

13 JUILLET ◆ Début de la démolition des Halles de Paris.

29 JUILLET ◆ Ouverture du centre expérimental de Marmottan par le Dr Olievenstein : accueil et écoute de jeunes drogués.

9 AOÛT ◆ Dans une interview au *New York Times Magazine*, Georges Pompidou dit détester (« *I hate* ») et être agacé par tout ce qui rappelle la résistance française à l'occupation allemande.

15 AOÛT ◆ Fin de la convertibilité or du dollar.

SEPTEMBRE ◆ Création de la section française d'Amnesty International.

22 SEPTEMBRE ◆ À la prison de Clairvaux, Cl. Buffet et R. Bontemps exécutent des otages pris le 20. Condamnés à mort, ils sont exécutés le 28 novembre 1972 ; le refus de la grâce présidentielle donne lieu à un grand débat sur la peine de mort (Robert Badinter, un de leurs avocats, publie *L'Exécution*, Grasset, 1973).

OCTOBRE ◆ Simon Leys (pseudonyme de P. Ryckmans), *Les Habits neufs du président Mao* : critique, par un grand sinologue, du totalitarisme maoïste encore totalement passé sous silence. Le 24, la Chine populaire est admise à l'ONU.

OCTOBRE ◆ Le concours d'aménagement urbain d'Évry (architectes : M. Andreault et P. Porat). Entrée de Ricardo Bofill sur la scène architecturale française.

NOVEMBRE ◆ Georges Pompidou gracie Paul Touvier, un des chefs de la milice de Lyon pendant l'Occupation. La décision passe inaperçue. Un article de *L'Express* du 5 juin 1972 (Jacques Derogy, « *L'Express* a retrouvé le bourreau de Lyon ») fera éclater l'affaire.

DÉCEMBRE ◆ Le pantalon, consacré féminin par la haute couture (Yves Saint Laurent) et plébiscité par la rue : il s'en vend désormais autant que de robes.

DÉCEMBRE ◆ Nombreuses grèves ; lois sur les conventions collectives et la formation professionnelle.

Littérature et essais □ Francis Ponge, *La Fabrique du pré* ; Jacques Laurent, *Les Bêtises* (prix Goncourt) ; G. Jackson, *Les Frères de Soledad* (Gallimard), préface de Jean Genet ; Paul Veyne, *Comment on écrit l'histoire* ; Max Weber, *Économie et société*, t. I (en français, cinquante ans après sa publication en allemand) ; Ivan Illich, *Une société sans école*.

Théâtre □ Mort de Jean Vilar.

Musique □ Mort de Louis Armstrong ; Paul Le Flem, *Symphonie n° 4* (1971-1972).

Arts plastiques □ Pignon-Ernest, *Deux mille gisants dans Paris*.

Cinéma □ Louis Malle, *Le Souffle au cœur*.

Mort de Fernandel.

1972

1er JANVIER ◆ Mort de Maurice Chevalier.

10 JANVIER ◆ « La révolution des homosexuels », *Le Nouvel Observateur*. Le jeune Guy Hocquenghem, futur écrivain, parle de son homosexualité.

12 JANVIER ◆ À la télévision, première émission de Jacques Chancel, « Le Grand Échiquier » ; le même mois, première de « L'Heure de vérité ».

FÉVRIER ◆ Claude Zidi, *Les Bidasses en folie* (les Charlots), 800 000 spectateurs en deux mois.

2 FÉVRIER ◆ Inauguration du musée des Arts et Traditions populaires, à Paris (conçu par G.-H. Rivière). J. Cuisenier, directeur (ancien élève de Claude Lévi-Strauss).

18 FÉVRIER ◆ Fondation de Médecins Sans Frontières-MSF (Claude Malhuret).

26 FÉVRIER ◆ Un vigile des usines Renault tue le militant maoïste Pierre Overney. Le 4 mars, 200 000 personnes assistent à ses obsèques.

R. Nogrette, chef des relations sociales, est kidnappé deux jours plus tard par « le groupe Pierre Overney de la nouvelle résistance populaire ».

6 AVRIL ♦ Début de l'affaire de Bruay-en-Artois : la jeune Brigitte Dewèvre est assassinée. Le notaire inculpé bénéficie d'un non-lieu en 1974.

24 AVRIL ♦ Création du Serpent monétaire européen.

MAI ♦ Film de Jean Yanne, *Tout le monde il est beau, tout le monde il est gentil*. Satire mordante des milieux de la radio et de la publicité.

MAI ♦ *L'Écho des savanes*, n° 1, magazine de BD (Claire Bretécher, Marcel Gotlib, Mandryka).

16 MAI ♦ « Douze ans d'art contemporain en France » (Grand Palais). Première grande manifestation d'art réellement contemporain (Adami, Aillaud, Arroyo, Dubuffet…).

1er JUIN ♦ Rapport du Club de Rome sur les limites de la croissance économique, *Halte à la croissance* (Fayard).

5 JUIN ♦ *L'Express* révèle les crimes de Paul Touvier, un des chefs de la Milice à Lyon pendant l'Occupation, et sa grâce par le président Georges Pompidou en novembre 1971. L'affaire Touvier est lancée : il n'est arrêté qu'en mai 1989 au prieuré intégriste Saint-François de Nice.

14 JUIN ♦ Inauguration du musée du Cinéma, œuvre d'Henri Langlois, au palais de Chaillot.

27 JUIN ♦ Programme commun de gouvernement signé entre le PS et le PCF puis avec les radicaux de gauche.

SEPTEMBRE ♦ Constitution du parti d'extrême droite le Front national par Jean-Marie Le Pen.

5-6 SEPTEMBRE ♦ Jeux Olympiques de Munich. « Septembre noir », un commando palestinien, exécute onze athlètes israéliens.

25 SEPTEMBRE ♦ *Le Point*, n° 1, hebdomadaire avec une équipe issue de *L'Express* (Claude Imbert).

NOVEMBRE ♦ Début du « procès de Bobigny » contre une « avorteuse », une « avortée » et leurs « complices » (les lois de 1920-1923 interdisent l'avortement). L'association Choisir

(fondée en 1971) cite à la barre des personnalités scientifiques : Milliez, Jacques Monod. Des peines mineures seront infligées aux inculpées.

NOVEMBRE ♦ Rapport Simon sur le comportement sexuel des Français (Club français du livre). Première enquête sur sondage sur la vie sexuelle en France.

DÉCEMBRE ♦ *Art-Press*, n° 1 (rédactrice en chef : C. Millet). Les avant-gardes picturales.

7 DÉCEMBRE ♦ Plan de lutte contre l'inflation (emprunt de 5 milliards de francs, baisse de la TVA).

17 DÉCEMBRE ♦ Georges Marchais, secrétaire général du PCF.

31 DÉCEMBRE ♦ Premières émissions de la troisième chaîne, FR3, chaîne des « régions » (Jean-Louis Guillaud, P-DG).

⇨ Circulaires Marcellin-Fontanet (lient la régularisation d'un travailleur étranger à la possession d'un logement).

Littérature et essais □ Milan Kundera, *La Valse aux adieux* ; J.-P. Manchette, *Nada* (roman policier à succès) ; Henry de Montherlant, *Mais aimons-nous ce que nous aimons ?* (texte posthume, l'auteur vient de se suicider) ; Nathalie Sarraute, *Vous les entendez ?* ; Michel Butor, *Travaux d'approche* (poésie) ; Claude Vigée, *Le Soleil sous la mer* (recueil poétique, 1939-1971) ; Félix Guattari, Gilles Deleuze, *L'Anti-Œdipe. Capitalisme et schizophrénie I* (manifeste philosophique de la conjoncture Mai 68).

Presse, revues et édition □ En avril, *Afrique-Asie*, n° 1 : magazine tiers-mondiste ; en octobre, dernier numéro des *Lettres françaises* ; en janvier, Gallimard lance sa collection de livres de poche « Folio » (tirés à 30 000 exemplaires) ; création de la « Bibliothèque des histoires » (Gallimard) dirigée par Pierre Nora : Georges Duby, *Guerriers et Paysans* ; Van Gulik, *La Vie sexuelle dans la Chine ancienne* ; Nathan Wachtel, *La Vision des vaincus*.

Cinéma □ B. Bertolucci, *Le Dernier Tango à Paris* (Marlon Brando, Maria Schneider) ; Luis Buñuel, *Le Charme discret de la bourgeoisie*.

1973

JANVIER ♦ Le premier test-grossesse, « G-Test », en vente libre dans les pharmacies.

1er JANVIER ♦ Entrée du Royaume-Uni, de l'Irlande et du Danemark dans la CEE.

4 JANVIER ♦ *Libération*, quotidien d'information, présenté à la presse par Ph. Gavi, J.-R. Hulen, Serge July, Jean-Paul Sartre, J.-C. Vernier. Un nouveau journalisme : photocomposition, égalité des salaires et refus de la publicité.

FÉVRIER ♦ Jean Poiret, Michel Serrault, *La Cage aux folles* au Théâtre du Palais-Royal, à Paris.

3 FÉVRIER ♦ Manifeste de 331 médecins qui pratiquent l'avortement et demandent son remboursement par la Sécurité sociale. Quatre prix Nobel signent le manifeste.

6 FÉVRIER ♦ Incendie du CES Édouard-Pailleron à Paris : 21 morts. La construction en préfabriqué déclenche une polémique.

22 FÉVRIER ♦ André Harris, Alain de Sédouy, *Français, si vous saviez*, film sur la guerre d'Algérie, diffusée uniquement dans les salles d'art et d'essai.

MARS ♦ La couette concurrence les draps et couvertures.

3 MARS ♦ Création du diplôme d'études universitaires générales (DEUG).

AVRIL ♦ Dr J. Cohen, J. Kahn-Nathan, G. Tordjman, Ç. Verdoux, *Encyclopédie de la vie sexuelle* (Hachette). Premier manuel d'éducation sexuelle. Le 23 juillet, l'enseignement secondaire intègre l'éducation sexuelle à ses programmes (circulaire ministérielle).

8 AVRIL ♦ Mort de Pablo Picasso.

25 AVRIL ♦ Inauguration du périphérique parisien par Pierre Messmer.

MAI 1973 ♦ Le premier micro-ordinateur vendu tout assemblé apparaît en France : le Micral (basé sur le microprocesseur Intel 8008) conçu par François Gernelle de la société R2E dirigée par André Truong Trong Thi.

La machine ne survit pas au rachat de R2E par Bull. Mais, en juin, c'est à propos du Micral qu'apparaît pour la première fois dans la presse américaine le mot « *microcomputer* » (micro-ordinateur).

JUIN ♦ Le SMIC est porté à mille francs par mois.

18-19 JUIN ♦ À l'usine Lip d'horlogerie de Besançon, les grévistes décident la remise en route de la fabrication des montres et l'autogestion de l'entreprise. Le 14 août, l'usine Lip est évacuée par la police. En septembre, un sondage SOFRES montre que Lip est l'affaire la plus importante de l'année pour la moitié des Français. Elle est mise en liquidation le 3 mai 1976.

4 JUILLET ♦ Amorce d'une politique européenne de l'informatique : la CII (France), Siemens (RFA) et Philips (Pays-Bas) signent l'accord Unidata.

31 JUILLET ♦ Naissance de l'Agence spatiale européenne.

25-26 AOÛT ♦ Premières grandes manifestations sur le plateau du Larzac pour protester contre l'extension du camp militaire (premières protestations en mai 1971).

SEPTEMBRE ♦ Inauguration de la tour Maine-Montparnasse à Paris.

16 OCTOBRE ♦ Premier choc pétrolier. L'OPEP réunie à Koweït augmente unilatéralement le prix du brut de 70 %. Débuts d'une importante crise économique.

19 OCTOBRE ♦ Loi Royer, protectrice du petit commerce.

15 DÉCEMBRE ♦ Jacqueline de Romilly, première femme au Collège de France (la Grèce et la formation de la pensée morale et politique).

⇨ Évelyne Sullerot fonde l'association Retravailler, pour aider les femmes à retrouver un emploi.

Essais, presse, revues, bande dessinée □ Robert Paxton, *La France de Vichy* (livre fondateur) ; parution de nouveaux magazines féminins : *Cosmopolitan* et *Cent Idées* (les travaux manuels nouveau style) ; Claire Bretécher, *Les Frustrés*, première femme à connaître le succès dans la bande dessinée.

Chanson □ Michel Polnareff, *On ira tous au paradis*.

Cinéma □ F. Ferreri, *La Grande Bouffe* ; Bertrand Blier, *Les Valseuses* (Gérard Depardieu, Miou-Miou).

1974

JANVIER ◆ Premier Festival de la bande dessinée à Angoulême.

14 FÉVRIER ◆ Le Front de libération de la Bretagne fait sauter le pylône de l'émetteur ORTF. Première manifestation de l'autonomisme breton.

8 MARS ◆ Inauguration de l'aéroport Charles-de-Gaulle à Roissy.

20 MARS ◆ Plan de lutte contre l'inflation : blocage du pouvoir d'achat des salariés, majoration du deuxième tiers provisionnel.

AVRIL ◆ Création par Antoinette Fouque de la maison d'édition Des femmes : tendance « psychanalyse et politique » du MLF.

2 AVRIL ◆ Mort de Georges Pompidou des suites d'une maladie toujours officiellement niée provoquant de nombreuses polémiques. Jacques Chaban-Delmas, Edgar Faure, Valéry Giscard d'Estaing, François Mitterrand, Arlette Laguiller, Alain Krivine annoncent leur candidature.

5 AVRIL ◆ Premier tour des élections présidentielles : 15,77 % d'abstentions, François Mitterrand 43,24 % des suffrages exprimés, Valéry Giscard d'Estaing 32,60 %.

11 MAI ◆ Face-à-face télévisuel de Valéry Giscard d'Estaing et de François Mitterrand, suivi par vingt-cinq millions de téléspectateurs (29 millions d'électeurs). Valéry Giscard d'Estaing déclare : « Vous n'avez pas le monopole du cœur. »

18 MAI ◆ Rétrospective Joan Miró au Grand Palais, à Paris.

19 MAI ◆ Valéry Giscard d'Estaing, président de la République (50,8 % des suffrages exprimés, contre 49,1 % pour François Mitterrand). Les 27-28 mai, Jacques Chirac, Premier ministre, et Simone Veil, ministre de la Santé. C'est la seconde femme à être ministre à part entière, après Mme Poinso-Chapuis (1947-1948).

24 MAI ◆ Mort de Duke Ellington, pianiste, chef d'orchestre et compositeur de jazz parmi les plus importants.

26 MAI ◆ Mstislav Rostropovitch, violoncelliste classique, obtient des autorités soviétiques un visa de deux ans. Depuis 1970, toute tournée lui était interdite. Il s'installe en France.

JUIN ◆ Alexandre Soljenitsyne, *L'Archipel du Goulag, 1918-1956 : essai d'investigation littéraire*, t. I (Seuil) : grand impact médiatique et point de départ de « révisions » pénibles.

19 JUIN ◆ Plan social : augmentation du SMIC, des allocations familiales, des pensions et retraites, mesures sur l'emploi des jeunes et les conditions de travail.

JUILLET-SEPTEMBRE ◆ Période de manifestations paysannes pour une augmentation des prix de vente.

3 JUILLET ◆ Suspension de l'immigration par le Conseil des ministres.

5 JUILLET ◆ Loi sur la majorité civique à dix-huit ans.

11 JUILLET ◆ Loi sur le divorce par consentement mutuel. L'adultère disparaît du code pénal.

16 JUILLET ◆ Secrétariat d'État à la Condition féminine : Françoise Giroud, directrice de *L'Express*, nommée à sa tête.

21 JUILLET ◆ Eddy Merckx remporte son cinquième Tour de France.

8 AOÛT ◆ Aux États-Unis, démission de Richard Nixon à la suite de l'affaire du Watergate (installation de micros au siège électoral du Parti démocrate). Gerald Ford lui succède.

6 OCTOBRE-2 DÉCEMBRE ◆ Longue grève des PTT.

14 OCTOBRE ◆ Accord entre le CNPF et les syndicats concernant le versement d'une indemnité en cas de licenciement économique (90 % du salaire brut sur un an).

NOVEMBRE ◆ D. Johanson (américain) et Y. Coppens et M. Taïeb (français) découvrent en Éthiopie les restes fossilisés d'une australopithèque morte trois millions d'années auparavant, surnommée « Lucy ». Cette découverte de la paléontologie humaine étaye l'hypothèse des débuts de la bipédie à cette période. Lucy est ramenée à Paris, en janvier 1975.

28 NOVEMBRE ♦ Vote de la Loi Veil (à l'essai pour cinq ans) autorisant l'interruption volontaire de grossesse (IVG), grâce à l'appui de la gauche. La loi est définitivement adoptée en 1979.

⇨ Mise en service du missile Pluton ; Danielle Décuré, première femme pilote à Air-France ; Florence Hugodot, première femme sous-préfet.

Littérature et essais □ Maurice Clavel, *Les Paroissiens de Palente* (consacré aux ouvriers de Lip) ; Pascal Lainé, *La Dentellière* (prix Goncourt) ; Gérard Macé, *Le Jardin des langues* (poèmes) ; Elena Gianini Belotti, *Du côté des petites filles* (grand succès d'un livre critiquant l'éducation traditionnelle) ; Pierre Clastres, *La Société contre l'État* ; L. Irigaray, *Speculum. De l'autre femme* (critique féministe du freudisme) ; Alain Peyrefitte, *Quand la Chine s'éveillera...* : best-seller ; Simon Leys, *Ombres chinoises* (grand succès médiatique).

Presse et revues □ En avril, *Le Quotidien de Paris*, nº 1 (directeur Philippe Tesson) ; en août, dernier numéro de *Combat* (fondé en 1944 – « Silence ! on coule »).

Danse □ Carolyn Carlson (danseuse américaine) nommée « chorégraphe étoile » à l'Opéra de Paris. Elle y dirige le Groupe de recherches théâtrales de l'Opéra de Paris (GRTOP).

Cinéma □ Louis Malle, *Lacombe Lucien*.

1975

10 JANVIER ♦ Bernard Pivot, « Apostrophes », nouvelle émission littéraire (Antenne 2).

22 JANVIER ♦ Premier dîner de Valéry Giscard d'Estaing dans une famille de Français moyens.

FÉVRIER ♦ J. Pasqualini (avec P. Cheminsky), *Prisonnier de Mao*. Sept ans dans un camp de travail en Chine (Gallimard). Révélation de l'existence des camps chinois (60 000 exemplaires dans l'année).

12 FÉVRIER ♦ Réforme de René Haby « pour une modernisation du système éducatif ». Hostilité des professeurs et lycéens qui organisent de nombreuses manifestations.

18 FÉVRIER ♦ Création de l'unité de compte européenne (ECU : *European Currency Unit*).

25 FÉVRIER ♦ Paul Bocuse, chef cuisinier, reçoit la Légion d'honneur. Des chefs de la « nouvelle cuisine » sont reçus à l'Élysée.

MARS ♦ « La France vieille en l'an 2000 », *Paris-Match*, nº 1344 : le magazine constate la baisse des naissances depuis la Seconde Guerre mondiale, et notamment la disparition progressive du projet de troisième enfant dans les familles.

28 MARS ♦ La société d'informatique française CII fusionne avec Honeywell-Bull (américaine).

AVRIL ♦ Succès du chanteur Maxime Le Forestier au palais des Congrès, à Paris.

12 AVRIL ♦ Mort de Joséphine Baker, vedette de « La Revue nègre » en 1925.

22 AVRIL ♦ Programme prioritaire de télécommunications décidé en comité interministériel. Il prévoit vingt millions de lignes en 1982.

25 AVRIL ♦ Mort de Jacques Duclos.

MAI ♦ *Autrement*, nº 1, revue trimestrielle (rédacteur en chef : H. Dougier). Numéro consacré aux adolescents marginaux.

6 MAI ◆ Remboursement des contraceptifs par la Sécurité sociale et droit pour les mineurs de les utiliser.

7 MAI ◆ Le gouvernement supprime la commémoration de la fin de la Seconde Guerre mondiale. Le 8 Mai devient « journée de l'Europe ».

16 MAI ◆ Rétrospective Max Ernst au Grand Palais, à Paris.

23 MAI ◆ Création dans les prisons des « quartiers de haute sécurité » (QHS).

2 JUIN ◆ Débuts à Lyon des manifestations de prostituées pour protester contre les amendes ; le mouvement s'étend aux autres villes. *Les Nouvellles féministes* titrent leur numéro de juillet « Nous sommes toutes des prostituées ».

19 JUIN ◆ Vote de la loi sur le divorce par consentement mutuel (projet de loi en 1974).

JUILLET ◆ Au Café de la Gare, début du « phénomène » Coluche.

6 JUILLET ◆ Indépendance des Comores, seule Mayotte veut rester française.

21-23 AOÛT ◆ Premières manifestations du nationalisme corse : deux gendarmes mobiles tués ; dissolution de l'Action pour la renaissance de la Corse et arrestation de son dirigeant Edmond Siméoni.

SEPTEMBRE ◆ Adaptation au cinéma du roman de Pauline Réage, *Histoire d'O* (J. Jaeckin). Succès immédiat : 100 000 spectateurs en une semaine.

SEPTEMBRE ◆ H. Ciriani (Prix national d'architecture 1983) crée sa « pièce urbaine », la Noiseraie, à Marne-la-Vallée, l'une des constructions urbaines les plus remarquées de la fin des années soixante-dix.

16 SEPTEMBRE ◆ Lancement de la première campagne anti-tabac.

OCTOBRE ◆ *Lire*, mensuel (Bernard Pivot), n° 1 d'un magazine consacré aux livres ; premier numéro de l'hebdomadaire *Le Nouvel Économiste* (directeur : E. C. Didier).

3 OCTOBRE ◆ Mort de Guy Mollet.

15-17 NOVEMBRE ◆ À Rambouillet, premier sommet économique des pays industrialisés à l'initiative de Valéry

Giscard d'Estaing, pour réfléchir sur la crise.

17 NOVEMBRE ◆ Le cap du million de chômeurs est franchi.

20 NOVEMBRE ◆ Mort du général Franco. L'Espagne redevient une monarchie avec Juan Carlos.

31 DÉCEMBRE ◆ Réforme du statut de Paris : désormais un maire sera élu tous les six ans aux élections municipales.

⇨ Construction du quatrième sous-marin nucléaire (*L'Indomptable*) et programmation d'un cinquième ; réapparition du « verlan » dans le langage courant.

Littérature et essais □ Émile Ajar (Romain Gary), *La Vie devant soi* (prix Goncourt) ; Marie Cardinal, *Les Mots pour le dire* (succès de librairie) ; Hélène Cixous, *Souffles* (Éd. Des Femmes) ; Édouard Glissant, *Malemort* ; Jacques Réda, *La Tourne* (poésie) ; P. Jakez Hélias, *Le Cheval d'orgueil* (best-seller sur la France rurale) ; Maurice Clavel, *Ce que je crois* ; Philippe Ariès, *Essais sur l'histoire de la mort en Occident* (recueil d'articles 1966-1975 : la mort devient objet d'histoire) ; Michel Foucault, *Surveiller et punir. Naissance de la prison*.

Presse édition □ Robert Hersant achète *Le Figaro* en juin. En décembre, mort de Gaston Gallimard.

Cinéma □ Stanley Kubrick, *Les Sentiers de la gloire* : sur les mutineries de 1917. Le film était interdit depuis 1957.

Mort de Michel Simon.

1976

9 JANVIER ◆ Naissance d'Elf-Aquitaine (Société nationale des pétroles d'Aquitaine et ERAP).

21 JANVIER-4 FÉVRIER ◆ Vol inaugural de l'avion Concorde sur la ligne Paris-Rio de Janeiro.

FÉVRIER ◆ Le ballet *Wind, Water, Sand* de Carolyn Carlson à l'Opéra de Paris (textes de G. Bachelard, musique de John Surman et B. Phillips interprétée par l'Orchestre de l'Opéra, un quartet de jazz et la chanteuse E. Brenner).

4-8 FÉVRIER ◆ XXIIᵉ congrès du PCF : la notion de « dictature du prolétariat » est abandonnée.

18 FÉVRIER ◆ Assassinat d'un enfant, Ph. Bertrand, à Troyes. Le présentateur vedette du journal télévisé sur TF1, Roger Gicquel, déclare : « La France a peur. » Patrick Henry, le meurtrier, ne sera pas condamné à mort grâce à son avocat, Robert Badinter.

28 MARS ◆ Adoption de l'heure d'été, dans le cadre d'une politique d'économie de l'énergie.

2 AVRIL ◆ Décret sur le regroupement familial des étrangers vivant en France.

19 MAI ◆ Premier tirage du Loto à Paris (studio Empire).

21-23 MAI ◆ Congrès constitutif du Centre des démocrates sociaux (CDS) : Jean Lecanuet, président.

JUIN ◆ *Communications*, nº 25, « La notion de crise » : E. Le Roy Ladurie, R. Thom, Edgar Morin.

JUIN ◆ « Appel du 18 joint » : manifeste pour la dépénalisation du cannabis signé par François Châtelet, Gilles Deleuze, Isabelle Huppert, Jérôme Savary, etc.

10 JUIN ◆ *Les Nouvelles littéraires*, « Les nouveaux philosophes » : Bernard-Henri Lévy rédacteur en chef, M. Guérin, J.-P. Dollé, G. Lardreau, C. Jambet, J.-M. Benoist, F. Lévy, A. Leclerc.

26 JUIN ◆ À la Mutualité sont organisées « 10 heures contre le viol » par le MLF. Manifeste : « Quand une femme dit non, ce n'est pas oui, c'est non ! »

JUILLET ◆ Les débuts d'une canicule mémorable.

22 JUILLET ◆ Suspension *a divinis* de Mgr Lefebvre pour avoir célébré à Lille une messe selon le rite de saint Pie V (en latin).

25 JUILLET ◆ Au Festival d'Avignon, *Einstein on the Beach*, opéra de R. Wilson, musique de Ph. Glass et chorégraphie de L. Childs et A. Degroat : œuvre majeure du point de vue scénique.

27 JUILLET ◆ « Casse du siècle » à la Société générale de Nice : cinquante millions de francs.

28 JUILLET ◆ Dernière exécution capitale en France (prison des Baumettes à Marseille) : Christian Ranucci (dont Valéry Giscard d'Estaing a refusé la grâce). Michel Drach en tire un film, *Le Pull-Over rouge*.

SEPTEMBRE ◆ Premier marathon de Paris.

9 SEPTEMBRE ◆ Mort de Mao Tsé-toung.

22 SEPTEMBRE ◆ Raymond Barre, Premier ministre et ministre de l'Économie, présente un plan de lutte contre l'inflation. Création d'un impôt sécheresse (5,5 milliards de francs débloqués pour venir en aide aux agriculteurs).

OCTOBRE ◆ Françoise Dolto, « Lorsque l'enfant paraît » : émission quotidienne sur France Inter.

2 NOVEMBRE ◆ Jimmy Carter (démocrate), élu président des États-Unis.

23 NOVEMBRE ◆ Mort d'André Malraux. Un hommage national lui est rendu dans la Cour carrée du Louvre en présence du président de la République.

5 DÉCEMBRE ◆ Création du Rassemblement pour la République (RPR) présidé par Jacques Chirac.

14 DÉCEMBRE ◆ Balthus, Grand prix national de peinture.

24 DÉCEMBRE ◆ Assassinat du député républicain indépendant, Jean de Broglie. L'affaire ne sera jamais élucidée.

Littérature et essais □ Jean-François Bizot, *Les Déclassés* (la jeunesse des années soixante) ; Hélène Cixous, *Le Portrait de Dora* ; Patrick Grainville, *Les Flamboyants* (prix Goncourt) ; Edmond Jabès, *Le Livre des ressemblances* ; J.-P. Alata, *Prisons d'Afrique* décrivant les « bagnes de Guinée » (le gouvernement français en interdit la diffusion et en octobre 6 000 exemplaires sont saisis) ; Philippe Ariès *L'Homme devant la mort* ; Emmanuel Le Roy Ladurie, *Montaillou, village occitan de 1294 à 1324* (grand succès de librairie) ; Alain Peyrefitte, *Le Mal français* (best-seller) ; Pierre Rosanvallon, *L'Âge de l'autogestion* (par le directeur de la revue *CFDT-Aujourd'hui*).

Presse et revues □ *Les Nouvelles littéraires*, le 5 août : succès de *L'Écume des* *jours* de Boris Vian ; en septembre, *Le Magazine littéraire*, numéro spécial : « Tout Céline » avec R. Nimier, J.-L. Bory, L. Nucéra, et parution des *Cahiers Céline* chez Gallimard (début de la réhabilitation de l'écrivain).

Musique □ Création à Paris des écoles de jazz l'IACP et le CIM, grandes pourvoyeuses de talents dans les années quatre-vingt.

Arts plastiques □ Mort du photographe Man Ray.

Cinéma □ Création des Césars (imitant les Oscars américains) ; mort de Jean Gabin ; Joseph Losey, *Monsieur Klein* (Alain Delon).

1977

31 JANVIER ♦ Inauguration à Paris du Centre Georges-Pompidou/Beaubourg (architectes : Renzo Piano et Richard Rogers ; directeur : Pontus Hultén). 20 000 visiteurs à l'ouverture, le 2 février (4 millions dans les huit mois suivants). Première exposition : rétrospective « Paris-New York ».

FÉVRIER ♦ Les Trois Suisses demandent à Sonia Rykiel de présenter un ensemble de prêt-à-porter de leur catalogue. Succès.

27 FÉVRIER ♦ Les catholiques intégristes occupent l'église Saint-Nicolas-du-Chardonnet (Paris) afin d'y célébrer la messe en latin selon le rite de saint Pie V.

MARS ♦ Révélations sur les massacres perpétrés par les Khmers rouges par François Ponchaud, missionnaire, dans *Cambodge, année zéro* (deux millions de Cambodgiens auraient été tués depuis 1975).

MARS ♦ Maurice Denuzière, *Louisiane* (J.-C. Lattès) : best-seller du roman historique.

1er MARS ♦ *Le Matin de Paris*, n° 1, quotidien socialiste (directeur : Claude Perdriel).

15-17 MARS ♦ René Haby présente les projets de décrets réformant l'école élémentaire, les collèges et les lycées. Le 19, la FEN condamne la réforme Haby.

19 MARS ♦ Pierre Boutang, philosophe maurrassien, élu professeur à l'université de Paris-IV. Sa nomination suscite une pétition de protestation.

20 MARS ♦ Élections municipales : la gauche est majoritaire (51,5 % des suffrages exprimés). Jacques Chirac élu maire de Paris.

AVRIL ♦ D. Colling lance le « Printemps de Bourges », premier Festival de la chanson en France.

10-16 AVRIL ♦ Valéry Giscard d'Estaing et Hassan II décident d'aider le général Mobutu, dirigeant du Zaïre.

14 AVRIL ♦ Thionville, « ville morte » pour protester contre la décision d'Usinor de supprimer 3 720 emplois.

26-28 AVRIL ♦ Premier Pacte national pour l'emploi (Raymond Barre).

19-21 MAI ♦ Constitution du Parti républicain (PR) sous l'impulsion de Jean-Pierre Soisson.

27 JUIN ♦ Indépendance du territoire de Djibouti.

14 JUILLET ♦ 1 500 000 chômeurs recensés.

30-31 JUILLET ♦ Manifestations antinucléaires à Creys-Malville : un mort.

14 ET 21 SEPTEMBRE ♦ Rupture de l'Union de la gauche.

OCTOBRE ♦ Film américain de G. Lucas, *La Guerre des étoiles* (1er volet) : les effets spéciaux sont les vedettes du film. Grand succès.

6 OCTOBRE ♦ La loi « Informatique et libertés » protège l'individu contre les possibilités techniques de fichage.

16 OCTOBRE ♦ Mort à Paris de la cantatrice Maria Callas.

5 NOVEMBRE ♦ Mort de René Goscinny, père d'Astérix et fondateur de la revue *Pilote*.

4 DÉCEMBRE ♦ Jean Bedel Bokassa se fait couronner fastueusement empereur de la République centrafricaine pendant que la France lui accorde une aide alimentaire pour lutter contre la famine.

Essais □ M. Albistur, D. Armogathe, *Histoire du féminisme français du Moyen Âge à nos jours* ; J. Favret-Saada, *Les Mots, la Mort, les Sorts* ; Jean Lacouture, *Léon Blum* ; Bernard-Henri Lévy, *La Barbarie à visage humain* ; J. Montaldo, *Les Finances du PCF* ; Pascal Ory, *Les Collaborateurs 1940-1945* ; Léon Schwartzenberg, Pierre Viansson-Ponté, *Changer la mort*.

Mort de Jacques Prévert.

Édition □ Création chez Hachette de la collection de poche « Pluriel » dirigée par G. Liebert : Pierre Goubert, *Louis XIV et vingt millions de Français*, Daniel Halévy, *Nietzsche*, etc. ; création de la collection de poche « Champs » chez Flammarion ; création de « Folio Junior », Gallimard Jeunesse : Claude Roy, *La maison qui s'envole* ; John Steinbeck, *Le Poney rouge* ; Oscar Wilde, *Le Prince heureux*.

Cinéma □ Film de Diane Kurys, *Diabolo menthe*.

1978

JANVIER ♦ *À suivre…*, n° 1, revue de bande dessinée sur papier glacé.

JANVIER ♦ Création des éditions Actes Sud à Arles (Hubert Nyssen) qui publiera surtout des auteurs étrangers, notamment Paul Auster (américain) et Amadou Hampâté Bâ (malien, 1991).

18 JANVIER ♦ La dissolution des Sex Pistols marque la fin du mouvement punk. Leurs chansons, *No Feelings, No Future*, sont devenues les slogans d'une génération.

1er FÉVRIER ♦ Création de l'Union pour la démocratie française (UDF), fédération regroupant le Parti républicain, le Centre des démocrates sociaux et les radicaux valoisiens.

22 FÉVRIER ♦ Un commissariat à l'Énergie solaire est créé.

MARS ♦ Coluche anime une émission sur Europe n° 1 et obtient le prix « Bête et méchant ».

11 MARS ♦ Mort accidentelle du chanteur Claude François ; scènes d'hystérie collective.

16-17 MARS ♦ Marée noire en Bretagne provoquée par le naufrage du pétrolier libérien *Amoco-Cadiz* : 230 000 tonnes de brut se répandent sur 350 km de côtes (Finistère).

5 AVRIL ♦ La sortie du film de J. Badham, *La Fièvre du samedi soir* (John Travolta) consacre la vogue disco avec le groupe Bee Gees, simplifiant la musique funk (Earth Wind and Fire).

28 AVRIL ♦ Inauguration du métro de Lyon, du métro de Marseille le 26 novembre.

MAI ♦ Beate et Serge Klarsfeld, *Mémorial de la déportation des juifs de France*. Sur l'identité des Juifs victimes du génocide nazi. Réception par le philosophe Vladimir Jankélévitch, « Nous avions beau savoir », *Le Nouvel Observateur*, 22 mai.

MAI ♦ S. Nora, Alain Minc, *L'Informatisation de la société*. Succès.

8 MAI ♦ Évasion spectaculaire de Jacques Mesrine, « ennemi public n° 1 », de la Santé. Il accorde une interview à *Paris-Match*.

19-25 MAI ♦ Intervention des parachutistes français au Zaïre : reprise de Kolwezi.

3 JUILLET ♦ Diffusion du dessin animé japonais *Goldorak* sur Antenne 2. Énorme succès.

12 JUILLET ♦ Exposition « Paris-Berlin. Rapports et contrastes France-Allemagne 1900-1933 », Centre Georges-Pompidou. Plus de 400 000 visiteurs.

9 AOÛT ♦ Libération du prix du pain.

5-17 SEPTEMBRE ♦ Accords de Camp David. Négociation entre les présidents Jimmy Carter et Anouar el-Sadate et le Premier ministre Menahem Begin, pour une paix israélo-égyptienne.

20 SEPTEMBRE ♦ Usinor et Sacilor passent sous le contrôle de l'État et des grandes banques.

13 OCTOBRE ♦ Inauguration de l'Institut de recherche et de coordination acoustique/musique (IRCAM) dirigé par Pierre Boulez.

16 OCTOBRE ♦ Élection de Jean-Paul II (Mgr Karol Wojtyla,

cardinal-archevêque de Cracovie), premier pape non italien depuis 1522.

30 NOVEMBRE ♦ Condamnation à quinze ans de prison de deux membres du FLB (Bretagne) par la Cour de sûreté de l'État pour un attentat à Versailles.

DÉCEMBRE ♦ *Notre-Dame de Paris*, mise en scène de Robert Hossein au palais des Sports.

28 DÉCEMBRE ♦ Mort de Houari Boumediène, président de l'Algérie.

29 DÉCEMBRE ♦ Débuts de la médiatisation du négationnisme en France (négation du génocide des Juifs, nommé alors révisionnisme) avec l'« affaire Faurisson » née dans *Le Matin* et *Le Monde*. Robert Faurisson, professeur à l'université de Lyon, nie l'existence des chambres à gaz. Réfutations dans *Le Monde* (les 29 et 30) signées G. Wellers, « Abondance de preuves », et O. Wormser-Migot, « La solution finale ».

Littérature et essais □ Georges Perec, *La Vie mode d'emploi* ; Patrick Modiano, *Rue des boutiques obscures* (prix Goncourt) ; Hélène Carrère d'Encausse, *L'Empire éclaté* ; André Glucksmann, *Les Maîtres penseurs* ; Jean Delumeau, *La Peur en Occident, XIVe-XVIIe siècle*.

Presse et revues □ *Le Figaro Magazine*, n° 1 (directeur : Louis Pauwels) en octobre ; *Commentaire*, n° 1 (président Raymond Aron, directeur J.-C. Casanova) ; *Des femmes en mouvement*, n° 1, une revue du MLF ; *L'Histoire*, n° 1 (rédacteur en chef, Michel Winock) en mai.

Chanson □ Renaud, *Laisse béton*.

Cinéma □ Édouard Molinaro, *La Cage aux folles* (transposition de la pièce).

1979

1er JANVIER ♦ Premier rallye Paris-Dakar : 200 participants, dix mille kilomètres (auto ou moto).

23 JANVIER ♦ Plan de redressement de la sidérurgie. Agitation en Lorraine : débuts de la crise ouverte de la sidérurgie en Lorraine. En mars, les sidérurgistes manifestent à Paris : 200 blessés.

9-11 FÉVRIER ♦ Insurrection à Téhéran. L'ayatollah Khomeyni, rentré de son exil en France, prend le pouvoir.

21 FÉVRIER ♦ Les historiens se mobilisent contre les négationnistes : « Il n'y a pas, il ne peut y avoir de débat sur l'existence des chambres à gaz » (*Le Monde*). Parmi eux Philippe Ariès, Pierre Chaunu, Fernand Braudel, Michelle Perrot, Jacques Le Goff, Pierre Vidal-Naquet, Ernest Labrousse.

24 FÉVRIER ♦ Patrice Chéreau, Pierre Boulez, *Lulu*, opéra dodécaphonique d'Alban Berg, présenté pour la première fois en version intégrale à l'Opéra de Paris.

MARS ♦ *Géo*, n° 1 (rédacteurs : R. Fiess, J.-P. Péret) : magazine de géographie de luxe.

12 MARS ♦ Inculpation de Jean Leguay, responsable des déportations massives de Juifs dans les deux zones pendant l'Occupation.

13 MARS ♦ Entrée en vigueur du Système monétaire européen (SME) et de la nouvelle unité de compte (ECU).

26-27 MARS ♦ Conférence extraordinaire de l'OPEP à Genève : augmentation de 20 % du prix du pétrole. C'est le « second choc » pétrolier.

MAI ♦ *Le Gai Pied*, n° 1, mensuel sur l'homosexualité, dirigé par J. Le Bitoux, M. Foucault.

MAI ♦ Theodore Zeldin, *Histoire des passions françaises* (5 tomes), Éditions Recherche. Le regard d'un historien britannique.

5 MAI ♦ Margaret Thatcher (conservateur), Premier ministre en Grande-Bretagne.

14 MAI ♦ Yvonne Choquet-Bruhat, première femme élue à l'Académie des sciences, en section sciences mécaniques.

31 MAI ♦ Exposition Magritte au Centre Georges-Pompidou (Beaubourg) à Paris.

10 JUIN ♦ Première élection du Parlement européen au suffrage universel dans les neuf États de la Communauté. Le taux d'abstention est partout élevé : 39 %. Le 1er juillet, Simone Veil est élue présidente.

26 JUIN ♦ Valéry Giscard d'Estaing reçoit à l'Élysée les intellectuels parrainant l'opération « Un bateau pour le Vietnam » (Jean-Paul Sartre, Raymond Aron, Michel Foucault, André Glucksmann ; à cette occasion : rencontre et poignée de main de Raymond Aron et Jean-Paul Sartre, brouillés depuis les années cinquante).

AOÛT ♦ *La Marseillaise*, version reggae de Serge Gainsbourg, fait scandale.

AOÛT ♦ Sortie du Walkman Sony.

SEPTEMBRE ♦ *Les Temps modernes*, numéro spécial « La paix maintenant ? » : rencontre entre intellectuels juifs (Emmanuel Levinas, Shmuel Trigano) et palestiniens (I. Sartawi).

4 SEPTEMBRE ♦ Inauguration du Forum des Halles par le maire de Paris, Jacques Chirac.

20 SEPTEMBRE ♦ Assassinat de Pierre Goldman par le groupe « Honneur de la police ». Le 26, son enterrement réunit, dans la même émotion, les anciens du gauchisme.

21 SEPTEMBRE ♦ Un coup d'État, soutenu par l'armée française, en Centrafrique renverse l'empereur Jean Bedel Bokassa.

10 OCTOBRE ♦ *Le Canard enchaîné* déclenche l'« affaire des diamants » : révélations sur les diamants offerts par Bokassa à Valéry Giscard d'Estaing, alors ministre des Finances. L'Élysée répond par le « mépris ».

NOVEMBRE ♦ *Actuel*, magazine nouvelle formule, n° 1 (Jean-François Bizot) : « Les années quatre-vingt seront actives, technologiques et gaies. »

2 NOVEMBRE ♦ Porte de Clignancourt, à Paris, Jacques Mesrine,

« ennemi public numéro 1 », évadé de la Santé en 1978, est tué par la police lors de son arrestation.

28 NOVEMBRE ♦ Informatisation du réseau téléphonique français : 14 millions de téléphones contre 4 millions en 1969.

DÉCEMBRE ♦ Festival « Films de femmes » à Sceaux (s'installera ensuite à Créteil).

15 DÉCEMBRE ♦ Première « union d'amitié homosexuelle » prononcée par le pasteur J. Doucé au temple protestant du XIXe arrondissement.

24 DÉCEMBRE ♦ Premier lancement réussi de la fusée européenne *Ariane*, à Kourou (Guyane).

Littérature et essais □ Jean Vautrin, *Billy-ze-Kick* (prix Fictions) ; Jeanne Bourin, *La Chambre des dames* ; Maurice Agulhon, *Marianne au combat* ; R. Boudon, *La Logique du social* ; Pierre Bourdieu, *La Distinction. Critique sociale du jugement* (controverses et grand succès public) ; Fernand Braudel, *Civilisation matérielle, économie et capitalisme, XV-XVIIIe siècle* ; J. Fourastié, *Les Trente Glorieuses* ; Régis Debray, *Le Pouvoir intellectuel en France* ; François Furet, *Penser la Révolution française* ; Yves Verdier, *Façons de dire, façons de faire*.

Édition □ En septembre, création des éditions Verdier par des anciens de l'extrême gauche maoïste, qui publient des classiques du judaïsme.

Musique □ Bob Marley en tournée en Europe, passe par la France : triomphe. Le rastafarisme et le reggae comme mode de vie.

Chanson □ Bernard Lavilliers, *Les Barbares* et *Gringo*.

1980

3-11 JANVIER ◆ *L'Humanité* approuve l'intervention soviétique en Afghanistan (26 décembre 1979), « un pays à peine sorti du Moyen Âge ».

MARS ◆ La troupe du Splendid, *Le Père Noël est une ordure* (Josiane Balasko, Gérard Jugnot, Anémone, Thierry Lhermitte). Porté au cinéma en 1982 avec un énorme succès.

8 MARS ◆ Article de *L'Express*, « Georges Marchais en Allemagne 1942-1944. La preuve du mensonge », sur le passé du premier secrétaire du Parti communiste.

6 MARS ◆ Élection de Marguerite Yourcenar, première femme à l'Académie française.

15 AVRIL ◆ Mort de Jean-Paul Sartre (soixante-quatorze ans). Quinze à vingt mille personnes suivront son enterrement le 20 avril au cimetière du Montparnasse.

29 AVRIL ◆ Accord franco-allemand sur la construction de deux satellites de télévision.

MAI ◆ *Le Débat*, n° 1, *Politique, histoire, société*. Pierre Nora, « Que peuvent les intellectuels ? ».

20 MAI ◆ Projet de loi d'Alain Peyrefitte « Sécurité et liberté », qui entraîne une vive protestation de l'opposition.

23 MAI ◆ Festival de Cannes : B. Fosse, *Que le spectacle commence*, et Akira Kurosawa, *Kagemusha*, Palme d'or ; Alain Resnais, *Mon oncle d'Amérique*, Prix spécial du jury.

3 JUIN ◆ Le pape Jean-Paul II célèbre une messe en plein air au Bourget devant 300 000 personnes. On en attendait plus d'un million.

6 JUIN ◆ Création de Médecins du Monde (Bernard Kouchner, M. Récamier).

19 JUILLET ◆ La France, seul pays occidental à ne pas boycotter les jeux Olympiques de Moscou à la suite de l'occupation de l'Afghanistan.

SEPTEMBRE ◆ *Esprit*, numéro spécial « La mémoire d'Auschwitz ». Pierre Vidal-Naquet, dans son article « Un Eichmann de papier », réfute les méthodes pseudo-historiques des négationnistes.

SEPTEMBRE ◆ Le cap de 1,5 million de chômeurs est franchi.

SEPTEMBRE ◆ Apparition du mot « beur » dans *Le Robert*.

3 OCTOBRE ◆ Attentat contre la synagogue de la rue Copernic, à Paris : 4 morts, une vingtaine de blessés. Le 7, manifestation de 200 000 personnes à l'appel du MRAP.

30 OCTOBRE ◆ Coluche annonce sa candidature à l'élection présidentielle comme « candidat des minorités ». Sont également candidats Brice Lalonde, Giscard d'Estaing, François Mitterrand, etc.

DÉCEMBRE ◆ L'inflation atteint 13,6 %.

DÉCEMBRE ◆ Exposition « Les réalismes, entre révolution et réaction : 1919-1939 », au Centre Beaubourg.

29-30 DÉCEMBRE ◆ Le maire communiste de Vitry, Paul Mercieca, ordonne la destruction d'un foyer d'accueil pour empêcher l'installation de travailleurs immigrés maliens.

Littérature et essais □ S. Brussolo, *Vue en coupe d'une ville malade* (nouvelles, Grand prix de la science-fiction française 1981) ; Nathalie Sarraute, *L'Usage de la parole* ; Jean Vautrin, *Bloody Mary* (prix Mystère de la critique) ; Philippe Ariès, en collaboration avec Michel Winock, *Un historien du dimanche* ; Merce Cunningham, *Le Danseur et la Danse*, entretiens avec Jacqueline Lesschaeve ; Paul Rassinier, *Ulysse trahi par les siens*, réédité en même temps que *Le Mensonge d'Ulysse* (le pionnier du négationnisme d'extrême gauche).

Mort de Roland Barthes. Dans un accès de folie Louis Althusser étrangle sa femme.

Revues □ *Esprit*, janvier, numéro spécial « Khomeynisme, islamisme, tiers monde » (O. Mongin, O. Roy, J.-C. Guillebaud, G. Chaliand...).

Chanson □ Francis Bebey (poète et musicien camerounais) : album *Rire africain*, succès de la chanson *Agatha*.

Cinéma □ François Truffaut, *Le Dernier Métro* ; Claude Pinoteau, *La Boum*.

1981

JANVIER ♦ Al. Bressand, *Rapport Ramsès 1980-1981*, « Coopération ou guerre économique » : premier rapport annuel mondial sur le système économique et les stratégies (IFRI).

JANVIER ♦ *Dallas*, première diffusion à la télévision française. Engouement immédiat.

20 JANVIER ♦ Ronald Reagan, président des États-Unis.

24 JANVIER ♦ Congrès du PS à Créteil : Lionel Jospin, premier secrétaire.

2 FÉVRIER ♦ Mgr Lustiger, évêque d'Orléans, devient archevêque de Paris.

MARS ♦ Dans *Mémoire en défense*, Robert Faurisson persiste à nier l'existence des chambres à gaz et le génocide des Juifs. Deux ouvrages lui répliquent : G. Wellers, *Les chambres à gaz ont existé* (Gallimard), et Alain Finkielkraut, *L'Avenir d'une négation* (Seuil, 1982).

AVRIL ♦ Premier magasin de meubles suédois Ikéa à Bobigny : le bois revient en force.

26 AVRIL ♦ Surprise devant les résultats du premier tour des élections présidentielles : effondrement du PCF (15,3 % des suffrages pour Georges Marchais) et faible score de Valéry Giscard d'Estaing.

MAI ♦ En quelques jours, la Bourse de Paris perd 20 %.

5 MAI ♦ Face-à-face télévisé Valéry Giscard d'Estaing-François Mitterrand orchestré par les journalistes M. Cotta et J. Boissonnat : « M. Giscard d'Estaing, vous êtes un homme du passif. »

6 MAI ♦ *Le Canard enchaîné* lance l'affaire Papon. Cet ancien ministre de Valéry Giscard d'Estaing, secrétaire général de la préfecture de Bordeaux entre 1942-1944, est accusé d'avoir avalisé la déportation de 1 690 Juifs. Il est inculpé de crimes contre l'humanité le 19 janvier 1983.

10 MAI ♦ François Mitterrand élu président de la République avec 51,7 % des suffrages exprimés (48,2 % à Valéry Giscard d'Estaing).

21 MAI ♦ Pierre Mauroy Premier ministre. Yvette Roudy, ministre des Droits de la femme. Premiers symboles républicains : hommage de François Mitterrand à Jean Moulin, Jean Jaurès et Victor Schoelcher au Panthéon.

23-27 MAI ♦ Premier Salon du livre : 120 000 visiteurs.

26 MAI ♦ Suspension des expulsions d'étrangers par Gaston Defferre, ministre de l'Intérieur, « sauf nécessité impérieuse de l'ordre public ». Régularisation de situation pour 300 000 immigrés clandestins le 11 août.

3 JUIN ♦ Adoption de mesures sociales : augmentation de 10 % du SMIC, de 20 % du minimum vieillesse, de 25 % des allocations familiales et de l'allocation logement. Le 10, création de 55 000 emplois dans la fonction publique.

14-21 JUIN ♦ Élections législatives. Le PS obtient la majorité absolue à l'Assemblée nationale (285 sièges). C'est « l'état de grâce ». 44 sièges pour le PC. Le 23 juin, quatre ministres communistes entrent au gouvernement.

21 JUIN ♦ Première Fête de la musique.

10 AOÛT ♦ Loi Lang sur l'instauration du prix unique du livre adoptée à l'unanimité. Appliquée à partir du 1er janvier, elle suscite de vives oppositions (FNAC, centres Leclerc).

SEPTEMBRE ♦ Loi de finances pour 1982 : instauration d'un impôt sur les grandes fortunes. Déficit budgétaire évalué à 95,4 milliards de francs.

SEPTEMBRE ♦ Grand succès du film de l'Américain S. Spielberg *Les Aventuriers de l'arche perdue*.

18 SEPTEMBRE ♦ Abolition de la peine de mort adoptée par l'Assemblée (363 voix contre 117).

22 SEPTEMBRE ♦ Inauguration du TGV Lyon-Paris par François Mitterrand.

OCTOBRE ♦ Le cap de deux millions de chômeurs est franchi.

6 OCTOBRE ♦ Assassinat d'Anouar el-Sadate, président égyptien, par un groupe islamiste infiltré dans l'armée. Hosni Moubarak lui succède.

9 OCTOBRE ♦ Loi sur la possibilité offerte aux étrangers de fonder des associations sur le modèle institué par la loi de 1901.

22-23 OCTOBRE ♦ Sommet de Cancun : vingt-deux chefs d'État et de gouvernement (à l'exception de l'Union soviétique) s'entendent pour ouvrir des « négociations globales » au sein des Nations unies sur un nouvel ordre économique.

26 NOVEMBRE ♦ Abrogation de la loi « anticasseurs » (de 1974).

13 DÉCEMBRE ♦ Proclamation de l'état de guerre en Pologne. Le général Jaruzelski fait arrêter 5 000 personnes. Lech Walesa, président du syndicat *Solidarité*, en résidence surveillée. Le 16, François Mitterrand condamne « la perte des libertés ».

18-19 DÉCEMBRE ♦ Loi sur les nationalisations : CGE, Rhône-Poulenc, Thomson-Brandt, Saint-Gobain, Indo-Suez, Paribas ; loi sur la décentralisation : transformation des vingt-deux régions en collectivités territoriales de plein exercice.

Littérature et essais □ P. Bruckner, *Lunes de fiel* (sera adapté au cinéma) ; Andrée Chédid, *Les Marches de sable* ; Michel del Castillo, *La Nuit du décret* (prix Renaudot) ; Fr. Nourissier, *L'Empire des nuages* ; Édouard Glissant, *Le Discours antillais* ; Oulipo, *Atlas de littérature potentielle* ; H. Hamon, P. Rotman, *Les Intellocrates* ; Hervé Le Bras, Emmanuel Todd, *L'Invention de la France* ; Claude Lefort, *L'Invention démocratique* ; Pierre Vidal-Naquet, *Les Juifs, la Mémoire et le Présent* (recueil d'articles).

Édition □ François Gèze, A. Valladão, Yves Lacoste, *L'État du monde* (publication annuelle).

Théâtre □ Antoine Vitez, professeur au Conservatoire de Paris, prend la direction du Théâtre de Chaillot. Premières mises en scène : Goethe, *Faust* ; Racine, *Britannicus* ; P. Guyotat, *Tombeau pour 500 000 soldats*.

Musique □ Création du festival Africa Fête : Paris est une plaque tournante des musiques africaines dans les années quatre-vingt : Touré Kunda, Mory Kanté, Youssou N'Dour, Ghetto Blaster, Manu Dibango, etc.

Arts plastiques □ Exposition « Figuration libre » à Nice.

Cinéma □ Jean-Jacques Beineix, *Diva*.

1982

13 JANVIER ♦ La durée légale du travail est désormais de trente-neuf heures. Instauration de la cinquième semaine de congés payés. Le 27, le recours au travail temporaire et aux contrats à durée déterminée est limité.

24 FÉVRIER ♦ Amandine, premier « bébé-éprouvette » français.

3-5 MARS ♦ François Mitterrand est le premier président de la République à se rendre en Israël. Il y prononce une déclaration en faveur du principe d'un État palestinien.

25 MARS ♦ Ordonnances sur la retraite à 60 ans, le cumul emploi-retraite et la retraite à 57 ans pour les fonctionnaires.

AVRIL ♦ Apparition du four à micro-ondes sur le marché.

AVRIL ♦ Umberto Eco, *Le Nom de la rose* (Grasset) : best-seller international du roman historique. Sera repris au cinéma.

29-30 MAI ♦ Pierre Méhaignerie élu président du CDS.

10 JUIN ♦ Loi Quillot qui rééquilibre les rapports entre propriétaires et locataires.

12 JUIN ♦ Dévaluation du franc au sein du SME (5,75 %). Blocage des prix et des salaires jusqu'au 1er novembre, sauf pour le SMIC.

13-18 JUIN ♦ Henri Krasucki, secrétaire général de la CGT au congrès de Lille.

JUILLET ♦ Suppression du délit d'homosexualité dans le Code pénal.

15 JUILLET ♦ Autorisation de dix-sept radios privées à Paris (commission

Holleaux). Le 20, manifestation de 2 000 personnes réclamant l'homologation de « Fréquence Gaie ».

27 JUILLET ♦ Première loi Auroux relative aux « libertés des travailleurs dans l'entreprise ».

30 JUILLET ♦ Création de la Haute Autorité audiovisuelle chargée de veiller à l'indépendance de la radio et de la télévision. Michèle Cotta, nommée présidente le 22 août.

2 AOÛT ♦ Conférence mondiale à Mexico sur les politiques culturelles, où Jack Lang, ministre de la Culture, dénonce l'impérialisme américain.

9 AOÛT ♦ Attentat à Paris contre le restaurant juif Goldenberg (rue des Rosiers) : six morts, vingt-deux blessés.

SEPTEMBRE ♦ Création de la Fondation Saint-Simon (R. Fauroux, Fr. Furet). Industriels et intellectuels réunis pour une impulsion privée à la recherche sur les sociétés contemporaines.

9 SEPTEMBRE ♦ Le dollar franchit la barre des 7 francs à Paris.

22 SEPTEMBRE ♦ Ouverture du Salon informatique, télématique, communication, organisation de bureau et bureaucratique (SICOB) au CNIT de la Défense. Le micro-ordinateur entre dans les familles.

27 SEPTEMBRE ♦ Le Conseil permanent de l'épiscopat français : « Pour de nouveaux modes de vie ». La déclaration suscite de vives réactions à cause de son orientation prosocialiste.

18 OCTOBRE ♦ Mort de Pierre Mendès France d'une crise cardiaque. Sa mémoire est unanimement saluée.

NOVEMBRE ♦ Accord du CNPF et des syndicats relatif à l'assurance chômage : réduction du montant et de la durée des allocations (décret Bérégovoy). En dix-huit mois, 600 000 personnes exclues de l'indemnisation chômage.

11 NOVEMBRE ♦ Mort de Leonid Brejnev. Youri Andropov lui succède.

24 NOVEMBRE ♦ Adoption du projet de loi sur les séquelles de la guerre d'Algérie.

DÉCEMBRE ♦ *Intervention*, n° 1 (Jacques Julliard), bimestriel. Le combat intellectuel de gauche continue.

DÉCEMBRE ♦ Remboursement de l'avortement (IVG) par la Sécurité sociale.

17 DÉCEMBRE ♦ Chadli Bendjedid à Paris : première visite d'un chef d'État algérien depuis l'indépendance.

17 DÉCEMBRE ♦ Les étrangers peuvent être électeurs aux conseils d'administration des caisses de Sécurité sociale, aux commissions de HLM, et délégués des parents d'élèves.

24 DÉCEMBRE ♦ Mort de Louis Aragon.

Littérature et essais □ François Bon, *Sortie d'usine* ; Dominique Fernandez, *Dans la main de l'ange* (prix Goncourt) ; Marc Augé, *Génie du paganisme* ; Luc Boltanski, *Les Cadres* ; François de Closets, *Toujours plus* ; G. Labica, G. Bensussa, *Dictionnaire critique du marxisme* ; Alain Minc, *L'après-crise est commencée* ; C. Rangel, *L'Occident et le Tiers Monde. De la fausse culpabilité aux vraies responsabilités* ; Élisabeth Roudinesco, *Histoire de la psychanalyse en France*, t. I.

Mort d'Albert Soboul, historien communiste de la Révolution française.

Presse et revues □ Nouveau magazine féminin *Prima* ; en décembre, *Passé-Présent*, n° 1, thème : « L'individu » (Claude Lefort, Ramsay), biannuel.

Théâtre □ Patrice Chéreau devient directeur du Théâtre des Amandiers de Nanterre. Il y montera des pièces de Jean Genet et de Bernard-Marie Koltès.

Musique □ Le rap noir américain en concert pour la première fois à Paris : Grandmaster Flash ; création par le ministère de la Culture de la Commission consultative pour le jazz et les musiques improvisées.

Arts plastiques □ Takis, *Trois totems-Espace musical* pour le Forum du Centre Beaubourg.

Cinéma □ Mort de Jacques Tati ; Romain Goupil, *Mourir à trente ans*.

Télévision □ Christine Ockhrent, « reine du 20 heures » ; succès de Véronique et Dawina : l'aérobic à la française.

1983

10 JANVIER ♦ Deux gendarmes mobiles tués en Nouvelle-Calédonie.

FÉVRIER ♦ La France soutient l'Irak dans son conflit contre l'Iran (commencé en septembre 1980).

25 FÉVRIER ♦ Création d'un Comité consultatif national d'éthique pour les sciences de la vie et de la santé (CCNE), pour réfléchir sur les progrès de la connaissance et leur intégration à la société.

MARS ♦ René Char, *Œuvres complètes*. Le poète entre de son vivant dans la Pléiade.

1er MARS ♦ Le compact disc commercialisé en France par Polygram : 80 000 CD sont écoulés en moins de deux mois.

14 MARS ♦ Première réduction officielle des prix du pétrole brut décidée par l'OPEP (29 dollars le baril).

25 MARS ♦ Plan Delors mettant en place une politique de rigueur, dont le prélèvement de 1 % sur les revenus imposables, la limitation à 2 000 F des devises pour les touristes et un emprunt obligatoire sur trois ans.

28 MARS ♦ Premières Assises nationales des personnes âgées, à Paris, en présence de François Mitterrand.

AVRIL ♦ Premiers vidéoclips. Création par Jacques Lang de l'Octet, agence de promotion des clips français.

1er AVRIL ♦ Entrée en vigueur de la retraite à 60 ans.

MAI ♦ Patrice Chéreau, *L'Homme blessé* (Jean-Hugues Anglade) : premier film homosexuel grand public.

MAI ♦ Identification du virus du sida (syndrome d'immunodéficience acquise), à l'Institut Pasteur, par le professeur Montagnier.

31 MAI ♦ Abrogation de la loi « Sécurité et liberté » d'Alain Peyrefitte.

4 JUIN ♦ Élection de Jacques Soustelle et de Léopold Sédar Senghor à l'Académie française.

5 JUIN ♦ La victoire du joueur de tennis Yannick Noah à Roland-Garros est la première d'un Français depuis 1946.

29-30 JUIN ♦ Loi sur l'égalité professionnelle entre les hommes et les femmes.

1er-10 AOÛT ♦ Intervention française au Tchad (opération « Manta ») pour soutenir Hissène Habré dans sa lutte contre les rebelles de G. Oueddeï (appuyés par la Libye).

21 AOÛT ♦ Nouvelle politique de l'immigration (Georgina Dufoix) ; renforcement de la lutte contre les clandestins.

4-11 SEPTEMBRE ♦ Élections municipales : une alliance (second tour) entre le RPR et le Front national fait de Jean-Pierre Stirbois le maire adjoint FN de Dreux.

OCTOBRE ♦ Première Foire internationale d'art contemporain (FIAC) à Paris. Un défilé associant créateurs de mode et artistes est organisé pour le vernissage.

17 OCTOBRE ♦ Mort de Raymond Aron. L'hommage est unanime (cf. le numéro spécial de *Commentaire*, « Raymond Aron, 1905-1983. Histoire et politique », n° 28-29, février 1985).

3 NOVEMBRE ♦ Inauguration du Théâtre de l'Europe sous la direction de G. Strehler, qui met en scène *La Tempête* de Shakespeare.

28 NOVEMBRE ♦ À l'Opéra de Paris, Olivier Messiaen, *Saint François d'Assise*, créé par S. Ozawa.

3 DÉCEMBRE ♦ Manifestation de 60 000 personnes à Paris contre le racisme, aboutissement de la « marche des Beurs » commencée le 15 octobre à Marseille.

12 DÉCEMBRE ♦ Mme Rozès, première femme présidente de la Cour de cassation.

Littérature et essais □ P. Le Jéloux, *L'Exil de Taurus* ; Gérard Macé, *Bois dormant* (poèmes en prose) ; Raymond Aron, *Mémoires : cinquante ans de réflexion politique* ; Pascal Bruckner, *Le Sanglot de l'homme blanc : tiers monde, culpabilité, haine de soi* ; J. Clair, *Considérations sur l'état des beaux-arts* ; Louis Dumont, *Essais sur l'individualisme. Une perspective anthropologique sur l'idéologie moderne* ; J.-L. Missika,

D. Wolton, *La Folle du logis. La télévision dans les sociétés démocratiques* ; Paul Ricœur, *Temps et récit*, t. I (t. II, 1984, t. III, 1985) ; Zeev Sternhell, *Ni droite ni gauche : l'idéologie fasciste en France*. L'ouvrage est très contesté par les historiens français (Michel Winock, Jacques Julliard, Serge Berstein) ; Jacqueline Verdès-Leroux, *Au service du Parti : le Parti communiste, les intellectuels et la culture* ; Georges Lipovetsky, *L'Ère du vide, essais sur l'individualisme contemporain*.

Danse □ Noureev est nommé directeur de la danse à l'Opéra de Paris.

Musique □ Mort du compositeur Georges Auric.

1984

JANVIER ♦ *Vingtième Siècle*, revue d'histoire, n° 1 (rédacteur en chef : J.-P. Rioux), trimestriel.

13 JANVIER ♦ Projet Savary concernant la réforme de l'enseignement. La « titularisation des maîtres » entraînant leur fonctionnarisation provoque l'opposition des responsables catholiques. Le 4 mars, manifestation de 500 000 à 800 000 personnes contre le projet et en faveur de l'école privée (Versailles).

29 MARS ♦ Plan de restructuration industrielle concernant les chantiers navals, la sidérurgie, les chemins de fer. En Lorraine, les sidérurgistes décrètent une grève générale. Ils manifestent à Paris le 13 avril.

4 AVRIL ♦ François Mitterrand, conférence de presse pour expliquer sa politique : « Je me suis trompé. » Laurent Fabius devient « ministre du Redéploiement industriel ». Autorisation de la publicité sur les radios libres.

25 AVRIL ♦ Manifestation de plus de un million de personnes, dont 150 000 à Paris, en faveur de l'école publique à l'appel du Comité national d'action laïque.

MAI ♦ Exposition Pierre Bonnard au Centre Georges-Pompidou. Avec « Vienne », une de celles qui entraînent le plus d'affluence.

7-9 JUIN ♦ Sommet de Londres des principaux pays industrialisés consacré au problème des pays en voie de développement.

17 JUIN ♦ Élections européennes : fort taux d'abstention (43,2 %) ; le PCF obtient son minimum (11,2 %) quand le FN (10,9 %) dispose de dix élus.

24 JUIN ♦ Manifestation de plus de un million de personnes en faveur de l'école privée à Paris.

27 JUIN ♦ L'équipe de France, championne d'Europe de football.

JUILLET ♦ Explosion des messageries roses sur le Minitel.

14 JUILLET ♦ Démission d'Alain Savary après l'abandon de son projet de loi de réforme de l'enseignement.

17-19 JUILLET ♦ Gouvernement Laurent Fabius sans participation communiste.

1ᵉʳ AOÛT ♦ Le jugement rendu dans l'affaire Parpalaix stipule qu'une femme peut engendrer seule avec des paillettes de sperme anonyme à condition que les médecins soient d'accord. Première insémination *post mortem* en France.

15 SEPTEMBRE ♦ « Télématin », premières informations de la journée sur Antenne 2.

26 SEPTEMBRE ♦ Pour l'emploi des jeunes, création du « travail d'utilité collective » (TUC).

OCTOBRE ♦ 2,5 millions de chômeurs ; la dette extérieure augmente de 52 %

2 OCTOBRE ♦ La commission sociale de l'épiscopat français dénonce le retour de la pauvreté. En 1981, le Secours catholique a résolu 250 000 cas de détresse, 500 000 en 1983.

5 OCTOBRE ♦ *Le Nouvel Observateur* consacre sa couverture au libéralisme : « La folie du débat de la rentrée » (Michel Rocard, Guy Sorman, François de Closets, Alain Minc).

16 OCTOBRE ♦ Grégory, un enfant de quatre ans, est découvert mort dans la Vologne (Vosges) : début de l'« affaire Villemin », qui passionne bientôt la France entière. Marguerite Duras en tire un article « Sublime, forcément sublime, Christine V. », *Libération*, 17 juillet 1985, entraînant de vives réactions.

17 OCTOBRE ♦ Laurent Fabius, « Parlons France » sur TF1 : causeries à objectif didactique du Premier ministre (quart d'heure mensuel).

21 OCTOBRE ♦ Mort de François Truffaut.

31 OCTOBRE ♦ Condamnation, par le Comité national d'éthique, des « mères porteuses ».

4 NOVEMBRE ♦ Première émission de Canal +, quatrième chaîne de télévision, payante.

8-14 NOVEMBRE ♦ *L'Événement du jeudi*, n° 1, hebdomadaire (Jean-François Kahn, J.-F. Held).

13 NOVEMBRE ♦ Prix Goncourt : Marguerite Duras, *L'Amant*, Éditions de Minuit (presque un million d'exemplaires vendus).

DÉCEMBRE ♦ Un ancien ministre de Valéry Giscard d'Estaing publie un ouvrage défendant l'apport des immigrés à la France : Bernard Stasi, *L'Immigration, une chance pour la France* (Robert Laffont), alors même que le Front national mène une campagne d'affichage xénophobe assimilant l'immigration au chômage.

8 DÉCEMBRE ♦ Manifestation massive pour la radio NRJ menacée de suppression.

⇨ Création du Haut Conseil de la francophonie : Francis Bebey représente l'Afrique.

Littérature et essais □ Milan Kundera, *L'Insoutenable Légèreté de l'être* ; Pierre Bourdieu, *Homo academicus* ; Georges Duby, *Guillaume le Maréchal ou le meilleur des chevaliers* (grand succès) ; Michel Foucault, *L'Histoire de la sexualité*, *L'Usage des plaisirs* et *Le Souci de soi* ; E. Kogon, H. Langbein, A. Rückerl, *Les Chambres à gaz, secret d'État* (éditée simultanément en France et en Allemagne) ; Jean Lacouture, *De Gaulle*, t. I (les t. II et III paraissent en 1985-1986) ; Pierre Mendès France, *Œuvres complètes, S'engager (1922-1983)* ; J.-Cl. Milner, *De l'école* ; M. Maschino, *Voulez-vous vraiment des enfants idiots ?* ; Pierre Nora (dir.), *Les Lieux de mémoire*, I : *La République* ; Jacqueline de Romilly,

L'Enseignement en détresse ; Guy Sorman, *La Solution libérale*.

Mort de l'historien Philippe Ariès et de Michel Foucault.

Danse □ Création de la Biennale internationale de danse de Lyon.

Cinéma □ Léo Carax, *Boy Meets Girl*.

Télévision □ Sur TF1, « Hip Hop », émission animée par Sidney : première du genre pour la diffusion de la musique rap en France.

1985

12 JANVIER ♦ L'état d'urgence est instauré en Nouvelle-Calédonie après la mort d'Éloi Machoro, leader indépendantiste tué par les gendarmes.

25 JANVIER ♦ Assassinat de René Audran, directeur des Affaires internationales au ministère de la Défense, revendiqué par Action directe.

FÉVRIER ♦ *Libération* publie cinq témoignages sur les tortures pratiquées en Algérie par Jean-Marie Le Pen, pendant la guerre d'indépendance.

6-20 FÉVRIER ♦ XXVe congrès du PCF à Saint-Ouen. Abandon définitif de la stratégie d'Union de la gauche au profit d'un « nouveau rassemblement populaire majoritaire ».

12 FÉVRIER ♦ Le dollar franchit la barre des 10 francs à Paris.

15 FÉVRIER ♦ *Le Nouvel Observateur* fait sa une sur le badge « Touche pas à mon pote » de SOS-Racisme, nouveau mouvement antiraciste pour lutter contre le Front national, animé par Harlem Désir.

10-13 MARS ♦ Mikhaïl Gorbatchev élu secrétaire du PC soviétique.

22 MARS ♦ Enlèvement à Beyrouth de deux diplomates français : Marcel Carton et Marcel Fontaine. Le journaliste Jean-Paul Kaufmann et le chercheur Michel Seurat seront enlevés le 22 mai.

20 AVRIL ♦ François Mitterrand, premier président de la République à rendre visite à la Ligue des droits de l'homme, propose de réfléchir au vote des immigrés.

22 AVRIL ♦ Apparition du Loto sportif.

MAI ♦ *Le Mahabharata*, adaptation de Jean-Claude Carrière, mise en scène de Peter Brook aux Bouffes-du-Nord.

15 JUIN ♦ Fête de SOS-Racisme à la Concorde : 300 000 « potes » réunis pour un concert de douze heures. Le dimanche soir, Harlem Désir est l'invité d'Anne Sinclair à « 7 sur 7 ».

10 JUILLET ♦ La loi établissant le scrutin proportionnel est promulguée.

10 JUILLET ♦ Attentat contre le bateau de l'association écologiste Greenpeace, le *Rainbow Warrior*, dans le port d'Auckland (Nouvelle-Zélande). Un photographe est tué. Le 16 août, *L'Express* dévoile la responsabilité des services secrets français : Charles Hernu, ministre de la Défense, démissionne.

17 JUILLET ♦ Réunion des Assises européennes de la technologie (projet Eurêka) à Paris à l'initiative de la France.

SEPTEMBRE ♦ *Autrement* : « Objectif bébé. Une nouvelle science : la bébologie ».

SEPTEMBRE ♦ C. Serreau, *Trois hommes et un couffin*. Succès immédiat du film (six millions de spectateurs en cinq mois) qui remporte le César du meilleur film en 1986 et fera l'objet d'un *remake* américain en 1988.

23 SEPTEMBRE ♦ Inauguration du musée Picasso (hôtel Salé, à Paris).

OCTOBRE ♦ Tricentenaire de la révocation de l'édit de Nantes. Nombreuses manifestations et publications.

17 OCTOBRE ♦ Claude Simon, prix Nobel de littérature.

28 OCTOBRE ♦ *Le Figaro-Magazine* titre : « Serons-nous encore français dans trente ans ? » et prévoit 7,9 millions d'étrangers non européens en France en 2015. Le démographe Hervé Le Bras, dans *Le Nouvel Observateur* (1er novembre), rétorque : 800 000.

NOVEMBRE ♦ *Globe*, n° 1, mensuel (directeur, Georges-Marc Benamou) :

un grand format de l'information autrement.

12 NOVEMBRE ♦ Création des baccalauréats professionnels.

DÉCEMBRE ♦ Triomphe du fantaisiste Thierry Le Luron au Gymnase dans un spectacle antisocialiste : 400 000 spectateurs.

4 DÉCEMBRE ♦ François Mitterrand reçoit le général Jaruzelski : première entrevue accordée par un dirigeant occidental. Laurent Fabius s'en déclare « troublé ». Le 9, sur Europe 1, le président justifie sa position.

21 DÉCEMBRE ♦ À Paris, dans le XIXe arrondissement, ouverture du premier « Resto du cœur » à l'initiative de Coluche. Quinze jours plus tard, 60 000 repas servis dans vingt-six grandes villes.

⇨ Le CD-ROM (Compact Disc-Read Only Memory) fait son apparition ; parallèlement le piratage informatique est désormais considéré comme illicite. Les enfants peuvent, à titre d'usage, porter le nom de leur mère (situation nouvelle d'un grand nombre d'enfants vivant avec leur mère seule).

Littérature et essais □ Édouard Glissant, *Pays rêvé, pays réel* (poésie) ; J.-P. Toussaint, *La Salle de bain* (premier roman : 60 000 exemplaires aux Éditions de Minuit) ; François Bon, *Limite* ; Hector Bianciotti, *Sans la miséricorde du Christ* (prix Femina) ; Henri Meschonnic, *Voyageurs de la voix* (poèmes) ; Yann Queffélec, *Les Noces barbares* (prix Goncourt) ; Colette Beaune, *Naissance de la nation France* ; Marcel Gauchet, *Le Désenchantement du monde* ; Jacques Julliard, *La Faute à Rousseau : essai sur les conséquences historiques de l'idée de souveraineté populaire* ; Ernest Labrousse, *La Révocation de l'édit de Nantes* ; Yves Lacoste, *Contre les anti-tiers-mondistes et contre certains tiers-mondistes* ; Pierre Rosanvallon, *Le Moment Guizot* ; P. Yonnet, *Jeux, modes et masses*.

Presse et revues □ En janvier, A. Fontaine élu directeur du *Monde* ; en mars, *Droits, Revue française de théorie juridique*, n° 1, « Destins du droit de propriété » (directeurs : J. Combacau, S. Rials).

Musique □ Création d'une classe de jazz au Conservatoire national supérieur de musique de Paris.

Arts plastiques □ « Les Immatériaux » à Beaubourg ; Christo emballe le Pont-Neuf à Paris.

Cinéma □ Claude Lanzmann, *Shoah* (9 heures).

1986

3 JANVIER ♦ Rachat du *Progrès de Lyon* par Robert Hersant, qui acquiert le monopole de l'information écrite dans la région Rhône-Alpes.

3 FÉVRIER ♦ Premier concert au Théâtre des Champs-Élysées de l'Orchestre national de jazz (ONJ) créé par le ministère de la Culture.

3-5 FÉVRIER ♦ Série d'attentats à Paris (galerie du Claridge, Gibert Jeune, FNAC Sport) revendiqués par un « Comité de solidarité avec les prisonniers politiques arabes et du Proche-Orient » (CSPPA).

12 FÉVRIER ♦ « Vienne 1880-1938, naissance d'un siècle » : grande exposition au Centre Pompidou. Plus de 500 000 visiteurs. Un recueil d'essais de plus de sept cents pages en est extrait.

20 FÉVRIER ♦ Première émission de la cinquième chaîne. Le 1er mars, première émission de la sixième chaîne « musicale », TV6.

27 FÉVRIER ♦ Loi sur la flexibilité du travail (Michel Delebarre), malgré une forte opposition des communistes depuis décembre 1985.

8 MARS ♦ Enlèvement des journalistes d'Antenne 2 (Georges Hansen, Jean-Louis Normandin, Aurel Cornéa, Philippe Rochot) par le Djihad islamique à Beyrouth. G. Hansen et Ph. Rochot sont libérés le 20 juin.

13 MARS ♦ La Cité des sciences et de l'industrie, à la Villette (Paris), inaugurée par François Mitterrand.

16 MARS ♦ Succès de la droite RPR et UDF aux élections législatives (scrutin proportionnel). Le Front national

obtient autant de députés que le PCF (35). Le 20, Jacques Chirac, Premier ministre : début de la « cohabitation ».

14 AVRIL ♦ Mort de Simone de Beauvoir ; le 15, de Jean Genet.

18 AVRIL ♦ Abolition de l'impôt sur les grandes fortunes.

25 AVRIL ♦ Grave accident à la centrale nucléaire de Tchernobyl en URSS : les autorités soviétiques sont contraintes de le reconnaître.

14 JUIN ♦ Concert gratuit SOS-Racisme à la Bastille à Paris : plus de 100 000 spectateurs.

19 JUIN ♦ Mort de Coluche dans un accident de moto.

31 JUILLET ♦ Vote de la loi sur les privatisations (de groupes industriels nationalisés en 1981-1982). En décembre, privatisation de Saint-Gobain : 1,5 million de personnes actionnaires.

7 AOÛT ♦ Adoption de la loi sur les conditions de séjour des étrangers en France. Le 18 octobre, expulsion de cent un Maliens à bord d'un charter.

4-17 SEPTEMBRE ♦ À Paris, deuxième série d'attentats (onze morts) par le CSPPA réclamant la libération des terroristes G. Ibrahim Abdallah et A. Naccache détenus en France.

10 SEPTEMBRE ♦ J. Testart, biologiste, renonce à la poursuite de ses recherches *in vitro* pour des raisons éthiques.

10 OCTOBRE ♦ Retour au scrutin majoritaire.

8 NOVEMBRE ♦ George Bush, président des États-Unis.

12 NOVEMBRE ♦ Projet de loi réformant le code de la nationalité : les enfants nés en France de parents étrangers ne seraient plus automatiquement français à dix-huit ans. François Mitterrand exprime son désaccord.

17 NOVEMBRE ♦ Début des mouvements d'étudiants et lycéens contre les projets de lois Devaquet-Monory de réforme de l'enseignement. C'est la plus importante mobilisation des jeunes depuis 1968. Ils sont 600 000 manifestants le 27 (la France entière).

20 NOVEMBRE ♦ Jack Lang, avec Charles Trenet, distribue aux députés le 45 tours *Douce France* interprété par le groupe Carte de séjour (rock oriental et flamenco).

1er DÉCEMBRE ♦ Ouverture du musée d'Orsay (Paris) consacré à la seconde moitié du XIXe siècle dans l'ancienne gare d'Orsay. Directrice : Françoise Cachin (architecte d'intérieur, Gae Aulenti).

6 DÉCEMBRE ♦ Mort de Malik Oussekine lors d'affrontements entre étudiants et forces de l'ordre. Démission d'Alain Devaquet et retrait de la réforme de l'enseignement. Le 10, 300 000 manifestants dans les rues de Paris et en Province à la mémoire de M. Oussekine, avec comme mot d'ordre « Plus jamais ça ».

12 DÉCEMBRE ♦ La Commission nationale de la communication et des libertés (CNCL) présidée par G. de Broglie remplace la Haute Autorité.

18 DÉCEMBRE ♦ Débuts à la SNCF puis à la RATP de grèves massives qui se poursuivent jusqu'au 16 janvier.

Littérature et essais □ P. Combescot, *Les Funérailles de la sardine* ; Ph. Djian, *Maudit manège* ; Michel Host, *Valet de nuit* (prix Goncourt) ; Paul Susskind, *Le Parfum* ; François Bluche, *Louis XIV* (succès public de la biographie historique) ; Fernand Braudel, *L'Identité de la France* ; Philippe Burin, *La Dérive fasciste. Doriot, Déat, Bergery. 1933-1945* ; Cornelius Castoriadis, *Domaines de l'homme* ; P. Manent, *Les Libéraux* et *Histoire intellectuelle du libéralisme*.

Revues et édition □ *Revue française d'économie*, n° 1 (G. Etrillard, Fr. Sureau directeurs) ; en février, premiers livres des éditions Odile Jacob : J. Ruffié, *Le Sexe et la Mort* ; J.-D. Vincent, *Biologie des passions* ; Élisabeth Badinter, *L'un est l'autre*.

Théâtre □ En février, Jean Le Poulain est nommé administrateur général de la Comédie-Française.

Danse □ Mort de la danseuse étoile de l'Opéra de Paris (1960-1979) Claire Motte et de Serge Lifar, danseur et chorégraphe.

Musique □ Mort de la pianiste Yvonne Lefébure et de l'organiste et compositeur Maurice Duruflé.

Arts plastiques □ Adrien Fainsilber (Prix national d'architecture) ; Daniel Buren, les « Colonnes » du Palais-Royal à Paris.

Cinéma □ Jean-Jacques Beineix, *37° 2 le matin* (Béatrice Dalle, Jean-Hugues Anglade) ; Bertrand Blier, *Tenue de soirée* (Gérard Depardieu, Michel Blanc, Miou-Miou) ; Alain Cavalier, *Thérèse* (Prix du jury au Festival de Cannes).

1987

7 JANVIER ♦ Bombardement par l'aviation française des bases de radar de Ouadi-Doum (Libye) en réponse au bombardement libyen de bases tchadiennes.

19-31 JANVIER ♦ Succès de la privatisation de Paribas (3,8 millions de particuliers deviennent actionnaires). Même succès en juin pour la privatisation de la Société générale (nationalisée en 1945 par le général de Gaulle) et en octobre pour celle de la Compagnie financière de Suez.

26 JANVIER ♦ L'Ensemble intercontemporain dirigé par Pierre Boulez fête son dixième anniversaire en créant *Jalons* de Iannis Xenakis.

FÉVRIER ♦ Premier vol de l'avion européen Airbus A 320.

20 FÉVRIER ♦ *Kean*, au Théâtre Marigny (pièce d'Alexandre Dumas adaptée par Jean-Paul Sartre) : mise en scène Robert Hossein et interprétation de Jean-Paul Belmondo.

23 FÉVRIER ♦ La Cinquième revient à Robert Hersant, S. Berlusconi et J. Seydoux, et TV6 à la société Métropole (J. Drucker). Le 4 avril, privatisation de TF 1.

24 FÉVRIER ♦ Michèle Barzach, ministre de la Santé, présente un programme de lutte contre le sida.

4 MARS ♦ Proposition de Mikhaïl Gorbatchev en faveur du retrait des missiles nucléaires de portée intermédiaire en Europe ; François Mitterrand réaffirme la position française de maintien de la force de dissuasion nucléaire.

15 MARS ♦ Manifestation à Paris de 15 000 personnes contre le projet de code de la nationalité présenté par Albin Chalandon. Le 2 avril, le Front national au Zénith à Paris, pour protester contre les retards du texte sur le code de la nationalité : 10 000 personnes.

20 MARS ♦ Le premier réseau de télévision câblé en fibres optiques est inauguré à Rennes par François Mitterrand.

22 MARS ♦ Manifestation de la CGT pour la défense de la Sécurité sociale, à Paris : 200 000 personnes.

23-25 AVRIL ♦ Jacques Chirac en Lorraine pour présenter un plan d'investissement de 2 milliards de francs destiné à la réindustrialisation de la région.

24 AVRIL ♦ Création à la salle Favart du ballet *Tutti* de Philippe Decouflé, avec les danseurs du Groupe de recherche chorégraphique de l'Opéra et les musiciens de l'Orchestre national de jazz (musique d'Antoine Hervet).

6 MAI ♦ Jean-Marie Le Pen à « L'Heure de vérité » (Antenne 2). À ses attaques xénophobes s'ajoutent celles sur les malades du sida. Michel Noir, ministre RPR, dans « Au risque de perdre » (*Le Monde*, 15 mai), réagit : « Serions-nous prêts à sacrifier notre âme pour ne pas perdre des élections ? »

11-26 MAI ♦ À Lyon, procès de l'ancien officier SS Klaus Barbie, coupable de « crimes contre l'humanité ». Pour la première fois, les audiences sont filmées. Le 4 juillet, il est condamné à la réclusion à perpétuité. Au même moment la télévision diffuse le film-document de Claude Lanzmann, *Shoah*.

19 MAI ♦ 40ᵉ Festival de Cannes : *Sous le soleil de Satan* de Maurice Pialat, Palme d'or.

22 JUIN ♦ Création au 7ᵉ Festival international de Montpellier de la chorégraphie *Le Saut de l'ange* par D. Bagouet avec C. Boltanski (musique P. Dusapin et Beethoven) ; marque un bouleversement dans le langage chorégraphique, malgré un accueil mitigé.

17 JUILLET ♦ « Affaire Gordji » : rupture des relations diplomatiques avec l'Iran. Convoqué par le juge Boulouque qui instruit sur les attentats de 1986, Wahid Gordji refuse de se rendre à la convocation. Le 30, envoi du porte-avions *Clemenceau* en mer d'Oman. Les relations franco-iraniennes se normalisent en novembre avec l'échange de Wahid Gordji contre Paul Torri (premier secrétaire de l'ambassade de France à Téhéran).

24 JUILLET ♦ Pierre Juquin, chef de file des « Rénovateurs », démissionne du Comité central du PCF.

29 AOÛT ♦ Concert de la chanteuse américaine Madonna, au parc de Sceaux : 120 000 spectateurs.

3 SEPTEMBRE ♦ Baisse de la TVA, ramenée à 28 % sur les voitures de tourisme et les motos ; à 18,6 % sur les disques et les cassettes.

13 SEPTEMBRE ♦ Jean-Marie Le Pen au « Grand Jury RTL-Le Monde » : « Les chambres à gaz ?... un point de détail de l'histoire de la Seconde Guerre mondiale. » Le 17, manifestation de 5 000 personnes devant l'Assemblée nationale demandant la levée de son immunité parlementaire.

5 OCTOBRE ♦ Transfert des cendres de René Cassin, prix Nobel de la paix, au Panthéon en présence de François Mitterrand.

19 OCTOBRE ♦ « Lundi noir », effondrement des marchés boursiers après l'annonce du krach à Wall Street. Faiblesse du dollar qui, le 26, passe au-dessous de la barre des 6 francs.

30 OCTOBRE ♦ Jean-Paul Aron, « Mon Sida », à la une du *Nouvel Observateur*. Pour la première fois, une personnalité intellectuelle assume publiquement sa maladie.

16 NOVEMBRE ♦ Prix Goncourt décerné à Tahar Ben Jelloun, *La Nuit sacrée*.

Littérature et essais □ Frédérique Hébrard, *Le Harem* (grand prix du roman de l'Académie française) ; Pascal Quignard, *Le Salon de Wurtemberg* (Gutenberg du meilleur roman français) ; J. Dieudonné, *Pour l'honneur de l'esprit humain. Les mathématiques* *aujourd'hui* (succès de librairie) ; Bruno Étienne, *L'Islamisme radical* ; V. Farias, *Heidegger et le nazisme* (la polémique atteint cette fois un large public) ; Alain Finkielkraut, *La Défaite de la pensée* ; Gilles Kepel, *Les Banlieues de l'Islam* ; A. Laroui, *Islam et modernité* ; Jean-Marie Lustiger, *Le Choix de Dieu*. Entretiens avec J.-L. Missika et D. Wolton (L'Église et le monde actuel : l'itinéraire d'un converti) ; Henri Rousso, *Le Syndrome de Vichy* ; Pierre Vidal-Naquet, *Les Assassins de la mémoire*.

Revues et édition □ *Esprit*, n° spécial (avril) « Le nouvel âge du sport » (Marc Augé, Roger Chartier, A. Ehrenberg, Jean-Claude Passeron, G. Vigarello) ; en janvier, *L'État des religions*, La Découverte, sous la direction de M. Clevenot.

Arts plastiques □ Œuvres de Francis Bacon à la galerie Lelong à Paris.

Cinéma □ Alain Cavalier, *Thérèse*, remporte six des dix-huit Césars du cinéma (déjà primé à Cannes en 1986) ; Louis Malle, *Au revoir les enfants* : Lion d'or du Festival de Venise et prix Louis-Delluc ; Jean Rouch succède à Costa-Gavras à la tête de la Cinémathèque française.

1988

11-12 JANVIER ♦ Procès des membres d'Action directe (Jean-Marc Rouillan, Nathalie Ménigon, Georges Cipriani, Joëlle Aubron) arrêtés en février 1987.

22 JANVIER ♦ 25ᵉ anniversaire du traité franco-allemand : Helmut Kohl et François Mitterrand annoncent la création d'un Conseil de défense et de sécurité, d'un Conseil économique et financier, d'un Haut Conseil culturel, d'une brigade franco-allemande.

4 MARS ♦ François Mitterrand inaugure la Pyramide du Louvre (entrée du Louvre).

29 MARS ♦ Assassinat à Paris de Dulcie September, représentante en France de l'ANC, organisation politique de lutte contre l'apartheid (la responsabilité des services secrets sud-africains est probable) : vives réactions. Le PCF accuse François Mitterrand et Jacques Chirac.

4 MAI ♦ Libération des trois derniers otages détenus au Liban : Marcel Carton, Marcel Fontaine, Jean-Paul Kaufmann.

5 MAI ♦ À Ouvéa (Nouvelle-Calédonie), opération militaire « Victor » pour libérer les 23 otages détenus dans une grotte par des indépendantistes kanaks depuis le 22 avril. Bilan : 2 militaires et 29 Kanaks sont tués. Le 9, le FLNKS rend le gouvernement responsable des morts kanaques, entraînant une polémique relayée par les médias, et, le 30 mai, une information judiciaire est décidée par le nouveau ministère de la Justice.

8 MAI ♦ Réélection de François Mitterrand à la présidence de la République, contre Jacques Chirac. Michel Rocard, Premier ministre.

14 MAI ♦ Pierre Mauroy, élu à la tête du PS ; François Mitterrand dissout l'Assemblée nationale. Le 12 juin, aux élections législatives la majorité présidentielle l'emporte : 275 députés sur 575.

18 MAI ♦ Instauration du revenu minimum d'insertion (RMI) financé par l'impôt sur les grandes fortunes : loi votée le 12 octobre.

26 JUIN ♦ Accords conclus à Matignon sur le statut de la Nouvelle-Calédonie entre Jean-Marie Tjibaou, président du FLNKS, et Jacques Lafleur, président du RPCR (anti-indépendantiste), à l'instigation de Michel Rocard. Un référendum est prévu à l'automne.

27 JUIN ♦ Collision de deux trains à la gare de Lyon, à Paris (56 morts) ; le 19 juillet, 16 blessés dans une collision de trains en gare de Toulouse-Matabiau. Le 6 août, accident ferroviaire, gare de l'Est à Paris (1 mort, 56 blessés).

30 JUIN ♦ Excommunication de Mgr Lefebvre pour avoir ordonné quatre évêques sans l'accord du pape.

28 SEPTEMBRE ♦ Incendie criminel par des catholiques intégristes d'un cinéma parisien qui projetait *La Dernière Tentation du Christ*, de Martin Scorsese.

29 SEPTEMBRE ♦ Début de la grève des infirmières pour une amélioration de leurs salaires et de leurs conditions de travail.

18 OCTOBRE ♦ Prix Nobel d'économie pour la première fois décerné à un Français, Maurice Allais, pour ses travaux sur la théorie des marchés et l'utilisation des ressources.

24 OCTOBRE ♦ Jean Dubuffet, *La Tour aux figures*, œuvre de 24 mètres de hauteur, construite dans l'île Saint-Germain à Issy-les-Moulineaux ; inauguration par François Mitterrand.

NOVEMBRE ♦ Envoi d'une mission franco-soviétique dans l'espace à bord de la station Mir (Jean-Loup Chrétien).

6 NOVEMBRE ♦ Référendum sur la Nouvelle-Calédonie ; taux d'abstention, 63,10 % ; 79,99 % de « oui ».

9 NOVEMBRE ♦ Transfert des cendres de Jean Monnet au Panthéon.

14 NOVEMBRE ♦ Prix Goncourt à Erik Orsenna, *L'Exposition coloniale*, et prix Renaudot à René Depestre, *Hadriana dans tous mes rêves*.

13 DÉCEMBRE ♦ Inauguration par Jacques Chirac du pavillon de l'Arsenal, ancien entrepôt du XIXᵉ siècle transformé en centre d'architecture et d'urbanisme de Paris.

19 DÉCEMBRE ♦ Trois bombes détruisent le foyer de travailleurs immigrés de la Sonacotra à Cagnes-sur-Mer, 1 mort, 11 blessés.

Littérature et essais □ Raphaël Confiant, *Le Nègre et l'Amiral* (son premier roman à n'être pas écrit en créole) ; Alexandre Jardin, *Le Zèbre* (prix Femina) ; M. Pavic, *Dictionnaire khazar* ; F.-O. Rousseau, *La Gare de Wannsee* (grand prix du roman de l'Académie française) ; Alain Corbin, *Le Territoire du vide. L'Occident et le désir du rivage 1750-1840* ; *Être français aujourd'hui et demain*, rapport de la Commission de la nationalité, présidée par Marceau Long (Hélène Carrère d'Encausse, Pierre Chaunu, Alain Touraine), réunie pour la première fois en juin 1987 (chargée d'apporter une réflexion sur la possibilité de réforme du code de la nationalité).

Théâtre □ Antoine Vitez, administrateur de la Comédie-Française ; Jérôme Savary prend la direction du Théâtre national de Chaillot ; création au Théâtre

de la Colline de *Une visite inopportune* de Copi, mise en scène de Jorge Lavelli.

Musique □ Johnny Clegg, le « Zoulou blanc », et Dudu Zulu (groupe Savuka) : la culture sud-africaine contre l'apartheid au festival « Banlieues bleues » de Sevran, en mars.

Cinéma □ Claire Denis, *Chocolat* (musique de Dollar Brand) ; Michel Deville, *La Lectrice* (prix Louis-Delluc) ; Claude Miller, *La Petite Voleuse ;* Bruno Nuytten, *Camille Claudel*

1989

1ᵉʳ JANVIER ♦ Premier volet des célébrations du bicentenaire de la Révolution française : envol de montgolfières de 98 chefs-lieux de France et d'outre-mer.

5 JANVIER ♦ Pierre Bérégovoy évoque publiquement les rumeurs de délits d'initiés à propos du rachat d'actions Triangle, société qui devait être rachetée par Pechiney ; des initiés auraient pu réaliser des profits importants en utilisant cette information confidentielle ; Max Théret, ancien patron de la FNAC, Roger-Patrice Pelat, ami de François Mitterrand, se sont livrés à ces achats, mais démentent le délit d'initiés ; il s'agit du début d'une longue affaire.

17 JANVIER ♦ Lionel Jospin, ministre de l'Éducation nationale, annonce un plan de revalorisation de la fonction enseignante et un projet de loi d'orientation ; loi adoptée le 4 juillet ; objectif : 80 % d'une classe d'âge au baccalauréat.

5 FÉVRIER ♦ Roland Dumas, ministre des Affaires étrangères, en visite officielle à Téhéran : une première. (Rompues en juillet 1987, les relations diplomatiques entre la France et l'Iran s'étaient rétablies le 16 juin 1988.)

14 FÉVRIER ♦ L'écrivain britannique d'origine indienne Salman Rushdie est menacé par une *fatwa* (décret de mort) lancée par l'imam Khomeyni, en Iran, pour son roman *Les Versets sataniques,* jugé blasphématoire. En France, l'éditeur Christian Bourgois, menacé, renonce à publier le roman. Indignation dans les pays occidentaux.

15 AVRIL ◆ Campagne publicitaire contre le sida : « Les préservatifs préservent de tout, sauf de l'amour. »

2-4 MAI ◆ François Mitterrand reçoit Yasser Arafat, chef de l'OLP.

4 MAI ◆ Assassinat à Ouvéa (Nouvelle-Calédonie) des leaders kanaks Jean-Marie Tjibaou, président du FLNKS, et de son adjoint Yewéné Yewéné. Le meurtrier, Djoubelly Wea, qui refusait de reconnaître les accords Matignon, est abattu.

17 MAI ◆ Pierre Joxe abroge la loi Pasqua sur l'entrée et le séjour des étrangers en France de 1986.

24 MAI ◆ 3e sommet de la francophonie à Dakar : François Mitterrand y annonce l'annulation d'une partie de la dette (16 milliards de francs) de pays africains à l'égard de la France.

31 MAI ◆ Apparition de la Sept, chaîne de télévision culturelle européenne.

10 JUIN ◆ Le cardinal Decourtray, primat des Gaules, demande à l'historien René Rémond de constituer une commission d'historiens afin de mettre au jour le rôle de l'Église catholique dans l'affaire Paul Touvier, un des chefs de la milice de Lyon pendant l'Occupation, arrêté le 24 mai dans un prieuré intégriste de Nice. Un rapport lui est remis le 6 janvier 1992 et est publié aux Éditions Fayard.

18 JUIN ◆ Élections européennes : 51 % d'abstentions, victoire de la liste UDF-RPR conduite par Valéry Giscard d'Estaing.

3 JUILLET ◆ Vote de la loi d'amnistie des militants indépendantistes guadeloupéens et corses.

13-14 JUILLET ◆ Apogée de la célébration du bicentenaire de la Révolution française : sommet international sur les droits de l'homme à Paris et défilé grandiose sur les Champs-Élysées, mis en scène par le publicitaire Jean-Paul Goude (musique de Wally Badarou).

OCTOBRE ◆ Le principal d'un collège de Creil exclut trois élèves musulmanes qui refusent l'abandon, en cours, du foulard cachant leurs cheveux : début des affaires du « foulard islamique » à l'école, qui entraînent un vif débat sur la laïcité parmi les intellectuels et dans les médias. Le Conseil d'État n'apporte, le 27 novembre, qu'une réponse ambiguë : seul le « port ostentatoire » de signes religieux menace la laïcité.

9 NOVEMBRE ◆ Chute du Mur de Berlin.

17 NOVEMBRE ◆ Inculpation de Jacques Médecin, maire de Nice, pour délit d'ingérence.

DÉCEMBRE ◆ Transfert des cendres de l'abbé Grégoire, de Monge et de Condorcet au Panthéon.

11 DÉCEMBRE ◆ Le Parlement européen lève l'immunité parlementaire de Jean-Marie Le Pen pour qu'il réponde devant la justice française de son calembour « Durafour crématoire » prononcé le 2 septembre 1988 à l'encontre du ministre de la Fonction publique.

22 DÉCEMBRE ◆ Lois d'amnistie des délits politico-financiers antérieurs au 15 juin 1989 (excepté ceux qui ont permis un enrichissement personnel) et des assassinats politiques en Nouvelle-Calédonie ; lois sur le financement des partis et des campagnes électorales.

↪ Création du syndicat SUD, aux Postes et Télécom ; la France défend ses agriculteurs lors des négociations du GATT sur le commerce mondial des produits agricoles.

Littérature, essais, presse et revues □ Patrick Chamoiseau, Raphaël Confiant et Jean Bernabé, *Éloge de la créolité* ; Didier Daeninckx, *La mort n'oublie personne* (policier sur la période de la Seconde Guerre mondiale) ; Nathalie Sarraute, *Tu ne t'aimes pas* ; Arlette Farge, *Le Goût de l'archive* ; P. Raynaud et P. Thibaud, *La Fin de l'école républicaine* ; *7 à Paris* : magazine cinéma, télévisuel et culturel d'un nouveau style.

Arts plastiques □ Inauguration de la Pyramide du Louvre.

Cinéma □ Jean-Luc Besson, *Le Grand Bleu* : film-culte ; Bertrand Blier, *Trop belle pour toi* ; Éric Rochant, *Un monde sans pitié*.

1990

10 JANVIER ♦ Importante grève des internes et des chefs de clinique (jusqu'au 9 mars) pour protester contre la nouvelle convention de la Sécurité sociale qui leur limite l'accès au secteur II où les honoraires sont libres.

MARS ♦ Le ministre de la Santé Claude Évin présente un plan de lutte contre le tabagisme et l'alcoolisme en Conseil des ministres (prévoit l'interdiction des publicités sur le tabac).

9 MARS ♦ Marceau Long préside le Haut Conseil de l'intégration pour les immigrés.

15-18 MARS ♦ Congrès de Rennes, dissensions entre socialistes.

AVRIL ♦ Arrestation d'un commando de l'ETA au Pays basque.

9-14 MAI ♦ Profanations de tombes juives au cimetière de Carpentras ; une importante manifestation contre l'antisémitisme est organisée à Paris.

JUIN ♦ Premiers résultats du recensement annoncés par l'INSEE : 58,4 millions d'habitants.

19 JUIN ♦ Signature des accords de Schengen sur la libre circulation des personnes et des biens dans la CEE.

30 JUIN ♦ Loi Gayssot antiraciste : renforce les sanctions contre le racisme prévues par la loi de juillet 1972.

2 AOÛT ♦ L'armée irakienne envahit le Koweït.

3 OCTOBRE ♦ Réunification de l'Allemagne

6 OCTOBRE ♦ Émeutes dans la banlieue de Lyon, à Vaulx-en-Velin.

15 OCTOBRE ♦ Manifestations importantes des lycéens contre l'insécurité et le manque de moyens (jusqu'en novembre) : Lionel Jospin y répond avec un « plan d'urgence ».

19 NOVEMBRE ♦ Adoption de la cotisation sociale généralisée (CSG).

24 NOVEMBRE ♦ Adoption d'un nouveau statut pour la Corse.

DÉCEMBRE ♦ Création de *Roméo et Juliette* par le Lyon Opéra Ballet (coproduit avec le Théâtre de la Ville de Paris) : chorégraphie de A. Preljocaj sur la musique de Serge Prokofiev, décors de E. Bilal (le dessinateur de BD) inspirés par George Orwell.

4 DÉCEMBRE ♦ Création d'un ministère de la Ville : plan Michel Delebarre de cinq ans pour la ville et les banlieues défavorisées.

⇨ Hélène Carrère d'Encausse élue à l'Académie Française.

Littérature et essais □ François Bon, *Calvaire des chiens* ; Patrick Chamoiseau, *Antan d'enfance* ; Jean Echenoz, *Lac* (Gutenberg du meilleur roman français) ; Paul Le Jéloux, *Le Vin d'amour* (poésie) ; Roger Chartier, *Les Origines culturelles de la Révolution française*. Mort de Louis Althusser.

Danse □ Patrick Dupond est nommé directeur de la danse à l'Opéra de Paris.

Musique □ *Rapattitude* : première compilation regroupant les rappeurs français : NTM, Tonton David, EJM, Dee Nasty, enregistrée en partie à l'IRCAM ; MC Solaar sort son album *Qui sème le vent récolte le tempo* : 400 000 exemplaires vendus. Il devient la première star du rap français.

Arts plastiques □ Inauguration de la Cité de la musique à la Villette, de Christian de Portzamparc.

Cinéma □ Jean-Paul Rappeneau, *Cyrano de Bergerac* ; Christian Vincent, *La Discrète*.

1991

3 JANVIER ♦ Attentats en Corse.

14 JANVIER ♦ L'ONU rejette le plan de paix français pour éviter la guerre dans le Golfe. Le 16, débuts de la guerre du Golfe où la France a envoyé une division blindée. Le 17, la France participe à l'opération « Tempête du désert » (décidée par les États-Unis) contre l'Irak, jusqu'au 3 avril.

29 JANVIER ♦ Démission du ministre de la Défense Jean-Pierre Chevènement, en désaccord avec l'intervention en Irak ; manifestations contre la guerre du Golfe.

FÉVRIER ♦ La CGT perd la majorité aux élections syndicales de Renault-Billancourt.

23 FÉVRIER ♦ Émeutes à la Réunion après l'interdiction d'une radio libre : 11 morts.

MARS ♦ Jusqu'en juillet, de nombreux incidents dans les banlieues opposant la police aux jeunes, souvent fils d'immigrés ou fils de harkis.

26 MARS ♦ Violentes émeutes de jeunes Beurs à Sartrouville, en banlieue parisienne.

AVRIL ♦ *La Revue noire*, n° 1, « première revue internationale d'art contemporain africain », bilingue (directeur, Jean-Loup Pivin) : une revue esthétique de luxe, grand format, où figure une monographie sur le sculpteur sénégalais Ousmane Sow.

7 AVRIL ♦ Le Parti socialiste est impliqué dans une affaire de fausses factures.

12 AVRIL ♦ Nouveau statut pour la Corse, article sur le « peuple corse » annulé par le Conseil d'État (le 9 mai).

MAI-JUIN ♦ Journées de violence dans les banlieues.

15 MAI ♦ Démission de Michel Rocard à la demande de François Mitterrand qui le remplace par Édith Cresson, première femme Premier ministre en France.

JUIN ♦ Signature du traité de non-prolifération nucléaire.

6 AOÛT ♦ Chapour Bakhtiar, ancien Premier ministre iranien, assassiné à Suresnes.

21 SEPTEMBRE ♦ Valéry Giscard d'Estaing propose, en matière d'immigration, de remplacer le droit du sol par le droit du sang.

OCTOBRE ♦ Grands mouvements sociaux : paysans, infirmières.

NOVEMBRE ♦ Édith Cresson annonce des « délocalisations », dont celle de l'ENA à Strasbourg.

NOVEMBRE ♦ Création de la BERD, Banque européenne pour la reconstruction et le développement de l'Europe de l'Est, dont la présidence est confiée à Jacques Attali.

NOVEMBRE ♦ Conflits sociaux chez Renault.

7 NOVEMBRE ♦ Suites de l'affaire Pechiney : des proches de Pierre Bérégovoy sont impliqués.

9-10 DÉCEMBRE ♦ Sommet de Maastricht, la CEE devient politique : adoption du traité de Maastricht qui fonde l'Union politique, économique et monétaire.

19 DÉCEMBRE ♦ La durée du service militaire passe à dix mois.

⇨ Nombreuses manifestations d'agriculteurs, à propos de la PAC ; fin de l'apartheid en Afrique du Sud, la CEE lève les sanctions économiques ; la France remporte la coupe Davis pour la première fois depuis 1932 ; création du plus vaste parc d'attractions d'Europe à Marne-la-Vallée par Walt Disney Production.

Littérature, essais, presse □ Raphaël Confiant, *Eau de café* (prix Novembre) ; Ph. Djian, *Lent dehors* ; Gérard Macé, *Vies antérieures* (nouvelles) ; Pascal Quignard, *Tous les matins du monde* (roman) ; Norbert Elias, *La Société des individus* (première traduction en français d'un livre paru en allemand en 1987 mais rédigé entre 1939 et 1987) ; fondation de *Trafic* revue de cinéma éditée chez POL, avec le critique Serge Daney.

Cinéma □ Alain Corneau, *Tous les matins du monde* ; Jacques Rivette, *La Belle Noiseuse* ; Yves Robert, *Le Château de ma mère*.

1992

9 JANVIER ♦ Laurent Fabius, premier secrétaire du PS.

23-26 JANVIER ♦ Marcel Gotlib (la *Rubrique à brac*), président du jury du 19e Salon de la bande dessinée d'Angoulême : Franck Margerin reçoit le grand prix d'Angoulême 1992 pour l'ensemble de son œuvre (éditions Les Humanoïdes associés) : *Simone et Léon, Lucien, Manu....*

22 FÉVRIER ♦ Rétrospective Toulouse-Lautrec au Grand Palais et à la Bibliothèque nationale.

2 AVRIL ♦ Édith Cresson, particulièrement critiquée, démissionne. Elle est remplacée par Pierre Bérégovoy. Bernard Tapie, ministre de la Ville jusqu'en mai (il démissionne, impliqué dans des affaires de corruption).

5 MAI ♦ 15 morts, 1 200 blessés dans l'effondrement d'une tribune du stade de Furiani en Corse.

JUIN ♦ Affaire des Maliens de Vincennes (700 personnes sans logement), jusqu'en octobre.

25 JUIN ♦ Les grands prix de l'Académie française sont décernés : prix Paul-Morand à Philippe Sollers ; poésie, Philippe Jaccottet ; philosophie, Jean-Luc Marion ; histoire, Roger Chartier ; cinéma, Henri Verneuil ; théâtre, Jérôme Deschamps.

1er JUILLET ♦ Les intermittents du spectacle occupent l'Odéon pour protester contre la réforme du régime des Assedic.

10 JUILLET ♦ Au Festival d'Avignon : 500e anniversaire de la découverte de l'Amérique par Christophe Colomb avec *Le Cavalier d'Olmedo* de Lope de Vega, mise en scène de Lluis Pasquao, et *Plein Soleil*, spectacle de Joëlle Bouvier et Régis Obadia.

23 JUILLET ♦ Mort de la comédienne Arletty (quatre-vingt-quatorze ans), immortalisée par les dialogues d'Henri Jeanson dans *Hôtel du Nord* de Marcel Carné : « Atmosphère... » (1938).

3 AOÛT ♦ Mort de Michel Berger, musicien, chanteur, compositeur, auteur de l'opéra rock *Starmania*, devenu un classique.

SEPTEMBRE ♦ Célébration du centenaire de la naissance du musicien Darius Milhaud, jusqu'en décembre.

20 SEPTEMBRE ♦ Référendum sur le traité de Maastricht : le oui l'emporte par 51,04 % des voix.

28 SEPTEMBRE ♦ Arte, premières émissions télévisées de la chaîne culturelle franco-allemande.

12 OCTOBRE ♦ Cinquième centenaire de la découverte de l'Amérique : sortie dans le monde entier du film de Ridley Scott *1492, Christophe Colomb* (superproduction européenne), avec Gérard Depardieu. Dans le même temps, des manifestations et expositions présentent aux États-Unis l'autre versant de la découverte : l'extermination des Indiens.

12 OCTOBRE ♦ Georges Charpak reçoit le prix Nobel de physique pour son « détecteur de particules, la chambre proportionnelle multifils » (*Le Monde*).

21 OCTOBRE ♦ *Les Nuits fauves*, premier film de Cyril Collard, sur le sida et l'amour dans les années quatre-vingt.

23 OCTOBRE ♦ Affaire du sang contaminé par le virus du sida : condamnation de responsables de la transfusion sanguine (les docteurs Michel Garretta, Jacques Roux) ; l'opposition demande la comparution de Laurent Fabius, Premier ministre à l'époque des faits, Georgina Dufoix, ministre des Affaires sociales et de la Solidarité nationale, et Edmond Hervé, secrétaire d'État à la Santé, devant la Haute Cour de justice.

NOVEMBRE ♦ Création à l'Opéra de Paris, dans le cadre du Festival d'automne, du ballet de Merce Cunningham *Enter* (d'après un travail de mise en scène sur ordinateur).

1er NOVEMBRE ♦ Loi Évin contre le tabagisme.

9 NOVEMBRE ♦ Le prix Goncourt est décerné à l'écrivain antillais Patrick Chamoiseau pour *Texaco* (Gallimard).

⇨ « Sommet de la terre » à Rio, volonté commune de protéger l'environnement ; fermeture de l'usine Renault de Billancourt ; Noëlle Lenoir, première femme au Conseil constitutionnel.

Littérature et essais □ Hector Bianciotti, *Ce que la nuit raconte au jour* ; Dominique Bona, *Malika* (prix Interallié) ; Anne-Marie Garat, *Aden* (prix Femina) ; Ernest Pépin, *L'Homme au bâton* ; Michel Rio, *Tlacuilo* (prix Médicis) ; Francis Weyergans, *La Démence du boxeur* (prix Renaudot) ; Pierre Bourdieu, *Les Règles de l'art. Genèse et structure du champ littéraire* ; Régis Debray, *Vie et mort de l'image* ; Luc Ferry, *Le Nouvel Ordre écologique*.

Édition □ Christian Bourgois fonde sa propre maison d'édition ; nouveau catéchisme universel de l'Église catholique : succès de librairie.

Théâtre □ Mort de Jean Poiret, créateur de *La Cage aux folles* ; mort de Jacqueline Maillan, star du théâtre de boulevard.

Musique □ Mort du compositeur Olivier Messiaen (quatre-vingt-trois ans). Parmi ses œuvres capitales : *La Turangalîla-Symphonie, Couleurs de la cité céleste, Saint François d'Assise*.

Cinéma □ Arnaud Desplechin, *La Sentinelle* ; Jean-Marie Poiré, *Les Visiteurs* ; Claude Sautet, *Un cœur en hiver* ; Pierre Schoendoerffer, *Diên Biên Phu* ; Bertrand Tavernier, *La Guerre sans nom*, (témoignages sur la guerre d'Algérie).

1993

1ᵉʳ JANVIER ♦ Entrée en vigueur du Marché unique européen.

4 JANVIER ♦ Quinze personnes sans domicile fixe sont mortes de froid : controverse au sein du gouvernement sur les structures d'accueil d'urgence des sans-abri.

7 JANVIER ♦ La commission d'enquête de l'Assemblée nationale sur la transmission du sida au cours des dix années écoulées souligne la sous-estimation du danger du sida en France au début des années quatre-vingt.

1ᵉʳ MARS ♦ Nouveau code de procédure pénale : présence de l'avocat lors de la garde à vue (moins de pouvoir

pour le juge d'instruction) ; l'inculpation est remplacée par la « mise en examen ».

4-12 MARS ♦ Révélations de *Libération* sur des écoutes téléphoniques illégales menées par une « cellule » de l'Élysée de décembre 1985 à février 1986.

5 MARS ♦ Dixième anniversaire du festival de jazz « Banlieues bleues » : hommage à Duke Ellington avec Michel Petrucciani, Louis Sclavis, McCoy Tyner, Sonny Rollins.

5 MARS ♦ Le cinéaste Cyril Collard meurt du sida à l'âge de trente-cinq ans. Le 8, son film *Les Nuits fauves* reçoit quatre Césars.

15 MARS ♦ Le cap de 3 millions de chômeurs est franchi.

21-28 MARS ♦ Élections législatives : défaite du PS. Le 29 mars Pierre Bérégovoy est remplacé par Édouard Balladur (gouvernement RPR-UDF). Début de la deuxième cohabitation.

4-7 AVRIL ♦ Plusieurs « bavures » policières : un jeune Zaïrois est tué lors de sa garde à vue à Paris, un lycéen grièvement blessé à Wattrelos (Nord). Les policiers sont suspendus.

7 AVRIL ♦ Réouverture du Théâtre du Vieux-Colombier (fondé en 1913 par Jacques Copeau). J. Lassalle y met en scène *Le Silence* et *Elle est là* de Nathalie Sarraute.

20 AVRIL ♦ Trophée Jules-Verne au navigateur Bruno Peyron pour son tour du monde à la voile sans escale en moins de 80 jours.

1ᵉʳ MAI ♦ Suicide de Pierre Bérégovoy : vive émotion dans tout le pays et mise en cause de l'attitude des médias et de la justice dans l'affaire de son emprunt sans intérêt à l'homme d'affaires R.-P. Pelat en 1986.

13 MAI ♦ Un chômeur prend en otage pendant 46 heures une classe de maternelle à Neuilly-sur-Seine et réclame 100 millions de francs. Il est tué par les policiers du RAID.

24 JUIN ♦ Réforme du code de la nationalité (dans le cadre des lois Charles Pasqua de contrôle de l'immigration : 1986 et 1993). Désormais, les enfants nés en France de parents étrangers doivent demander la nationalité française à leur majorité.

8 JUILLET ◆ Loi sur les privatisations : la BNP et Rhône-Poulenc sont privatisées en octobre et novembre.

16 JUILLET ◆ La journée souvenir de la rafle du Vel'd'hiv' de 1942 devient Journée nationale de commémoration des persécutions antisémites et racistes commises sous Vichy de 1940 à 1944 (selon un décret de François Mitterrand du 3 février).

4 AOÛT ◆ Adoption de la loi sur l'indépendance de la Banque de France.

9-13 NOVEMBRE ◆ Opérations de police dans les milieux islamistes.

19 NOVEMBRE ◆ Révision de la Constitution sur la question du droit d'asile.

20 DÉCEMBRE ◆ Le Parlement adopte la loi Bayrou (révision de la loi Falloux sur le financement par les collectivités locales du patrimoine immobilier des établissements privés) ; vives protestations de la gauche qui dénonce une atteinte à la laïcité.

Littérature et essais □ Paul Auster, *Léviathan* (prix Médicis étranger) ; Emmanuèle Bernheim, *Sa femme* (prix Médicis) ; Édouard Glissant, *Toutmonde* ; Amin Maalouf, *Le Rocher de Tanios* (prix Goncourt) ; Milan Kundera, *L'Atelier du roman* ; Michel Onfray, *La Sculpture de soi*.

Mort du poète Jean Tortel, Grand prix national de poésie en 1986, et de Jacques Madaule, l'un des fondateurs de l'Amitié judéo-chrétienne (1948).

Danse □ Mort de R. Noureev.

Musique □ Mort de Dizzy Gillespie, trompettiste de jazz et un des fondateurs du style be-bop (*Night in Tunisia*) ; IAM, groupe de rap marseillais, *Je danse le MIA* : succès.

Cinéma □ Claude Berri, *Germinal* ; Claude Chabrol, *L'Œil de Vichy* (composé de bandes d'actualités, mais sans commentaires explicatifs sur la période) ; Jean Marbœuf, *Pétain* (d'après la biographie de Marc Ferro. Jean Yanne incarne Pierre Laval et Jacques Dufilho le maréchal Pétain) ; Alain Resnais, *Smoking, no smoking*.

1994

18 JANVIER ◆ Grandes manifestations des défenseurs de l'école publique contre la révision de la loi Falloux par la loi Bayrou (décembre 1993).

FÉVRIER ◆ Privatisation d'Elf-Aquitaine. L'UAP est privatisée en avril.

1er-15 FÉVRIER ◆ Manifestations violentes des marins-pêcheurs.

25 FÉVRIER ◆ Assassinat de Yann Piat, députée UDF (anciennement FN) du Var.

MARS ◆ Manifestations des jeunes contre le projet de contrat d'insertion professionnelle (CIP), finalement retiré. Édouard Balladur organise des États généraux de la jeunesse.

1er MARS ◆ Entrée en vigueur du nouveau Code pénal (révisions demandées par R. Badinter en 1986) qui remplace le Code Napoléon (1810). La responsabilité pénale des personnes est introduite.

AVRIL ◆ « Oublier nos crimes », n° 144 d'*Autrement*. « L'amnésie nationale : une spécificité française ? » se demande la revue, dirigée par Dimitri Nicolaïdis, avec Alain Brossat, Suzanne Citron, Sonia Combe, Anne Grynberg, Alain Ruscio, Benjamin Stora, etc.

6 AVRIL ◆ Massacres au Rwanda de populations tutsi et hutu.

20 AVRIL ◆ Paul Touvier condamné à la réclusion criminelle à perpétuité pour « complicité de crimes contre l'humanité ».

6 MAI ◆ Inauguration du tunnel sous la Manche.

JUIN ◆ Intervention française au Rwanda : opération « Turquoise ». À la fin du mois l'humanitaire relaie le militaire. Le 30, un rapport de la Commission des droits de l'homme de l'ONU parle de génocide, fait état de 500 000 personnes massacrées et met en cause des « États étrangers » (sans les nommer).

24 JUIN ◆ TF1 lance LCI, chaîne d'information continue sur le câble.

SEPTEMBRE ◆ François Bayrou, ministre de l'Éducation nationale, s'inspirant des conclusions du Conseil d'État en 1989, fait inscrire dans le règlement intérieur des établissements scolaires l'interdiction de « signes ostentatoires ». La polémique sur la laïcité et sur le port du « foulard islamique » à l'école est relancée (début de l'affaire en 1989).

8-12 SEPTEMBRE ♦ Visite officielle du président chinois Jiang Zemin.

10 SEPTEMBRE ♦ Mise en examen de Georgina Dufoix, Edmond Hervé, Laurent Fabius pour complicité d'empoisonnement dans l'affaire du sang contaminé par le virus du sida. Ils doivent comparaître devant la Haute Cour de justice (début de l'affaire en 1992).

24 DÉCEMBRE ♦ Adoption de la législation anticorruption.

24-27 DÉCEMBRE ♦ Un commando d'islamistes algériens prend en otages les passagers d'un Airbus d'Air France.

Littérature et essais □ Tahar Ben Jelloun, *L'Homme rompu* ; Serge Doubrovsky, *L'Après-vivre* ; Yann Queffélec, *Disparus dans la nuit* ; Alain Robbe-Grillet, *Les Derniers Jours de Corinthe* ; *Écrire la « parole de nuit ». La nouvelle littérature antillaise*, textes rassemblés par Ralph Ludwig ; Olivier Mongin, *Contre le scepticisme* ; Pierre Péan, *Une jeunesse française, François Mitterrand, 1934-1947* (entraîne une polémique sur le passé du Président) ; Michel Serres, *Le Tiers instruit*.

Mort d'Eugène Ionesco et de Guy Debord.

Théâtre □ Hélène Cixous, *La Ville parjure* ; Amélie Nothomb, *Hygiène de l'assassin*.

Mort de Jean-Louis Barrault.

Arts plastiques □ Mort du photographe Robert Doisneau.

Cinéma □ Pascale Ferran, *Petits arrangements avec les morts* ; André Techiné, *Les Roseaux sauvages*.

1995

JANVIER ♦ L'évêque d'Évreux, Mgr Gaillot, destitué par le Vatican.

14 FÉVRIER ♦ Privatisation de la Seita. Usinor-Sacilor est privatisée le 7 juillet.

6 MARS ♦ À Copenhague, premier « sommet » mondial contre la pauvreté.

AVRIL ♦ Conférence internationale sur la pollution et l'« effet de serre », à Berlin.

6 AVRIL ♦ Au Rwanda, premiers massacres massifs de populations.

20 AVRIL ♦ Transfert des cendres de Pierre et Marie Curie au Panthéon.

MAI ♦ Polémique sur les conditions d'attribution des logements sociaux de la Ville de Paris.

MAI ♦ La France est championne du monde de handball.

23-7 MAI ♦ Élection présidentielle : Jacques Chirac élu avec 52,64 % des suffrages exprimés, Lionel Jospin 47,36 %, 20,33 % d'abstention (au premier tour : Lionel Jospin 23,30 %, Jacques Chirac 20,84 %, Édouard Balladur 18,58 %, Jean-Marie Le Pen 15 %, Robert Hue 8,64 %, A. Laguiller 5,3 %).

13 JUIN ♦ Reprise des essais nucléaires français dans le Pacifique ; vives protestations internationales.

10 JUILLET ♦ Annonce d'expulsions d'immigrés clandestins par charter.

11 JUILLET ♦ Assassinat du cheikh Sahraoui dans sa mosquée à Paris.

16 JUILLET ♦ En cette année du cinquantenaire de la libération des camps de concentration et d'extermination nazis, Jacques Chirac reconnaît les fautes de l'État français envers les Juifs durant la Seconde Guerre mondiale. Il est le premier président à le déclarer.

25 JUILLET ♦ Attentat à la bombe dans le RER parisien à la station Saint-Michel ; nouvel attentat le 17 août, puis en octobre.

31 JUILLET ♦ Révision constitutionnelle ; extension du champ d'action du référendum et instauration d'une session parlementaire unique.

Août ◆ Microsoft (Bill Gates) met sur le marché mondial son système d'exploitation Windows 95.

Septembre ◆ Le mercenaire français Bob Denard conduit un coup d'État aux Comores.

Septembre ◆ À Pékin, ouverture de la quatrième Conférence mondiale sur les droits des femmes.

Octobre ◆ David Douillet, champion du monde de judo toutes catégories au Japon.

Novembre ◆ À Paris, premier Forum international sur les droits de l'enfant à l'Unesco.

4 novembre ◆ Le Premier ministre israélien Ytzhak Rabin est assassiné par un juif extrémiste. Grande émotion internationale.

16 novembre ◆ L. Zéroual, élu président en Algérie.

Décembre ◆ Grèves massives qui débutent à la SNCF et paralysent les transports dans tout le pays ; manifestations contre le plan Alain Juppé de réforme de la Sécurité sociale.

Décembre ◆ Le sommet européen de Madrid baptise la monnaie unique « euro ».

14 décembre ◆ Signature à Paris des accords de paix de Dayton entre Serbes, Bosniaques et Croates.

28 décembre ◆ Centenaire du cinéma : la première projection publique a eu lieu à Paris le 28 décembre 1895.

Essais □ Paul Bénichou, *Selon Mallarmé* ; François Furet, *Le Passé d'une illusion* ; André Glucksmann, *De Gaulle où es-tu ?* ; Jean-François Kahn, *La Pensée unique* ; L. Lurcat, *L'Enfant prisonnier. Le temps volé par la télé* ; Paul Veyne, *Le Quotidien et l'Intéressant*, entretiens avec Catherine Darbo-Peschanski.

Mort des philosophes Gilles Deleuze, Emmanuel Levinas, Émile Michel Cioran, et de l'historienne Annie Kriegel.

Cinéma □ Mathieu Kassovitz, *La Haine* ; Claude Sautet, *Nelly et Monsieur Arnaud*.

Mort de Louis Malle.

1996

Janvier ◆ Affaire de l'ARC, association pour la recherche sur le cancer qui recueille des fonds : le président est accusé de malversations financières.

Janvier ◆ Jacques Chirac annonce l'arrêt définitif des essais nucléaires français.

8 janvier ◆ Mort de François Mitterrand. Grandes cérémonies.

12 janvier ◆ En Corse, le FLNC-Canal historique organise une conférence de presse clandestine avec plus de 600 militants cagoulés et armés : le problème corse devient une constante de la politique intérieure française (culminant avec l'assassinat du préfet Érignac, en février 1998).

Février ◆ Présentation du projet de professionnalisation de l'armée : suppression du service militaire obligatoire.

Mars ◆ Plan de prévention de la violence à l'école.

Mars ◆ Crise de la « vache folle » : transmission de la maladie de Creutzfeldt-Jakob par la viande de bœuf nourri avec des mélanges de farines animales de provenance britannique : embargo sur le bœuf britannique.

Avril ◆ Expulsion des immigrés sans papiers réfugiés dans l'église Saint-Ambroise de Paris.

24 avril ◆ Adoption des ordonnances sur la réforme de la Sécurité sociale.

Mai ◆ Assassinat de sept moines français en Algérie, à Tiberine. En août, l'évêque d'Oran, Mgr Claverie, est assassiné à son tour.

Mai ◆ Privatisation des AGF.

Juin-août ◆ Affaire des « sans-papiers » : immigrés maliens clandestins qui réclament la régularisation de leur situation ; accueillis dans l'église Saint-Bernard à Paris, ils sont évacués par la police le 23 août. 10 000 manifestants place de la République en faveur des sans-papiers.

3 juillet ◆ Le ministre du Travail annonce l'interdiction de l'amiante dans la construction des bâtiments et

dans un usage professionnel à partir du 1er janvier.

6 AOÛT ◆ Fin des jeux Olympiques d'Atlanta : 36 médailles pour les athlètes français

26 SEPTEMBRE ◆ La compagnie Air Liberté dépose son bilan.

NOVEMBRE ◆ Transfert des cendres d'André Malraux au Panthéon.

5 DÉCEMBRE ◆ Mise en examen de Xavière Tibéri, épouse du maire de Paris, pour un emploi fictif à la mairie de Paris.

7 DÉCEMBRE ◆ Attentat islamiste à la station Port-Royal du RER.

Essais □ Régis Debray, *Loués soient nos seigneurs* ; Luc Ferry, *L'Homme-Dieu ou le Sens de la vie* ; Dr Gubler, *Le Grand Secret* (révélations sur le cancer du président Mitterrand ; le livre est interdit fin janvier de l'année suivante) ; Jacques Le Goff, *Saint Louis*.

Mort de l'historien Georges Duby, des écrivains Marguerite Duras, Claude Mauriac.

Cinéma □ Mort de Marcel Carné.

1997

JANVIER ◆ Appel à la « désobéissance civile » de 66 cinéastes pour protester contre le projet de loi Debré sur l'immigration (obligation pour l'hôte de fournir des certificats d'hébergement). Malgré la forte mobilisation jusqu'en février, la loi est adoptée en mars.

1er JANVIER ◆ L'enseigne « boulangerie » ne peut être utilisée que par les boulangers choisissant leurs farines, pétrissant leur pâte et cuisant leurs pains (selon la Charte nationale pour le développement de la boulangerie artisanale de février 1996).

2-9 FÉVRIER ◆ L'élection municipale de Vitrolles : Catherine Mégret, Front national, devient maire. Le 8 septembre, elle est condamné pour propos racistes tenus dans une interview à un journal allemand, *Berliner Zeitung*, en février.

20 FÉVRIER ◆ « Années 30 en Europe : le temps menaçant », exposition au musée d'Art moderne à Paris.

3-27 MARS ◆ Mobilisation massive en Europe contre la décision du gouvernement français de fermer l'usine Renault de Vilvorde, en Belgique.

5 MARS ◆ Mise en examen de Jean Tibéri, maire de Paris, pour complicité et recel de détournement de fonds publics, dans le cadre de l'enquête sur son épouse Xavière Tibéri.

11 MARS ◆ Mise en place de la circulation alternée à Paris et dans les grandes villes, en cas de forte pollution.

15-16 MARS ◆ À la Plaine-Saint-Denis, Assises nationales pour les droits des femmes : 166 associations, partis et syndicats, regroupés en collectif national, demandent, entre autres revendications, « l'égalité des droits inscrite dans la loi ».

21 AVRIL ◆ Dissolution inattendue de l'Assemblée nationale par Jacques Chirac.

JUIN ◆ Vaste opération antipédophile sur tout le territoire. Depuis les révélations de l'affaire Dutroux en Belgique en août 1996, la pédophilie fait l'objet d'une surveillance plus active et plus sévère de la part des autorités publiques.

1er JUIN ◆ Surprise générale aux élections législatives : victoire de la gauche (PS : 246 sièges, PC : 37, écologistes : 8 – pour la première fois –, 63 femmes élues, dont 28 nouvelles). Gouvernement de « cohabitation » avec Jacques Chirac président et Lionel Jospin Premier ministre. Huit femmes entrent au gouvernement. Profonde crise à droite.

19 JUIN ◆ Condamnation en cour d'assises de six membres de l'ETA (organisation séparatiste basque) qui s'étaient livrés en Espagne, entre 1978 et 1989, à une vingtaine d'attentats (38 morts).

19-24 AOÛT ◆ Jean-Paul II à Paris, dans le cadre des Journées mondiales de la jeunesse catholique (JMJ).

---

21 août ♦ Le gouvernement renonce à abroger les lois Debré et Pasqua.

8 octobre ♦ À Bordeaux, début du procès Maurice Papon, ancien secrétaire général de la préfecture de la Gironde pendant l'Occupation, accusé de complicité de crimes contre l'humanité pour avoir apporté son « concours actif » à la déportation de 1 600 Juifs vers les camps d'extermination.

10 octobre ♦ Dans le cadre de la conférence nationale sur l'emploi, le temps de travail et les salaires, le gouvernement annonce une loi-cadre sur les 35 heures ; en signe de protestation, Jean Gandois, président du CNPF, démissionne.

Novembre ♦ Autorisation de la culture d'un maïs transgénique.

10 novembre ♦ Grande manifestation en France, « Un jour pour l'Algérie », pour soutenir le peuple algérien victime de la guerre civile.

Décembre ♦ « Face à l'histoire », grande exposition au Centre Beaubourg, montrant les relations entre art et histoire.

4-24 décembre ♦ Mouvement de revendications des chômeurs, dans tout le pays (occupation d'antennes Assedic, manifestations) jusqu'en janvier : réclament une augmentation des minima sociaux.

24 décembre ♦ Condamnation à Paris de Carlos, terroriste responsable en juin 1975 du meurtre de deux agents de la DST.

31 décembre ♦ Ratification du traité d'Amsterdam de juin 1997 qui complète le traité d'Union européenne (dit de Maastricht) ; elle doit être suivie d'une révision constitutionnelle pour que le traité puisse être appliqué.

Mort de Jeanne Calment (née le 21 février 1875), considérée comme la « doyenne de l'humanité », et de Georges Marchais.

Littérature et essais □ Patrick Chamoiseau, *Écrire en pays dominé* ; Jean-François Revel, *Le Voleur dans la maison vide* ; Stéphane Courtois, Nicolas Werth *et al.*, *Le Livre noir du communisme*.

François Furet élu à l'Académie française (il meurt en juillet avant d'avoir pu siéger) ; mort du philosophe Cornelius Castoriadis et du poète Eugène Guillevic.

Presse et revues □ Mort de Jean-Marie Domenach, ancien directeur de la revue *Esprit*.

Chanson □ Mort de Barbara.

Arts plastiques □ Mort de Victor Vasarely.

Cinéma □ Robert Guediguian, *Marius et Jeannette* ; Manuel Poirier, *Western* ; Alain Resnais, *On connaît la chanson*.

1998

Janvier ♦ Sortie du film américain *Titanic*, le plus cher de l'histoire du cinéma (300 millions de dollars) : immense succès.

Janvier ♦ Publication dans la presse de l'enquête sur l'affaire Elf, dans laquelle Roland Dumas, président du Conseil constitutionnel, est impliqué.

1er janvier ♦ France Telecom : après sa semi-privatisation, la société perd le monopole public sur le téléphone.

28 janvier ♦ Inauguration du Stade de France à Saint-Denis (80 000 places), construit pour la Coupe du monde de football.

6 février ♦ Assassinat à Ajaccio de Claude Érignac, préfet de Corse.

10 février ♦ Première loi-cadre Aubry sur la semaine de travail à 35 heures adoptée par le gouvernement Jospin pour 2000-2002.

20 février ♦ À l'Olympia, 13e Victoires de la musique pour Florent Pagny, Zazie et une nouvelle venue : Lara Fabian.

Mars ♦ Fin du procès Papon. Il est condamné à dix ans de réclusion criminelle. Mais la peine est suspendue car l'accusé dépose un pourvoi en cassation.

2-3 mai ♦ Onze pays européens sont autorisés par le Conseil européen à passer à la monnaie unique, l'euro, au 1er janvier 2000.

10 juin-12 juillet ♦ Coupe du monde de football, victoire de la

France (pour la première fois depuis la création de la coupe en 1930). Le credo « black-blanc-beur », incarné par la figure mythique du joueur Zinedine Zidane (surnommé Zizou), est réactivé pour l'occasion.

JUILLET ♦ À l'occasion du Tour de France, révélations sur le dopage des coureurs.

19 SEPTEMBRE ♦ À Paris, plus de 130 000 personnes participent à la Techno Parade, consacrée aux musiques électroniques, mise en œuvre par Jack Lang.

26 SEPTEMBRE ♦ *1, 2, 3 soleils* à Bercy, énorme concert de raï avec Rachid Taha, Khaled et Faudel : 16 000 spectateurs.

OCTOBRE ♦ Manifestations de lycéens pour l'amélioration des conditions de travail. Claude Allègre, ministre de l'Éducation nationale, ouvre des crédits et promet des allégements de programmes.

OCTOBRE ♦ Débat sur le projet de loi relatif au Pacte civil de solidarité (PACS).

NOVEMBRE ♦ La sociologue Françoise Gaspard, « La parité, principe ou stratégie ? », *Le Monde diplomatique* : en avant-première du débat sur la parité à l'Assemblée.

8 NOVEMBRE ♦ Le référendum sur l'autodétermination de la Nouvelle-Calédonie obtient 72 % de oui. Le statut définitif de l'île sera fixé dans quinze à vingt ans.

Littérature et essais □ Dominique Bona, *Le Manuscrit de Port-Ébène* (prix Renaudot) ; François Cheng, *Le Dit de Tianyi* (prix Femina) ; Paule Constant, *Confidence pour confidence* (prix Goncourt) ; Marie Darrieussecq, *Naissance des fantômes* ; Michel Houellebecq, *Les Particules élémentaires* (prix Novembre) ; Homeric, *Le Loup mongol* (prix Médicis) ; Pierre Bourdieu, *La Domination masculine*.

Théâtre □ Mort de Jean Marais.

Arts plastiques □ Rétrospective Pierre Alechinsky, galerie nationale du Jeu de paume (Paris) ; exposition Man Ray, au Grand Palais.

Cinéma □ Patrice Chéreau, *Ceux qui m'aiment prendront le train* ; C. Kahn, *L'Ennui* ; Bruno Podalidès, *Dieu seul me voit* ; Éric Rohmer, *Conte d'automne* ; Éric Zonca, *La Vie rêvée des anges* ; Claude Zidi, *Astérix et Obélix contre César*.

1999

JANVIER-FÉVRIER ♦ Mobilisation des enseignants contre les réformes prévues par Claude Allègre.

1ᵉʳ JANVIER ♦ Entrée en vigueur de l'euro. En mars, deux Européens sur trois se déclarent « séduits » par l'euro (*Le Monde* du 12 mars).

20 JANVIER ♦ Le rapport de la Cour des comptes pour 1998 fait le constat accablant du gaspillage de l'argent public : le nucléaire, France-Télévision, la Bibliothèque nationale de France (BNF) (ouverte en octobre 1998 aux chercheurs), le Théâtre de Strasbourg, la Préfecture de police de Paris, etc.

25 JANVIER ♦ La scission au sein du Front national est consommée : Bruno Mégret crée le « Front national-Mouvement national » (FN-MN). Le 3 mai, fête de Jeanne d'Arc : défilés séparés des deux FN. Le 11 mai, le tribunal de grande instance tranche : Le Pen gagne, B. Mégret n'a pas le droit de prendre le nom de Front national.

28 JANVIER ♦ *Libération* crie : « Waouhh, Libé spécial BD ! » (François Boucq) et titre « Jospin enferme les "sauvageons" » pour évoquer le projet du Premier ministre d'un plan de lutte contre la délinquance juvénile (création de centres de placement, nouveaux effectifs dans l'éducation, etc.).

FÉVRIER ♦ Bernard Thibault, secrétaire général de la CGT.

17 FÉVRIER ♦ Le groupe de presse Ouest-France (dirigé par Fr.-R. Hutin) annonce son acquisition du *Courrier de l'Ouest* (Angers),

---

du *Maine libre* (Le Mans) et de *Presse-Océan* (Nantes).

18 FÉVRIER ◆ La députée de la Guyane Christiane Taubira-Delannon (PS) dépose une proposition de loi pour la reconnaissance de la traite négrière et de l'esclavage comme crime contre l'humanité.

24 FÉVRIER ◆ Affaire du sang contaminé : relaxe de Laurent Fabius, Georgina Dufoix et Edmond Hervé jugés par la Cour de justice de la République.

9 MARS ◆ La chanteuse Dianne Reeves et son quintet ouvrent le festival Banlieues bleues en Seine-Saint-Denis.

10 MARS ◆ Début du désamiantage de l'université de Jussieu, à Paris (travaux prévus pour durer jusqu'en 2003).

10 MARS ◆ Loi sur le projet de révision constitutionnelle sur la parité hommes/femmes adoptée. L'article 3 stipule l'« égal accès des femmes et des hommes aux mandats électoraux et aux fonctions électives ».

20 MARS-JUIN ◆ Sculptures d'Ousmane Sow sur le pont des Arts, à Paris : *Les Noubas, Les Masaïs, Les Peuls* et *Little Big Horn* rencontrent un énorme succès.

24 MARS ◆ Début des attaques de l'OTAN sur la Serbie pour empêcher la « purification ethnique » entreprise par le gouvernement serbe de Milosevic au Kosovo dont la population est en majorité d'origine albanaise. L'opinion et la classe politique françaises sont très partagées sur le bien-fondé de ces attaques.

19-20 AVRIL ◆ En Corse, incendie de la paillotte *Chez Francis* : début d'une affaire où il s'avère que les services de gendarmerie et le préfet Bernard Bonnet sont impliqués.

7 MAI ◆ Supplément rattaché au *Monde*, « Le Siècle. Le tour du siècle en un jour – 1900-1999 » : « Le XXᵉ siècle est né en 1914, à Sarajevo. Et l'on dira peut-être un jour qu'il s'est clos avec la chute du mur de Berlin, en novembre 1989. Un siècle bien court, chargé de crimes, gorgé d'espoirs. »

9 JUIN ◆ Accords de paix signés entre l'OTAN et les Serbes de Yougoslavie. Le 17, Jacques Chirac et Bill Clinton s'entretiennent sur la pacification du Kosovo. Bernard Kouchner désigné par l'ONU administrateur civil du Kosovo.

13 JUIN ◆ Élections européennes : victoire de la gauche plurielle avec une poussée des Verts, et émergence du parti des chasseurs. Nicole Fontaine (PPE, Parti populaire européen) est élue présidente du Parlement européen (20 juillet).

23 JUIN ◆ Jacques Chirac refuse, au nom du respect des « grands principes de la République », la révision de la Constitution (à la demande de Lionel Jospin) pour permettre la ratification par la France de la Charte européenne des langues minoritaires ou régionales.

11 AOÛT ◆ L'éclipse solaire donne lieu aux prédictions de fin du monde les plus délirantes (ex. : le couturier Paco Rabanne).

31 AOÛT ◆ Le nouveau *Petit Robert* sur le marché. Novation de taille : féminisation de certains mots (auteur : autrice).

2 OCTOBRE ◆ Palais des Congrès, à Paris : première du spectacle monté par Robert Hossein *L'homme qui a dit non* (sur le général de Gaulle dans la Résistance).

13 OCTOBRE ◆ La loi créant le Pacte civil de solidarité (PACS) est définitivement adoptée. Elle concerne les couples non mariés hétérosexuels ou homosexuels, et tout type de couple excepté ceux ayant des liens de proche parenté.

19 OCTOBRE ◆ Mort de l'écrivain Nathalie Sarraute à 99 ans.

19 OCTOBRE ◆ 2ᵉ loi Aubry sur les 35 heures, adoptée.

20 OCTOBRE ◆ Maurice Papon en fuite, en Suisse : il devait se constituer prisonnier pour paraître devant la Cour de cassation pour l'examen de son pourvoi en cassation du jugement en assises en 1998 : dix ans de prison pour complicité de crime contre l'humanité. Il est finalement retrouvé, arrêté et son pourvoi est annulé.

2 NOVEMBRE ◆ L'Orchestre national de Barbès, dit l'ONB, au Zénith, à Paris : consécration d'un groupe musical situé aux confluents des musiques raï, africaines et européennes.

2 NOVEMBRE ◆ Dominique Strauss-Kahn démissionne de son poste de ministre de l'Économie en raison de sa mise en cause dans l'affaire de la MNEF (mutuelle étudiante).

10 NOVEMBRE ◆ Alors que le 1ᵉʳ août la Commission européenne levait l'embargo sur le bœuf britannique (en vigueur depuis trois ans), la France décide de le maintenir. Bruxelles la menace d'une procédure d'infraction.

26 DÉCEMBRE ◆ Une violente tempête balaie la France (et d'autres pays européens) : près de 90 morts et des dégâts matériels considérables (forêts dévastées, lignes électriques rompues, etc.).

⇨ Le téléphone mobile (ou portable) connaît un succès qui transforme durablement les relations téléphoniques ; progression considérable de la communication par Internet ;

Médecins Sans Frontières, prix Nobel de la paix (15 octobre).

Littérature et essais □ Jean Echenoz, *Je m'en vais* (prix Goncourt) ; M. Desbiolles, *Anchise* (prix Femina) ; Amélie Nothomb, *Stupeur et tremblements*, et Fr. Taillandier, *Anieka* : grand prix du roman de l'Académie française ; Chr. Oster, *Mon grand appartement* (prix Médicis) ; Daniel Picouly, *L'Enfant léopard* (prix Renaudot).

Musique □ Mort du pianiste de jazz français Michel Petrucciani ; le trio HUM (Humair, Urtreger, Michelot) réuni pour un concert à la Maison de Radio France.

Arts plastiques □ Rothko, exposition au musée d'Art moderne de Paris. Mort du photographe Boubat

Cinéma □ Luc Besson, *Jeanne d'Arc* ; P. Bonitzer, *Rien sur Robert* (avec Fabrice Luchini, Sandrine Kiberlain) ; C. Corsini, *La Nouvelle Ève* ; Luc et Jean-Pierre Dardenne, *Rosetta* ; Bruno Dumont, *L'Humanité* ; Michel Ocelot, *Kirikou et la sorcière* (conte animé africain) ; Raoul Ruiz, *Le Temps retrouvé* ; Bertrand Tavernier, *Ça commence aujourd'hui*.

Bibliographie

Outils de travail

Les *années* du journal *Le Monde*, depuis 1989.
Le *Quid*, 1991.

Marie-Paule CAIRE-JABINET, *Chronologie de la France depuis 1944*, Paris, Nathan Université, 1998.
La France du XXe siècle. Documents d'histoire présentés par Olivier WIEVIORKA et Christophe PROCHASSON, Paris, Seuil, « Points histoire », « Nouvelle histoire de la France contemporaine », 20, 1994.
Jean-Noël JEANNENEY (dir.), *L'Écho du siècle. Dictionnaire historique de la radio et de la télévision en France*, Paris, Hachette Littératures-Arte éditions, 1999.
Jacques JULLIARD et Michel WINOCK (dir.), *Dictionnaire des intellectuels français. Les personnes, les lieux, les moments*, Paris, Seuil, 1996.
Daniel S. MILO, *Trahir le temps (Histoire)*, Paris, Les Belles-Lettres, « Pluriel », 1991.
Claude MOLITERNI et Philippe MELLOT, *Chronologie de la bande dessinée*, guide culturel, Paris, Flammarion, 1996.
Michel PIERRE, *1920-1930 : une paix si fragile*, Paris, Découvertes Gallimard, « Une autre histoire du XXe siècle, de l'Actualité à l'Histoire », 1999.
Christophe PROCHASSON, *Les Années électriques, 1880-1910*, Paris, La Découverte, 1991.
« Un siècle de jazz », *Jazzman*, janvier-septembre 1999.
Anne SIMONIN, « L'aventure des idées. Éléments d'une chronologie, 1953-1987 », *Le Débat*, numéro spécial, mai-août 1988.
Terre des femmes, sous la direction d'Élisabeth PAQUOT, Paris, La Découverte, 1982.

Ouvrages généraux

Maurice AGULHON, *La République de 1880 à nos jours*, Paris, Hachette Littératures, 2 tomes, 1990-1997.
Philippe ARIÈS et Georges DUBY (dir.), *Histoire de la vie privée*, t. IV et V, Paris, Seuil, 1987.
Jean-Pierre AZÉMA, *De Munich à la Libération, 1938-1944*, Paris, Seuil, « Points histoire », « Nouvelle histoire de la France contemporaine », 14, 1979.
Jean-Jacques BECKER et Serge BERSTEIN, *Victoire et frustrations 1914-1929*, Paris, Seuil, « Points histoire », « Nouvelle histoire de la France contemporaine », 12, 1990.
Jean-Jacques BECKER, avec la collaboration de Pascal Ory, *Crises et alternances, 1974-1995*, Paris, Seuil, « Points histoire », « Nouvelle histoire de la France contemporaine », 19, 1998.
André BURGUIÈRE et Jacques REVEL (dir.), *Histoire de la France*, 4 vol., Paris, Seuil, 1989-1993.
Alain CORBIN (dir.), *L'Avènement des loisirs. 1850-1960*, Paris, Aubier, 1995.
Henri DUBIEF, *Le Déclin de la IIIe République 1929-1938*, Paris, Seuil, « Points histoire », « Nouvelle histoire de la France contemporaine », 13, 1976.
Georges DUBY et Michelle PERROT, *Histoire des femmes en Occident*, t. IV et V, Paris, Plon, 1991-1992.
Jacques LE GOFF et René RÉMOND (dir.), *Histoire de la France religieuse*, t. IV, Paris, Seuil, 1992.
Madeleine REBÉRIOUX, *La République radicale ? 1898-1914*, Paris, Seuil, « Points histoire », « Nouvelle

histoire de la France contemporaine », 11, 1975.

Pascal ORY (dir.), *Nouvelle histoire des idées politiques*, Paris, Hachette, « Pluriel », 1987.

Jean-Pierre RIOUX, *La France de la Quatrième République*, Paris, Seuil, « Points histoire », « Nouvelle histoire de la France contemporaine », 15 et 16, 1980, 2 volumes.

Jean-Pierre RIOUX et Jean-François SIRINELLI (dir.), *Histoire culturelle de la France*, t. IV, *Le Temps des masses*, Paris, Seuil, 1998.

Michel WINOCK, *Le Siècle des intellectuels*, Paris, Seuil, 1997.

Ouvrages spécifiques

Jean-Jacques BECKER et Annette WIEVIORKA (dir.), *Les Juifs de France, de la Révolution française à nos jours*, Paris, Liana Levi, 1998.

Jean-Pierre BERTIN-MAGHIT, *Le Cinéma français sous l'Occupation*, Paris, PUF, « Que sais-je ? », 1994.

Christian-Marc BOSSÉNO, *La Prochaine séance. Les Français et leurs cinés*, Paris, Découvertes Gallimard-Cinéma, 1996.

Olivier CACHIN, *L'Offensive rap*, Paris, Découvertes Gallimard-Musique, 1996.

Daniel DELAS, *Littératures des Caraïbes de langue française*, Paris, Nathan Université (128), 1999.

André ENCREVÉ, *Les Protestants en France. De 1800 à nos jours*, Paris, Stock, 1985.

Mathilde FERRER et Marie-Hélène COLAS-ADLER (dir.), *Groupes, mouvements tendances de l'art contemporain depuis 1945*, Paris, École nationale supérieure des beaux-arts, 1990.

Nancy L. GREEN, *Du Sentier à la 7ᵉ Avenue. La confection et les immigrés, Paris-New York, 1880-1980*, Paris, Seuil, 1998.

Laurent JOFFRIN, *Mai 68, Histoire des événements*, Paris, Seuil, « Points politique », 1988.

Jacqueline DE JOMARON (dir.), *Le Théâtre en France, du Moyen Âge à nos jours*, Paris, Armand Colin, « Encyclopédies d'aujourd'hui », 1992.

Georges LEFRANC, *Le Mouvement socialiste sous la Troisième République*, Paris, Petite Bibliothèque Payot, 1977 (2 tomes).

Clara LÉVY, *Écritures de l'identité. Les écrivains juifs après la Shoah*, Paris, PUF, 1998.

Marcelle MICHEL et Isabelle GINOT, *La Danse au XXᵉ siècle*, Paris, Bordas, 1995.

Pascal ORY, *La Belle Illusion. Culture et politique sous le signe du Front populaire, 1935-1938*, Paris, Fayard, 1994.

Christophe PROCHASSON et Anne RASMUSSEN, *Au nom de la patrie. Les intellectuels et la Première Guerre mondiale (1910-1919)*, Paris, La Découverte, 1996.

Denis PELLETIER, *Les Catholiques en France depuis 1815*, Paris, La Découverte, « Repères », 1997.

Jean-Pierre RIOUX et Jean-François SIRINELLI, *La Guerre d'Algérie et les intellectuels français*, Paris, Éditions Complexe, 1991.

Georges SADOUL, *Histoire du cinéma*, Paris, Flammarion, 1962.

Nago SECK et Sylvie CLERFEUILLE, *Les Musiciens du beat africain*, préface de Jack Lang, Paris, Bordas, « Les Compacts », 1993.

Ludovic TOURNÈS, *New Orleans sur Seine. Histoire du jazz en France*, Paris, Fayard, 1999.

Dora VALLIER, *L'Art abstrait*, Paris, Le Livre de poche, « Pluriel », 1980.

Les tests d'intelligence, n° 229,
Michel Huteau et Jacques Lautrey.
La théorie de la décision, n° 120,
Robert Kast.
**Les théories économiques du
développement**, n° 108, Elsa Assidon.
**La théorie économique
néoclassique :**
  1. Microéconomie, n° 275,
  2. Macroéconomie, n° 276,
  Bernard Guerrien.
Les théories de la monnaie, n° 226,
Anne Lavigne et Jean-Paul Pollin.
**Les théories des crises
économiques**, n° 56, Bernard Rosier.
Les théories du salaire, n° 138,
Bénédicte Reynaud.
Les théories sociologiques de la famille,
n° 236, Catherine Cicchelli-Pugeault
et Vincenzo Cicchelli.
Le tiers monde, n° 53,
Henri Rouillé d'Orfeuil.
Le travail des enfants dans le monde,
n° 265, Bénédicte Manier.
Les travailleurs sociaux, n° 23,
Jacques Ion et Jean-Paul Tricart.
L'Union européenne, n° 170,
Jacques Léonard et Christian Hen.
L'urbanisme, n° 96,
Jean-François Tribillon.

Dictionnaires

R   E   P   È   R   E   S

Dictionnaire de gestion,
Élie Cohen.
Dictionnaire d'analyse économique,
*microéconomie, macroéconomie, théorie
des jeux, etc.*, Bernard Guerrien.

Guides

R   E   P   È   R   E   S

L'art de la thèse, *Comment préparer et
rédiger une thèse de doctorat, un mémoire
de DEA ou de maîtrise ou tout autre travail
universitaire*, Michel Beaud.
Guide du stage en entreprise, Michel
Villette.
Guide de l'enquête de terrain,
Stéphane Beaud, Florence Weber.
Voir, comprendre, analyser les images,
Laurent Gervereau.

Manuels

R   E   P   È   R   E   S

Analyse macroéconomique 1.
Analyse macroéconomique 2.
17 auteurs sous la direction de
Jean-Olivier Hairault

Composition Facompo, Lisieux (Calvados)
Achevé d'imprimer en mars 2000 sur les presses
de l'imprimerie Campin à Tournai (Belgique)
Dépôt légal : mars 2000.